AI赋能演讲

关键时刻讲出影响力

田楠 —— 著

清华大学出版社
北京

内 容 简 介

《AI赋能演讲：关键时刻讲出影响力》结合AI的强大功能与演讲的深厚艺术，为读者提供了一套全面、实用的演讲指南。AI认知篇介绍了与AI对话的"4W法"底层逻辑。AI方法篇共有四个部分，分别为慧讲、能讲、巧讲、敢讲。从确定演讲主题到构建稳固的结构，再到巧妙的开头与结尾设计，深入剖析了演讲的每一个环节。AI实践篇特别介绍了如何运用AI工具轻松撰写常见八大场景演讲稿，分别为工作汇报、工作计划、年终述职、竞聘演讲、培训师授课、演讲比赛、销售演讲、即兴演讲。无论您是职场新人还是资深演讲者，《AI赋能演讲：关键时刻讲出影响力》都将成为您提升演讲技能、展现个人魅力的必备宝典。

本书封面贴有清华大学出版社防伪标签，无标签者不得销售。

版权所有，侵权必究。举报：010-62782989，beiqinquan@tup.tsinghua.edu.cn。

图书在版编目(CIP)数据

AI赋能演讲：关键时刻讲出影响力 / 田楠著.

北京：清华大学出版社，2025.2（2025.5重印）.

(新时代·职场新技能). -- ISBN 978-7-302-68116-8

Ⅰ. H152.3；H019

中国国家版本馆CIP数据核字第2025RA4749号

责任编辑：刘　洋
封面设计：徐　超
版式设计：方加青
责任校对：王荣静
责任印制：杨　艳

出版发行：清华大学出版社
网　　址：https://www.tup.com.cn，https://www.wqxuetang.com
地　　址：北京清华大学学研大厦A座　　邮　编：100084
社 总 机：010-83470000　　邮　购：010-62786544
投稿与读者服务：010-62776969，c-service@tup.tsinghua.edu.cn
质 量 反 馈：010-62772015，zhiliang@tup.tsinghua.edu.cn

印 装 者：大厂回族自治县彩虹印刷有限公司
经　　销：全国新华书店
开　　本：170mm×240mm　　印　张：14.5　　插　页：1　　字　数：248千字
版　　次：2025年3月第1版　　印　次：2025年5月第3次印刷
定　　价：69.00元

————————————————————————————————————

产品编号：107814-01

《AI赋能演讲》地图

慧讲

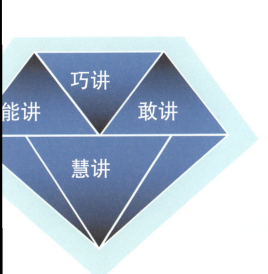

确定主题的「哎呦喂」
- 哎 I 我能讲啥
- 呦 YOU 你想听啥
- 喂 WAY 确定主题

起标题的"桃子三有"法则
- 有趣
- 有料
- 有用

能讲

逻辑结构
- 菜鸟级 三点式：时间顺序 / 空间顺序 / 重要性顺序
- 高手级 三点式：关键词法 / 同字压缩法 / 拆词语/拆字/拆甲骨文/拆英文单词法
- 大神级 三点式：道法术 / 灰指甲 / 问元芳

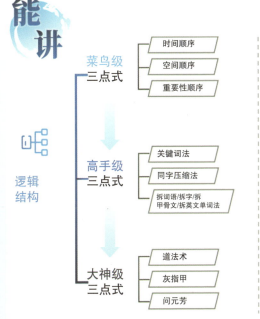

故事结构
- 菜鸟级 三幕式
- 高手级 三幕式：黄金手指 STORY模型
- 大神级 三幕式：英雄之旅模型

故事技巧：幽默感/西画面感/类比感

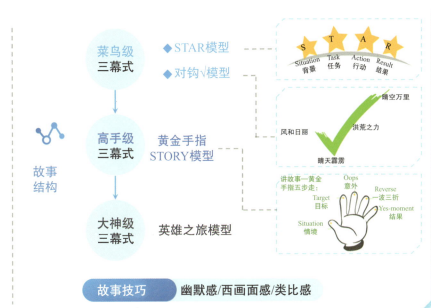

- STAR模型（Situation 背景 / Task 任务 / Action 行动 / Result 结果）
- 对钩√模型（晴空万里 / 风和日丽 / 洪荒之力 / 晴天霹雳）
- 讲故事一黄金手指五步走：Target 目标 / Oops 意外 / Reverse 一波三折 / Yes-moment 结局 / Situation 情境

巧讲

开头
- 钩子 提问/悬念/想象
- 锥子 语言锥/沉默锥
- 刀子 自黑
- 道具
- 锯（具）子
- 盘子 承诺价值

结尾 E N D
- 镜头回放
- 下一步行动
- 深度连接

三金：金句子/金隐喻/金PPT

敢讲

缓解紧张
- 找对象 送礼物 看房子

气场
- 身法 手法 眼法

五要
- 要掌声 要举手 要体验 要下联 要托儿

《AI赋能演讲 关键时刻讲出影响力》展示图

AI演讲实战

工作汇报
- 01 框架 — 定框架
- 02 信息 — 填写关键信息
- 03 扩写 — AI一键扩写
- 04 迭代 — 反馈迭代

工作计划
- 01 指令 — 向AI发出指令
- 02 AI工作 — 内容输出
- 03 细化 — AI局部修改
- 04 整合 — 校核修改

年终述职
- 01 问题 — 向AI发出指令
- 02 回答 — 按照AI的提问，逐项回答
- 03 梳理 — 天龙八步
- 04 组稿 — 整合，校核
- 05 PPT — PPT制作

1) 标题要亮 — 有趣、有用、有料
2) 介绍要妙 — MTV法则
3) 逻辑要清 — 三点式
4) 工作要详 — 老板的重视度
5) 成绩要显 — 黄金手指STORY模型
6) 不足要有 — "灰指甲"模型
7) 计划要细 — 关键词法 "事时实势"
8) 感谢要高 — "赶回猪"模型

即兴演讲
- ORID 模型
- PREP 模型
- 赶回猪 模型

销售演讲
- FABE
- 「三心二意」法
- AIDA
  - 为什么要买 / 为什么跟你买 / 为什么马上买

竞聘演讲
三凭

- 组织凭什么用你
- 员工凭什么跟你
- 你凭什么能坐稳这个位置

培训师授课
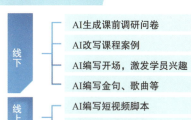
- 线下
  - AI生成课前调研问卷
  - AI改写课程案例
  - AI编写开场，激发学员兴趣
  - AI编写金句、歌曲等
- 线上
  - AI编写短视频脚本
  - AI数字人课后辅导

演讲比赛
- 01. 演讲题目 — 桃子"三有"法则
- 02. 设计开场 — 开场"五子"工具箱
- 03. 搭建逻辑 — 三点式
- 04. 编制故事 — STAR/对钩√模型 / STORY/英雄之旅
- 05. 金句 — 五种金句法
- 06. 结尾 — 号召法、如果法等

推荐序一

当我收到田楠的微信，看到邀请我为她的新书《AI赋能演讲：关键时刻讲出影响力》撰写推荐序时，我的心中不禁涌起一阵惊喜。这已经是田楠的第二本著作了，而且依然聚焦于演讲这一领域，足以见得演讲对她的人生影响之深。

回想起第一次见她的样子，那是2018年8月12日，我在深圳开设"演讲生产力"课程，她慕名而来。课上她比较胆小，很少说话，也不主动上台。在我的鼓励下，她鼓起勇气，战战兢兢地站在台上，语无伦次地做了自我介绍。当她下台时，我与她握手，祝贺她终于突破了自己！那一刻，我清晰地看到了她额头上渗出的汗珠，也感受到了她因紧张而微微发抖的手。

就是这样一个曾经有些胆怯的学生，经过六年的刻意练习，取得了一系列荣誉：获得中国培训"我是好讲师"金科全国十二强，PPT演讲全国第一名；成为金山办公KVP教育专家，KOS大师；获得微软全球首发生成式AI人工智能认证以及阿里巴巴达摩院AICC人工智能高级认证，并出版图书《PPT演讲这样做就对了》。她现在是企业培训师，她的课堂已然是千人大课堂了。

每取得一些成绩，她都会向我汇报，感恩我的培养和支持！其实我想说，老师能教出让自己骄傲的学生是一件特别欣慰的事。她的新书《AI赋能演讲：关键时刻讲出影响力》文稿，我仔细阅读了，读罢不禁感慨在这个日新月异的时代，AI人工智能正以不可阻挡之势深刻改变着我们的世界。而演讲，作为人类交流与沟通的艺术，同样在AI时代浪潮下经历着前所未有的变革。她的新作《AI赋能演讲：关键时刻讲出影响力》，为我们揭示了这一变革的无限可能，为所有渴望在演讲舞台上绽放光芒的读者点亮了一盏明灯。这本书里既有AI技术的先进与智慧，又不失演讲艺术的温度与深度。她为我们呈现了一套全面而实用的演讲指南。从"慧讲"的智慧启迪，到"能讲"

的技能提升，再到"巧讲"的策略布局，直至"敢讲"的勇气激发，每一个环节都凝聚着她对演讲艺术的深刻理解和对 AI 技术的精准把握。同时，她也是实战专家，在书中展示了八大常见演讲场景下，AI 如何赋能演讲，而且还给出可以落地的提示词模版，让你一学就会、一用就灵。

《AI 赋能演讲：关键时刻讲出影响力》不仅仅是她个人的成长记录，更是我们师生情谊的见证。我非常欣慰，她在书中始终强调"人是万物的尺度"。她提醒我们，在享受 AI 带来的便捷与高效的同时，切勿忘记作为演讲者的初心与使命。

在此，我衷心地向每一位热爱演讲的读者推荐《AI 赋能演讲：关键时刻讲出影响力》。愿这本书成为你演讲路上的良师益友，陪伴你一起成长、一起进步，在 AI 的浪潮中乘风破浪，赢在人生的关键时刻！

坚持星球创始人
曾任苹果公司大中华区培训师
曾任国际演讲会亚洲区负责人
《谁说你不能坚持》《谁说你不能演讲》《大胆演讲》
等著作的作者

龙　兄

推荐序二

田楠是我们公司专家型导师班第八期的学员。在课堂上，她发言很积极，无论提问还是回答问题都表现出极高的素养，给人留下深刻印象。后来我了解到，她主讲演讲技巧，还是PPT高手，非常热爱教学和演讲。田楠有很强的探索精神和学习力，不仅博览群书，而且热衷线下学习与交流。每每在北京上完我的课，她都会积极实践，用输出倒逼转化，并把她实践的结果反馈给我，因此我们互动较多。我发现她总能把所学的知识灵活应用在方方面面，形成个人版本的理解和个性化的应用，这才是最核心的学习能力。

近两年，AI在势不可当地改变着一切，各个领域的先驱们不约而同地探讨同一主题：如何借AI之力重塑本领域。作为行业先驱者的田楠提出一个非常有价值的问题：如何用AI赋能演讲？很多时候，好问题比答案更重要。十多年前我提出了一个有价值的问题：培训如何才能上接战略，下接绩效？尽管当时我也没有很好的解决方案，但当年无知无畏的振臂一呼倒逼我深入钻研多个专业领域，出了多本专著，影响了行业，也成就了自己。"上接战略，下接绩效"是培训人不变的追求，值得持续探讨。不断涌现的新理念、新技术、新方法都可以作为"上接战略，下接绩效"的具体手段，服务于这一核心目标。

同样，田楠提出一个值得所有演讲者持续探究的问题。她作为先驱已然做了很多探索，印象中她曾经多次在我的社群中义务为大家赋能，介绍多种AI工具的使用方法。她的这本《AI赋能演讲：关键时刻讲出影响力》中，通过慧讲、能讲、巧讲、敢讲四个维度，分享了演讲本身的核心技巧和她的实战经验，介绍了借助AI提升演讲效率和质量的方法和策略。继而她又深入到不同应用场景介绍了AI助力演讲的最佳实践，让我们了解到工作汇报、年终述职、岗位竞聘、课堂授课、演讲比赛、即兴发言等多种场合的演讲都可以借助AI提高效率、提升品位。

演讲能力是现代人的基础能力，对任何人都很重要！演讲的目的是有效影响他人，而人性的复杂决定了演讲技巧的多元和精微。重要的不是演讲者说了什么或做了什么，而是受众的内在发生了什么。演讲不是单纯的讲话，讲话人人都可以张口就来，而通过演讲要把话讲到心里去，让受众内心发生某种反应却需要很深的功力。田楠在本书中借助大量实战案例，剖析了把话讲到受众心里背后的门道。

田楠多年从事演讲培训，是极具实战经验的演讲者，还是新技术的积极探索者，这本《AI 赋能演讲：关键时刻讲出影响力》必定能为热爱演讲的读者带来更多的启发和指引。AI 赋能演讲是值得持续探索的话题，永远值得与时俱进地迭代。在日新月异的互联网时代，探索精神和学习力远胜过经验。

向先驱者致敬，愿这本书能引领广大演讲爱好者持续探索下去。

著名培训专家、领导力专家
北京易明管理咨询有限公司创始人　田俊国

推荐序三

与田楠老师结缘，源自她参加了我的讲师认证班。在课堂上我分享了一些 AI 的应用技巧，课后田老师兴奋地说，感觉 AI 完全可以在演讲领域落地，为演讲者赋能！

那时，我对此观点持保留态度。

毕竟，在我看来演讲不仅仅是一门技术活，它背后还蕴含着大量难以标准化的能力——阅历的沉淀、情感的传递、个性化的表达、临场的即兴应变能力等，这些都深深植根于人的经验、直觉与天赋之中。

然而，没想到时隔一年，田楠老师不仅做了很多实践探索，而且把这本《AI 赋能演讲：关键时刻讲出影响力》编写了出来。

书中不仅展示了 AI 如何在演讲准备阶段为演讲者提供高效的支持，如快速生成演讲稿、提供灵感和构建逻辑结构，还深入探讨了如何利用 AI 帮助演讲者更好地理解听众需求、建立情感连接，并且通过细致入微的方法，使得非专业人士也能轻松掌握演讲的核心技巧。特别是一些提示词模版的应用，极大地简化了原本复杂的过程，让演讲变得更加直观和可操作，写得很扎实。

同时，全书也一直在提醒着我们，在拥抱 AI 的时候，也不要忘记回归到最根本的问题：我们是谁？我们要向世界传达什么？这样的思考，使我们的演讲更加生动有力，为演讲注入更多的意义和价值。

"人是万物的尺度"，这句话贯穿全书。而普罗·泰戈拉的这句哲理名言，在本书中被赋予了全新的意义和深度。

艾迪鹅创始人
品牌营销专家
微软 Office 认证导师
AI 办公培训师

老秦

左手 AI，右手演讲，
赢在人生关键时刻

我常想，若干年后我们的后代会如何评价现在的 AI 大爆发呢？也许他们会说："啊哈，AI 早就改变了我们生活的每一个角落，我们很幸运，站在了 AI 的浪潮之巅。"但今天，我想告诉大家，这不仅是未来的幸运，更是我们当下的机遇。

AI，这位时代的宠儿，正带着前所未有的力量和速度，改变着我们的世界。面对这样的变革，我们或许会困惑、恐慌甚至迷茫，但请记住，每一次技术革命都是人类进步的催化剂，而不是终结者。与其畏惧未知，不如拥抱变化，成为这场变革的引领者。

当我们探究这一观点的深层含义时，不妨追溯到古代，那时人们尚未发明时钟，而是依赖于打更人的报时来感知时间的流逝。然而在今天，我们是否还需要这些古老的计时方式呢？同样地，回想过去，打电话需要经过复杂的转接过程，但如今这样的需求已经不复存在。显然，随着技术的进步，这些职业已经逐渐淡出了历史舞台。汽车的出现取代了传统的马车，而如今，无人驾驶技术，如"萝卜快跑"，甚至有可能取代司机的角色。

在当下，面对人工智能，我们唯有紧跟时代步伐，才能成为时代的领航者。让我们满怀热情地拥抱 AI，将其融入到我们的工作和生活中。

在过去的一年里，我深入研究了 AI 在演讲领域的应用。我发现，AI 并不是简单的替代者，而是我们最得力的助手，人类才是 AI 的操控者。请记住：任何时候，人是万物的尺度！通过 AI 的帮助，我们可以更加高效地准备演讲稿，更加自信地站在台上，更加生动地与观众交流。

现在，你可能在想："哇，听起来好高科技，但我对 AI 一窍不通怎么办？"别怕，这本书就是为你准备的，我不讲专业的计算机知识，更不会涉及任何有关编程等的技术背景，只要你会聊天打字，就能学会用 AI 赋能演讲。本书集中火力解决演讲真实场景下的四大痛点问题：

痛点一：主题不清

痛点二：逻辑散乱

痛点三：故事干瘪

痛点四：听众游离

本书将手把手教你用 AI 消除痛点。从确定演讲主题，到构建稳固的演讲结构，再到生动地讲故事，以及设计引人入胜的开场与结尾，深入剖析演讲的每一个环节，带你深度领略"慧讲、能讲、巧讲、敢讲"的演讲艺术。此外，书中还为你精心准备了 AI 演讲地图，让你在舞台上如鱼得水，轻松打造属于自己的精彩演讲。

无论你是职场新人还是资深演讲者，《AI 赋能演讲：关键时刻讲出影响力》都将成为你提升演讲技能、展现个人魅力的秘密武器。

那么，你准备好了吗？让我们一起打开"AI 赋能演讲"的大门，左手 AI，右手演讲，用 AI 的力量，点燃你的演讲激情，让你的演讲才华在舞台上绽放光芒，赢在人生关键时刻！

目录

第一篇　AI 认知篇

第 1 章　认识 AI 演讲，人是万物的尺度 ······ 003
- 1.1　AI 使用说明书 ······ 004
- 1.2　什么叫提示词 ······ 005
- 1.3　给出提示词的核心方法：4W 亮剑模型 ······ 010
- 1.4　AI 不说人话？来，我教你治它！ ······ 014

第二篇　AI 方法篇

第 2 章　慧讲——确定演讲主题，言之有物 ······ 019
- 2.1　I（哎），我能分享什么有价值的观点 ······ 019
- 2.2　YOU（呦），用 AI 读心术，提前给听众画像 ······ 022
- 2.3　WAY（喂），找到主题，带着目标去演讲 ······ 026
- 2.4　设计演讲题目：吸引注意力 ······ 030

第 3 章　能讲——逻辑清晰，故事动人，展现结构之美 ······ 034
- 3.1　逻辑结构——掌握万能公式，告别逻辑混乱 ······ 035

3.1.1 菜鸟级"三点式"玩法，解锁任何场合的演讲之门 035
3.1.2 高手级"三点式"玩法，五大创新，灵活多变，令人着迷 041
3.1.3 大神级"三点式"玩法，锤炼演讲艺术，成就大师级风范 060

3.2 故事结构——讲故事，让你的演讲更走心 067
3.2.1 菜鸟级"三幕"玩法，成为会讲故事的人 069
3.2.2 高手级"三幕"玩法，"黄金手指STORY"模型 074
3.2.3 大神级"三幕"玩法，80%的好莱坞影片都会用到的"英雄之旅"模型 079
3.2.4 如何挖掘故事，建立自己的故事"预制件" 082
3.2.5 "三感"法，让故事有趣的小技巧 084

3.3 打破常规，设计专属个性化演讲结构 090

第4章 巧讲——开场夺目，结尾荡漾，"三金"点睛 092

4.1 开场"五子"工具箱：AI加持，轻松吸引全场目光 092
4.1.1 钩子：抛钩子，钩住听众注意力 094
4.1.2 锥子：刺锥子，直戳痛点，引起听众共鸣 101
4.1.3 刀子：下刀子，大胆自黑，拉近与听众的情感距离 104
4.1.4 锯（具）子：用道具，实物强化演讲主题 105
4.1.5 盘子：端盘子，亮出价值，激发听众的期待 109

4.2 结尾"END"三步曲：AI神助攻，让你的演讲意犹未尽 112
4.2.1 E：镜头回放，总结演讲要点，加深听众记忆 113
4.2.2 N：号召行动，让听众跃跃欲试 115
4.2.3 D：深度连接，巧用歌曲、金句结尾，让听众沉醉其中 116

4.3 "三金"点睛：AI助力，让你的演讲熠熠生辉 120
4.3.1 金句子：让思想疯狂传播 120
4.3.2 金隐喻：以喻动人，心领神会 122
4.3.3 金PPT：视觉盛宴，PPT助力演讲更出彩 125

第5章 敢讲——像明星一样进行舞台呈现 134

5.1 自信登台：克服紧张，从怯场到控场 134
5.1.1 紧张从何而来 135
5.1.2 缓解紧张的药方，与紧张谈个恋爱吧 135

5.2 气场全开：精准掌控肢体语言和语音语调 138

	5.2.1 用好"三法"肢体语言，彰显你的舞台魅力	138
	5.2.2 掌握语音语调，把握说话的节奏感	140
5.3	用好"五要"互动神技，让你的演讲嗨翻全场	140
	5.3.1 要掌声	140
	5.3.2 要举手	141
	5.3.3 要体验	141
	5.3.4 要下联	142
	5.3.5 要托儿	142
5.4	危机应对：从容不迫，化解挑战	142
5.5	国际范：AI助力翻译挑战	143

第三篇　AI实践篇

第6章　工作汇报：AI助力，轻松解决三类常见汇报难题 148

- 6.1 编写：AI引领，流畅表达，实现从0到1的突破 148
- 6.2 扩写：AI助力，有理有据，实现从1到优的提升 153
- 6.3 改写：AI加持，逻辑清晰，实现从平淡到出色的转变 154
- 6.4 工作汇报——AI提示词模板 156

第7章　工作计划：AI赋能，"四步法"让领导频频点头 158

- 7.1 AI生成工作计划"四步法" 158
- 7.2 工作计划——AI提示词模板 161

第8章　年终述职：AI携手"天龙八步"模型，轻松搞定年终述职 162

- 8.1 AI助力年终述职的流程 162
- 8.2 年终述职——AI提示词模板 172

第9章　竞聘演讲：AI与"三凭"模型共舞，助你脱颖而出 175

- 9.1 围绕"三凭"，AI助你打造完美竞聘演讲稿 175
- 9.2 AI智能助理：助你游刃有余应对评委提问 177
- 9.3 竞聘演讲——AI提示词模板 179

第 10 章　培训师授课：AI 赋能课程开发与教学创新 …… 180

10.1　线下授课革新 …… 180
10.1.1　AI 智能生成：课前调研问卷新体验 …… 180
10.1.2　AI 助力升级：让课程高潮迭起，精彩不断 …… 182

10.2　线上直播新风尚 …… 186
10.2.1　培训师秒变带货达人 …… 186
10.2.2　培训师 AI 数字人 …… 187

10.3　培训师授课——AI 提示词模板 …… 188

第 11 章　演讲比赛：6 步成就演讲冠军 …… 190

11.1　演讲比赛 6 步法 …… 190
11.2　演讲比赛——AI 提示词模板 …… 199

第 12 章　销冠必备黄金 3 问 …… 201

12.1　为什么要买？FABE 模型，精准阐述产品优势 …… 201
12.2　为什么从你这里买？"三心二意"自我介绍法，打破信任壁垒 …… 203
12.3　为什么马上买？AIDA 模型种下心锚，客户火速下单 …… 204
12.4　销售演讲——AI 提示词模板 …… 206

第 13 章　即兴演讲：AI 助攻，智慧应对，尴尬不再来 …… 208

13.1　即兴挑战：胸有成竹，ORID 与 PREP 并行 …… 208
13.1.1　ORID 法：提升演讲深度与高度的秘诀 …… 208
13.1.2　PREP 法：精准传达你的观点 …… 210

13.2　仪式演讲："赶回猪"结构的应用 …… 211
13.3　即兴演讲——AI 提示词模板 …… 213

致谢 …… 215

附录　常用 AI 工具汇总 …… 216

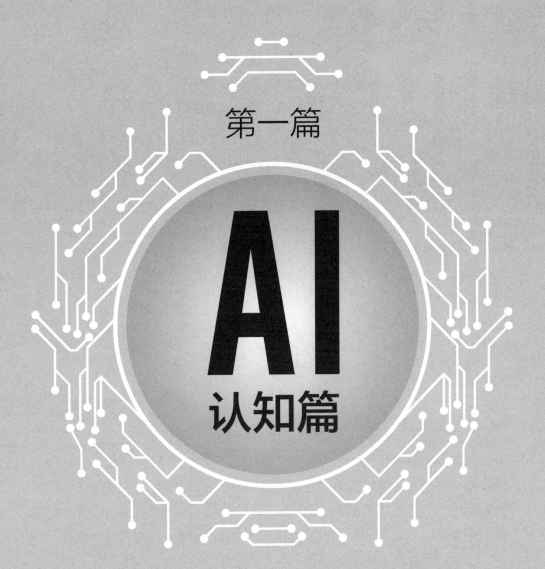

君子不器。——《论语·为政篇》

我非常喜欢《论语·为政篇》中的一句话——"君子不器",因为这句话蕴含着深厚的智慧和力量。它提醒我们,不要给自己设定限制,不要像器物那样将自己固定起来。我们要勇敢地打破边界,敢于跨出舒适区,去迎接新的挑战和机遇。人类拥有无可替代的创造力和丰富的情感智慧,这是我们独特的优势。

当今时代是一个AI(人工智能)技术日新月异的时代,很多人因担心会被AI取代而感到焦虑不安。然而,回避并不是解决问题的办法,我们不能因为害怕就选择视而不见,毕竟AI的进步不会因为我们的回避而停滞。因此,我们的选择是要勇敢地拥抱AI,与之携手并进,实现人与技术的完美结合。

正所谓"工欲善其事,必先利其器",在追求卓越的道路上,我们必须深入探索并熟练掌握AI这一强大的"器",充分发挥人"不器"的潜力,让AI成为我们实现梦想的助力。

第 1 章

认识 AI 演讲，人是万物的尺度

AI 无疑具有强大的能力，尤其在处理重复性工作方面表现出色。然而，它仍无法完全取代人类。人与 AI 之间，更像是一种分工合作的关系。AI 好似哈利·波特手中的魔杖，虽然魔杖本身的力量至关重要，但要真正发挥其威力，还需魔法师念出咒语。更为关键的是，同一根魔杖在不同魔法师手中，所能释放的力量大相径庭。有的人能借此击败强大的黑魔王，而有的人只能施展简单的魔法，变出小青蛙。这与 AI 的应用场景异曲同工。因此，人是万物的尺度！

既然是合作关系，就得知己知彼，看看 AI 能做什么，不能做什么。

首先，我们来看 AI 能做什么。

第一，你肯定能想到，AI 可以极大地提高写演讲稿的效率。2023 年过年的时候我和爱人一起去拜访他的高中老师，老师感慨现在高中英语的难度太大了，学生不仅要背诵范文，还要面对只给出开头的题目进行扩写。我向老师展示了 AI 的能力，请她输入英语题干和要求，不到 1 分钟就生成一篇优秀的英语作文，令她震惊不已。其实不仅是英语可以扩写，中文也一样可以扩写，在我们不知道如何全面表达时，AI 的作用尤为显著，它帮助我们节省了大量时间。

第二，AI 能提供很多灵感。比如，不知道该给演讲起什么标题，你可以让 AI 输出 10 个不同风格的标题。如果觉得不满意，你可以不断地要求 AI 输出。或者你希望你的演讲时不时来个金句，提升下段位，自己想破脑袋也写不出几个，你可以让 AI 干活啊，AI 不仅能写无数金句供你选择，而且你还可以要求 AI 生成的金句全都押韵。AI 在搭建演讲结构、编写故事、设计开头和结尾等方面，都能为你提供很多的灵感。

那还有哪些是 AI 做不到的呢？首先是情感共鸣。人类在表达情感方面有得天独厚的优势。AI 虽然可以快速生成一份演讲稿，但是很难写得情感真挚动人。其次是原创性。人可以写出原创性的故事，但是 AI 不能，它写不了这个世界上还没有出现的东西。估计有人会说：怎么可能，AI 原创诗歌、AI 原创歌曲是怎么来的？你可以这么理解，AI 所做的工作不是原创，而是"发扬"。它之所以能写诗，是因为人类历史上有无数诗人的作品让它去训练，它将这些内容一股脑地加以分析和提炼，从而产生了类似的作品。

那我们该如何与 AI 更好地合作，从而达到“1+1>2”的效果呢？这就需要我们深度了解 AI，与它强强联合。

1.1 AI 使用说明书

本书使用的 AI 工具都是国产的，书中我主要用文心一言 4.0 版本作演示，它在完成演讲稿方面以及启发灵感方面做得不错。如果你习惯用其他大模型，比如智谱清言、讯飞星火、KIMI、豆包等，也都没问题，底层方法是相通的。另外需要说明一下，文心一言 4.0 版需要付费使用，其他 AI 工具目前都可以免费使用。这些 AI 工具有网页版也有 App 版，我推荐使用电脑网页版，操作更方便。

之前有人跟我说：“楠哥，你说的这个 AI 一点都不好用，简直就是人工智障！如图 1-1 所示，你看我让它写个工作总结，它写的是什么啊？完全不能用，都是‘假大空’、车轱辘话啊。”

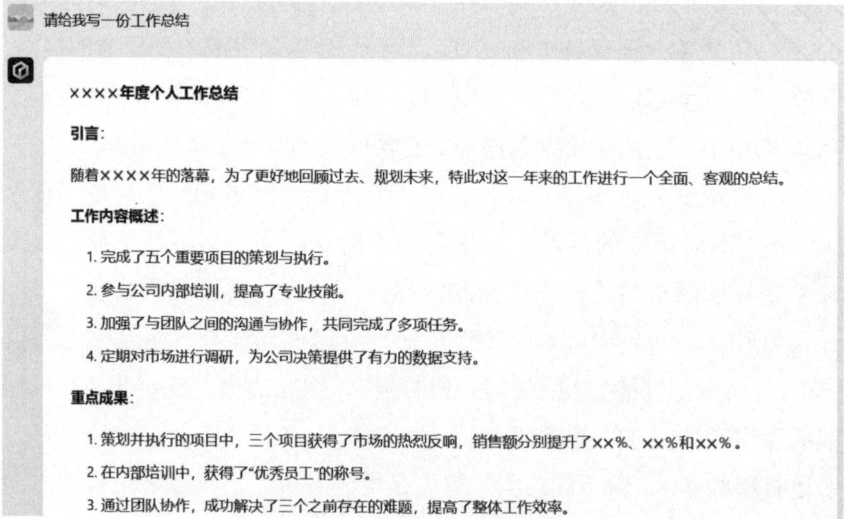
请给我写一份工作总结

××××年度个人工作总结

引言：

随着××××年的落幕，为了更好地回顾过去、规划未来，特此对这一年来的工作进行一个全面、客观的总结。

工作内容概述：

1. 完成了五个重要项目的策划与执行。
2. 参与公司内部培训，提高了专业技能。
3. 加强了与团队之间的沟通与协作，共同完成了多项任务。
4. 定期对市场进行调研，为公司决策提供了有力的数据支持。

重点成果：

1. 策划并执行的项目中，三个项目获得了市场的热烈反响，销售额分别提升了××%、××%和××%。
2. 在内部培训中，获得了“优秀员工”的称号。
3. 通过团队协作，成功解决了三个之前存在的难题，提高了整体工作效率。

图 1-1　人工智障版的工作总结

如果你也有类似的问题，那么大概率是你的提示词出了问题，提问的方式很重要。正所谓：世上有一堆好答案，在等一个好问题。写提示词是一项要求非常高的技能，OpenAI 联合创始人和首席执行官在推特上表示：为聊天机器人角色编写非常棒的提示是一项惊人的高杠杆技能。

目前而言，AI 大语言模型能够帮你提升多少工作效率，很大程度上取决于你编写提示词的能力如何。

什么是提示词呢？其实就是你和 AI 说的话，每句话都算，包括标点符号。

什么样的提示词更有效呢？根据我的经验，在用 AI 写演讲稿时，使用结构化良好的提示词往往能够获得更好的回答。

1.2　什么叫提示词

如何写提示词呢？OpenAI 和 Claude 都给出了很细致的入门文档，非常适合新手阅读，如图 1-2 所示。

Prompt engineering

This guide shares strategies and tactics for getting better results from large language models (sometimes referred to as GPT models) like GPT-4. The methods described here can sometimes be deployed in combination for greater effect. We encourage experimentation to find the methods that work best for you.

Some of the examples demonstrated here currently work only with our most capable model, `gpt-4`. In general, if you find that a model fails at a task and a more capable model is available, it's often worth trying again with the more capable model.

You can also explore example prompts which showcase what our models are capable of:

Prompt examples
Explore prompt examples to learn what GPT models can do

Six strategies for getting better results

Write clear instructions

These models can't read your mind. If outputs are too long, ask for brief replies. If outputs are too simple, ask for expert-level writing. If you dislike the format, demonstrate the format you'd like to see. The less the model has to guess at what you want, the more likely you'll get it.

Tactics:

- Include details in your query to get more relevant answers
- Ask the model to adopt a persona
- Use delimiters to clearly indicate distinct parts of the input
- Specify the steps required to complete a task
- Provide examples
- Specify the desired length of the output

Provide reference text

Language models can confidently invent fake answers, especially when asked about esoteric topics or for citations and URLs. In the same way that a sheet of notes can help a student do better on a test, providing reference text to these models can help in answering with fewer fabrications.

Tactics:

- Instruct the model to answer using a reference text
- Instruct the model to answer with citations from a reference text

图 1-2　提示词标准

给出清晰的提示非常重要，我们总说在和 AI 交互的时候，提出好的问题很重要，一个好问题的基础就是这个问题是清晰的，你至少得说清楚你究竟想问什么。只有把问题澄清了，才有可能进一步优化问题。

关于如何给出清晰的指令，OpenAI 在其官方文档中给出了详细的建议，我总结了一下，共六条，这六个建议几乎是构建一个优质提示词的基石。

- 提供重要的细节以及上下文。
- 要求模型扮演角色。
- 使用分隔符清晰标识输入的不同部分。
- 指定完成任务所需的步骤。
- 提供示例。
- 指定所需的输出长度。

1. 提供重要的细节以及上下文

我们要明白，AI 虽然聪明，但它不是全知全能的。这就要求我们在给出指令时，需要提供足够的细节和上下文。

比如，你要让一个外地朋友帮你买当地的特产，如果只告诉他"买特产"而不说是哪里的、什么特产，那他怎么帮你买呢？

2. 要求模型扮演角色

这是一个非常常见的给出提示词的技巧。要求模型扮演角色可以提高沟通的效率和精准度。比如，你需要完成一个公众演讲，你可以指定 AI 扮演你的演讲教练。让它提供有效的吸引观众注意力的技巧，以及克服害怕在公众场合演讲的方法。

我经常使用的角色有：

一位擅长使用 AI 工具的资深演讲家。

一位擅长教授他人演讲的演讲教练。

一位擅长讲故事的演讲者。

3. 使用分隔符清晰标识输入的不同部分

在提供信息时，如果能够使用分隔符（如逗号、分号、换行等）清晰地标识出不同的部分，将大大提高 AI 理解指令的准确度。就像我们写作文一样，合理的段落划分和标点使用，可以让读者更容易理解文章的意思。

对 AI 来说也是一样的，清晰的结构会让它更容易"理解"你的需求。

比如图 1-3 这个例子：

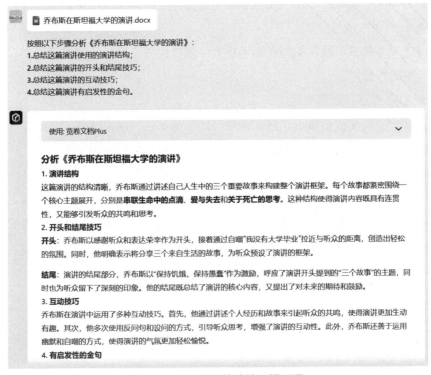

图 1-3　使用分隔符法编写提示词

用分隔符就可以很清晰地让 AI 理解你的需求，从而输出你想要的结果。

4. 指定完成任务所需的步骤

如果你有一个比较复杂的需求，那就需要将任务分解成几个步骤，并且明确告诉 AI 每个步骤需要完成什么。在写演讲稿时，将写稿任务分解成几个明确的步骤，告诉 AI 每一步骤的目标，能够帮助它更有条理地安排内容。

假如你需要 AI 写一篇题为《在工作中修行》的演讲稿，可以按照以下步骤写提示词：

开头：

引用稻盛和夫《干法》中的观点，阐述工作的意义不仅在于谋生，还是自我修行和提升的重要途径，在工作中寻找自我价值，实现心灵的修行。

中间：

讲三个在职场中的故事：

- 与工作谈恋爱

与其不断寻找新的工作，不如先喜欢上已有的工作。通过一个故事讲述如何转变心态，从不喜欢的工作中发现乐趣和价值，并在此过程中实现个人成长。

● 在风雨中成长

讲述一个故事，展现如何在职场挫折中保持积极态度，总结经验教训，从中获得人生的智慧。

● 心怀感恩，脚踏实地

通过一个真实故事展示在遇到苦难时团队成员之间的温暖瞬间，感恩在组织中被滋养，怀有感恩之心，脚踏实地工作，回报组织。

结尾：

站在旁观者的角度看待工作中发生的一切，我们会发现，每一个挑战、每一个困难都是成长的机会。让我们积极面对工作中的每一个瞬间，不陷入内耗，由内而外地充满正能量。在工作中修行，让我们的心灵得到升华，让我们的人生更加精彩。如图 1-4 是 AI 按照上述步骤提示生成的内容。

文心大模型4.0

《在工作中修行》演讲稿

尊敬的各位领导、同事们：

大家好！我今天演讲的主题是《在工作中修行》。在开始之前，我想引用稻盛和夫先生在《干法》一书中的观点：“工作最重要的目的在于通过工作来磨练自己的心态。”工作，不仅是我们谋生的手段，更是我们自我修行和提升的重要途径。今天，我希望通过分享三个职场中的小故事，和大家一起探讨如何在工作中寻找自我价值，实现心灵的修行。

首先，我想讲讲“与工作谈恋爱”的故事。大家都知道，在恋爱中，我们会因为喜欢一个人而包容他的所有，工作也是如此。曾经，我有一个同事，他对自己的工作总是提不起兴趣，觉得枯燥乏味。但是，有一天他决定改变这种态度，开始尝试从工作中寻找乐趣。他深入钻研业务，与同事积极交流，甚至主动参与加班。渐渐地，他从这份原本不喜欢的工作中发现了价值，也感受到了成长的快乐。所以，与其不断寻找新的工作，不如先尝试喜欢上当前的工作，与它谈一场轰轰烈烈的“恋爱”。

接下来，我要分享的是“在风雨中成长”的故事。职场之路，充满挑战与困难。我曾经遇到过一个项目经理，他在项目推进过程中遇到了诸多阻碍，甚至一度想要放弃。但是，他选择了坚持，并从中汲取经验教训。每次遇到困难，他都会反思自己的不足，并积极寻求解决方法。最终，他不仅成功完成了项目，还收获了宝贵的人生智慧。所以，面对职场的挫折，我们要学会保持积极态度，总结经验教训，让自己在风雨中成长。

最后，我想讲讲“心怀感恩，脚踏实地”的故事。在职场中，我们时常会遇到各种困难和挑战。然而，在这些艰难时刻，我们总能感受到来自同事和领导的关怀与支持。我曾经亲身经历过这样一个瞬间：在项目关键时刻，团队成员们自发加班、互相帮助，共同攻克难题。那一刻，我深深地感受到了团队的温暖和力量。因此，我们要怀有感恩之心，感谢那些在职场中给予我们帮助和支持的人。同时，我们也要脚踏实地地工作，以实际行动回报组织和同事的关爱。

站在旁观者的角度看待工作中发生的一切，我们会发现每一个挑战、每一个困难都是成长的机会。让我们积极面对工作中的每一个瞬间，不陷入内耗的旋涡，而是由内而外地充满正能量。在工作中修行、在修行中工作，让我们的心灵得到升华、让我们的人生更加精彩！

谢谢大家！

图 1-4　按照拆解步骤法编写提示词后生成的内容

5. 提供示例

在某些情况下，给 AI 看几个例子会比纯粹用文字描述更有效。通过提供的例子，AI 可以更快地抓住你的需求点，更精准地给出回应。

假如你是一名培训师，你需要编写课程标题，特别是你想借鉴一些你欣赏的标题风格进行设计时，确实很有挑战。怎么办呢？找 AI 啊。不过，你需要先给 AI 提供一些示例，供它学习。

提示词：你是一名资深的演讲培训师，你需要开发课程。为了让课程大纲中每一个标题都能吸引人，请认真学习分析以下标题，总结出写标题的方法。

1 套万能开场流程，既显权威又不尴尬！
4 种自我介绍技巧，打造深刻的记忆点！
5 招通用收尾方法，总结行动收获好评！
3 大台风要点，适合你才是最好的！
2 类实战秘技，克服紧张自信上台！

掌握以上写标题的方法后，回复我"已经掌握"，然后我会给你后续任务。

经过上述提示，AI 清晰地分析出了你提供的标题的特点（如图 1-5 所示），然后你发送具体指令，让 AI 提供相应的标题即可。

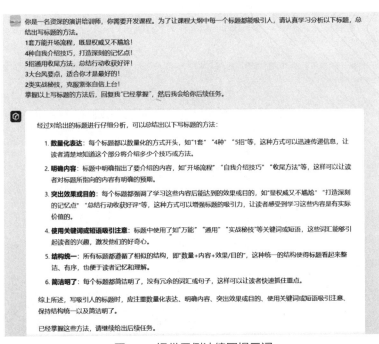

图 1-5　提供示例法编写提示词

6. 指定所需的输出长度

如果你要写一篇演讲稿，那么指定一个大概的字数范围，会帮助 AI 更好地掌握你的需求，避免输出内容过长或过短。

提示词：为我写一份 3 分钟的线上演讲课程开营讲话，400 ～ 500 字之间，使用口语化且精简的表达风格。

从图 1-6 可以看出，设定字数要求可以有效控制输出内容的篇幅，为创作设定清晰的边界。

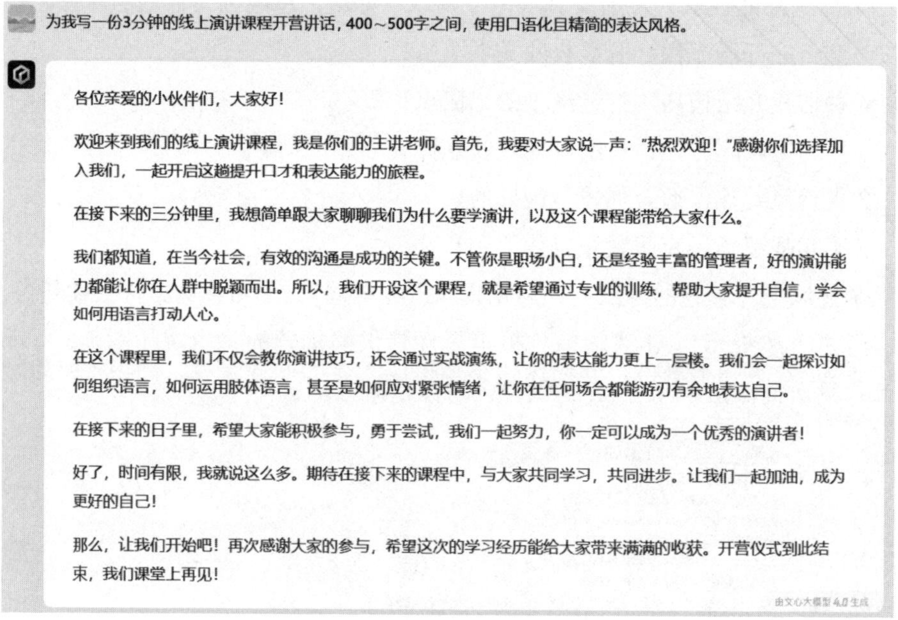

为我写一份3分钟的线上演讲课程开营讲话，400～500字之间，使用口语化且精简的表达风格。

各位亲爱的小伙伴们，大家好！

欢迎来到我们的线上演讲课程，我是你们的主讲老师。首先，我要对大家说一声："热烈欢迎！"感谢你们选择加入我们，一起开启这趟提升口才和表达能力的旅程。

在接下来的三分钟里，我想简单跟大家聊聊我们为什么要学演讲，以及这个课程能带给大家什么。

我们都知道，在当今社会，有效的沟通是成功的关键。不管你是职场小白，还是经验丰富的管理者，好的演讲能力都能让你在人群中脱颖而出。所以，我们开设这个课程，就是希望通过专业的训练，帮助大家提升自信，学会如何用语言打动人心。

在这个课程里，我们不仅会教你演讲技巧，还会通过实战演练，让你的表达能力更上一层楼。我们会一起探讨如何组织语言，如何运用肢体语言，甚至是如何应对紧张情绪，让你在任何场合都能游刃有余地表达自己。

在接下来的日子里，希望大家能积极参与，勇于尝试，我们一起努力，你一定可以成为一个优秀的演讲者！

好了，时间有限，我就说这么多。期待在接下来的课程中，与大家共同学习，共同进步。让我们一起加油，成为更好的自己！

那么，让我们开始吧！再次感谢大家的参与，希望这次的学习经历能给大家带来满满的收获。开营仪式到此结束，我们课堂上再见！

由文心大模型 4.0 生成

图 1-6　指定输出文本长度编写提示词

1.3　给出提示词的核心方法：4W 亮剑模型

前面我们介绍了写好提示的六条标准，大家也切实感受到了优质的提示词确实能够带来优质的内容输出。那么，写好提示词的底层逻辑究竟是什么呢？答案就是抓住“4W 法”，这正是人与 AI 对话的底层逻辑所在。

1. 4W 亮剑提示词模版

与 AI 对话，语言越结构化，AI 理解得越好。分享一个结构化提示词：4W

亮剑模型（如图1-7所示）。

图1-7　4W亮剑模型提示词模版

这个模型包含以下四部分：

🗡 **Who（身份）：**

给AI赋予一个身份，并描述这个身份所具备的专业背景、知识水平以及他们可能的思考方式。

🗡 **What（任务）：**

明确需求：具体说明你希望AI提供的内容类型，如选题、标题、框架、故事、金句等。

细节要求：列出你希望包含的关键点、主题或内容的结构要求。

🗡 **Why（背景）：**

背景信息：提供任务的上下文，解释为什么这个任务是重要的。

目的阐述：明确你想要达到的目的，以及内容的预期用途。

🗡 **How（要求）：**

期望结果：描述你希望AI产出内容的风格、语调和格式。

红线规定：指出你不希望AI做什么，如避免特定的话题、语言风格或信息。

2. 提示词运用

现在，假如你需要为"AI赋能演讲"课写一段朋友圈的宣传文案，那么此刻，呼唤AI，亮剑！

🗡 **Who（身份）：** 请你扮演文案专家的角色。

✏ What（任务）：为我的"AI 赋能演讲"课写一段朋友圈文案。

✏ Why（背景）：我希望这段文案可以吸引朋友圈中对于 AI 赋能演讲课感兴趣的人来参加我的课程。

✏ How（要求）：我希望文案清晰简洁、吸引人，我不要过于官方，或过于商业化的文案，我想突出课程本身的价值。

如图 1-8 所示，AI 根据你的提示，生成了一段宣传文案。

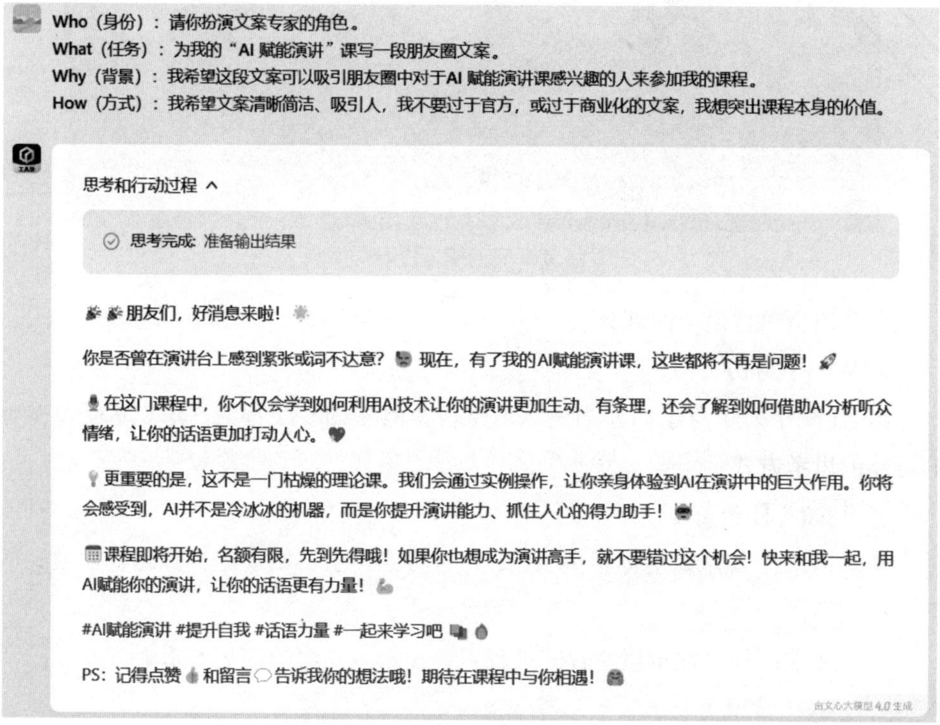

图 1-8　一段朋友圈的宣传文案

再如，你现在需要写一份短视频口播稿，用以宣传课程"如何快速学会演讲"，那么此刻，呼唤 AI，亮剑！

✏ Who（身份）：请你扮演一位自媒体文案专家的角色。

✏ What（任务）：给主题为"如何快速学会演讲"的短视频写一份口播稿。

✏ Why（背景）：我希望通过这个短视频体现自己的专业度，并且帮助到演讲小白。

✏ How（要求）：我希望文案清晰简洁、吸引人，用清晰简洁的方式呈现，不要做过多解释。

如图 1-9 所示，AI 根据你的提示生成了一份短视频口播稿。

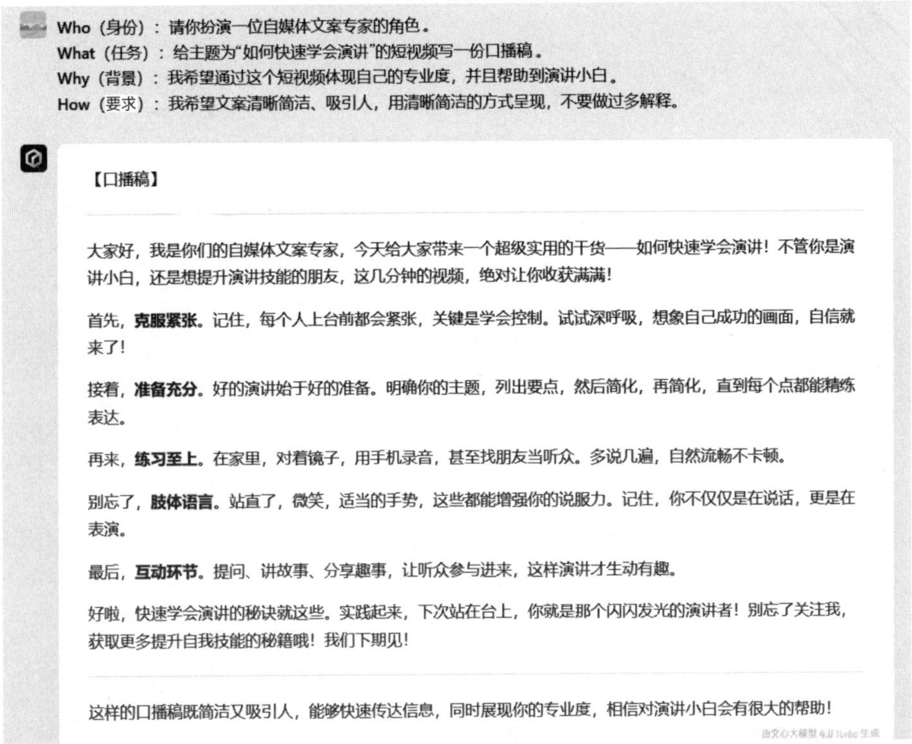

> Who（身份）：请你扮演一位自媒体文案专家的角色。
> What（任务）：给主题为"如何快速学会演讲"的短视频写一份口播稿。
> Why（背景）：我希望通过这个短视频体现自己的专业度，并且帮助到演讲小白。
> How（要求）：我希望文案清晰简洁、吸引人，用清晰简洁的方式呈现，不要做过多解释。

【口播稿】

大家好，我是你们的自媒体文案专家，今天给大家带来一个超级实用的干货——如何快速学会演讲！不管你是演讲小白，还是想提升演讲技能的朋友，这几分钟的视频，绝对让你收获满满！

首先，**克服紧张**。记住，每个人上台前都会紧张，关键是学会控制。试试深呼吸，想象自己成功的画面，自信就来了！

接着，**准备充分**。好的演讲始于好的准备。明确你的主题，列出要点，然后简化，再简化，直到每个点都能精练表达。

再来，**练习至上**。在家里，对着镜子，用手机录音，甚至找朋友当听众。多说几遍，自然流畅不卡顿。

别忘了，**肢体语言**。站直了，微笑，适当的手势，这些都能增强你的说服力。记住，你不仅仅是在说话，更是在表演。

最后，**互动环节**。提问、讲故事、分享趣事，让听众参与进来，这样演讲才生动有趣。

好啦，快速学会演讲的秘诀就这些。实践起来，下次站在台上，你就是那个闪闪发光的演讲者！别忘了关注我，获取更多提升自我技能的秘籍哦！我们下期见！

这样的口播稿既简洁又吸引人，能够快速传达信息，同时展现你的专业度，相信对演讲小白会有很大的帮助！

_{由文心大模型 4.0 Turbo 生成}

图 1-9　短视频口播稿

如果因为网络稳定性等原因，导致输出结果中断，你只要说一句"继续"，一般就可以连续输出了。如果你觉得回答的内容不满足你的要求，可以增加提问内容，追问 AI，直到获得满意的回答。

以上都是短篇幅的文稿。如果是长的演讲稿，就需要按照大纲一步一步来生成。一方面，AI 一次性输出文字有限，目前文心一言 4.0 版本可以一次性输出 3200 字；另一方面，一次性出文，文章的深度得不到保证。这个时候就要化大为小，一步步来操作。关于长的演讲稿的生成，我会在"能讲"章节详细讲解，届时会涉及演讲结构的运用。

有一点需要注意，在实际使用中，建议每个聊天窗口只做一类事情，例如梳理逻辑结构和写金句，应该在两个窗口进行。因为 AI 会读取和参考这个对话的上下文信息，从而生成更符合你要求的内容。教大家一个小妙招，和 AI 聊天的第一句话，其实就是这个对话框的名字。例如，在这个对话框中要为演讲稿写几个金句，那你新建对话框，然后输入"金句"，再回车，在这个对话框中只讨论

"金句"这一件事,具体界面如图 1-10 所示。

图 1-10　一个窗口只做一类事情

1.4　AI 不说人话?来,我教你治它!

很多人都提到这样一个问题:AI 写出的内容总是带着一股明显的机器味儿。

"首先……其次……再次……最后……"

"在今天的市场环境下,企业应该加强与客户的沟通和互动,以实现更好的业务效果。"

"通过使用先进的技术和方法,我们可以更好地理解和解决这个问题,从而实现更高的效率和效果。"

这类文字给人的感觉就是过于正式、缺乏生动性、过度使用行话或技术术语等,让听众觉得演讲者不接地气,不够亲切。

AI 不说人话跟 AI 本身的工作模式以及特点有关,AI 模型在生成内容时往往是基于统计规律和算法,这使得生成的内容缺乏人类的感性。

如何解决 AI 不说人话的问题?总的来说分为两部分:一部分就是要在提示词上面下功夫;另一部分是要对写出来的内容进行修改和润色。

(1) 优化提示词。

在向 AI 提出请求时,要尽可能详细地描述你想要的写作风格。如果你想要一篇轻松的、通俗易懂的文章,就要把"轻松、通俗易懂"这些指令给到 AI。如果你不希望文章的内容过于正式,那么要明确告诉 AI 你需要"自然流畅、不过于专业"的表达。

也可以提供一些你喜欢的演讲稿作为参考，以帮助AI更好地理解你的需求和期望。比如："我需要轻松有趣的口吻，参照以下这段文本……"

（2）加"人味儿"。

你"投喂"了AI大量资料，AI还是不说人话，这也是可以理解的。毕竟AI没有情感，它生成的东西会比较生硬，无法凸显个人特色，这就需要发挥人的能力。比如，你想要的风格是将事物与孔子、王阳明的思想联系起来，那么不妨在文章中融入《论语》或《传习录》的元素，这就是"人味儿"。

例如第1.3节生成的口播稿，如果是我，会把"却索然无味"改为"BUT，却讲得毫无吸引力"。这个"BUT"就是我讲课的风格，是我的口头禅，这样一改就有了我的存在。

（3）仔细校对文章，确保数据准确、文字无误。毕竟，AI偶尔也会"胡说八道"，需要我们来把关。

综上所述，你会发现，整个流程人与AI是密切协作、不断调整反馈的过程，其中人要起主导作用，所以说人是万物的尺度。

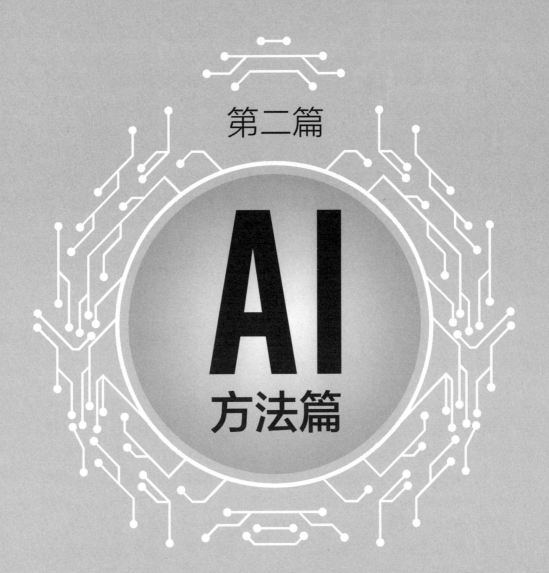

- 丰：丰富的知识
- 丰：丰富的人生阅历
- 彐：清扫，在事上磨
- 心：内心的智慧之光

演讲的唯一目的是分享有价值的思想，而且要用你独特的方式真诚地分享。

——TED掌门人克里斯·安德森

第二篇为AI方法篇，通过慧讲、能讲、巧讲、敢讲四个维度，全方位提升演讲技能。开篇为"慧讲"，这是所有演讲技巧的基石与核心，更是演讲的初心。"慧讲"，字面意思就是充满智慧地讲，讲得有目的，讲得有意义。更进一步地，我想强调的是演讲者应该具备的心态，此时用王阳明《传习录》中的"去人欲"来解释，恰如其分。演讲者应该把听众放到第一位，要关注听众听了你的演讲能做出哪些改变，而不是你讲了什么会显得你很高级。

演讲者把自己丰富的人生经历和丰富的知识，通过阳明心学的"在事上磨"的方式加以锤炼，使内心的智慧之光得以绽放。在这样的过程中，演讲者将达到一种"无我"的境界，从而能够更加纯粹、智慧地与听众分享自己的见解和经验。

第 2 章
慧讲——确定演讲主题，言之有物

有句话说得好："好看的皮囊千篇一律，有趣的灵魂各有不同。"

演讲也是同样的道理。演讲是思想观念和情绪的表达，好的演讲自然是各有各的妙处。TED 创始人克里斯·安德森在《TED 演讲的力量》中提到，一个好的演讲应该满足三方面的要求：聚焦于一个主意；给听众关注的理由；用听众熟悉的概念表述你的主意。同时，演讲者就是导游，带着听众一起飞。借用克里斯·安德森的启发，我总结了一个 I YOU WAY（哎呦喂）模型，如图 2-1 所示，解释如何找到好的演讲主题，让你的演讲言之有物。

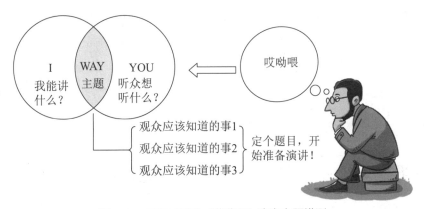

图 2-1 I YOU WAY（哎呦喂）确定主题模型

I（哎）：我能讲什么？我能分享什么有价值的观点？

YOU（呦）：听众想听什么？

WAY（喂）：两个圈交集后，确定主题和目标。在这个主题下，听众需要知道的三件事，然后定个题目，开始准备演讲。

2.1 I（哎），我能分享什么有价值的观点

我们每个人身上都有很多值得分享的思想，每个人都是一座宝藏，但是当你被人邀请做一场演讲或者分享时，可能你会忽然间大脑一片空白，感觉自己并没有什么要讲的。怎么办呢？这就需要我们平时做好积累和整理。

每个人至少有三个圈,即家庭圈、工作圈、学习圈。家庭圈中要积累与孩子、配偶、父母等发生的小故事、自己成长的故事等;工作圈中要积累自己的专业经验,这也会是你被邀请演讲的主要原因,所以平时工作上要及时复盘,要把自己的优势萃取出来,形成一个个小的主题,分类收集;学习圈中的是你最近学习的知识,或者你阅读的书,或者是你的新感悟等。可以按照表 2-1 进行收集整理。

表 2-1　灵感收集表单

家庭圈		工作圈		学习圈	
♥关爱	♥包容	▮专业	▮友善	★勇气	★健康
♥亲情	♥和睦	▮团队	▮诚信	★梦想	★自律
♥感恩	♥困难	▮写作	▮正直	★使命	★自信
♥责任	♥自省	▮执行	▮细致	★坚持	★榜样
♥担当	♥乐观	▮合作	▮热心	★挑战	★书籍

当然也可以去 TED 官网寻找一些与自己产生共鸣的素材,做好整理。打开 TED 官网,在 Discover 模块下会有很多主题,它们会按照 A-Z 的顺序排列。如果有中文需求,可以直接在空白处点右键翻译页面,进入播放页面,每个视频右下方有一个翻译按钮,可以根据自身实际情况进行选择。如图 2-2 是 TED 官网首页界面。

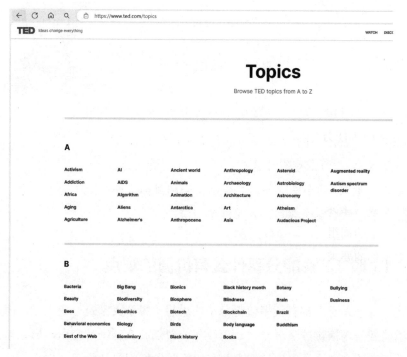

图 2-2　TED 官网首页

培养良好的习惯对于素材积累至关重要，我们可以在电脑或云端存储（例如利用印象笔记）中创建一个名为"演讲素材库"的文件夹。每当我们在日常生活中发现优秀的素材，便应按照相应的类别进行有序归类和整理。随着时间的推移，我们的演讲素材库将愈发丰富。当需要发表演讲、分享见解或与他人交流时，我们就能游刃有余地从库中调取观点和素材。很多时候，小白和演讲高手之间，差的就是一个强大的素材库。图 2-3 是印象笔记的操作界面。

图 2-3　建立强大的素材库

如果在你的演讲中需要列出更多的演讲观点，此刻，呼唤 AI，亮剑！

✏ Who（身份）：你是一名资深演讲专家。

✏ What（任务）：请你帮我列出一些演讲中有价值的观点。

✏ Why（背景）：我需要在读书会为青年员工做一场题为"八小时外，决定你与他人的距离"的演讲。

✏ How（要求）：请给我列出 5 个有价值的观点，如坚持、自律等，观点必须是两个字的词组。

根据你的要求，AI 生成内容如图 2-4 所示。

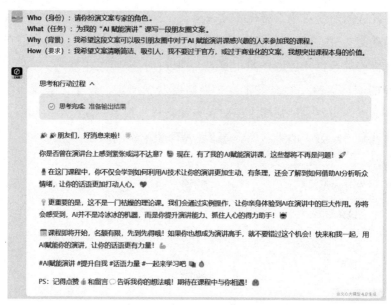

图 2-4 列出有价值的观点

你可以根据这些观点，与自己的素材库进行匹配，构思你的演讲。

2.2 YOU（呦），用 AI 读心术，提前给听众画像

每一年罗振宇跨年演讲结束后，总有一波朋友圈刷屏。为什么大家愿意在朋友圈转发一个好的演讲？原因就是：这个人说了我想说的话，而且他比我说得好。演讲的调性就是从群众中来，到群众中去。其实，哪里是你会演讲，不过是你把读者心中的话都说出来了，而且说得比他们还好。

"你要讲给谁听？"这是有经验的演讲者在准备一场演讲时要考虑的重点问题。否则就变成了没有人会在乎你说什么，也就没有人会听你说什么，何谈促使他人做出改变？

淘宝、抖音、拼多多想必大家都用过，我们搜过什么，买过什么，在哪个页面停留久一点，甚至平常和朋友聊天的关键词是什么，这些数据平台对此了如指掌，甚至比你自己还了解自己。

想象一下，如果我们能够拥有这样的数据视角，能够了解听众的习惯和喜好，以听众的角度来设计演讲，那听众就会像爱抖音一样爱上我们。

怎么做呢？首先要做听众画像。提前收集听众的基础信息，诸如听众的性别、年龄、禁忌和习惯、社会角色、受教育程度、所属行业、兴趣爱好、价值

观、信仰、关注什么及想要什么等。用他们熟悉的语言模式、词汇、事物，激发他们的共鸣。社会经验的不同会导致不同群体对同一件事的看法存在很大差异，如表2-2所示。

表2-2 给听众画像

背景	分类	关注的方向
性别	女性	偏感性，关注亲密关系、亲子关系、语言表达、心理学、明星话题、美容等
	男性	偏理性，更关注政治、新闻、科技等，最好是上干货
年龄	青年	关注恋爱、升学、就业、职场等
	中年	关注事业、家庭、金钱、使命等
	老年	关注健康、安全等
社会角色	老百姓	关注安全、财富、健康、希望等
	父母亲	关注孩子的健康、学习、成长等
	创业者	关注成功路径、方法论等
行业背景	不同行业背景，关注点不同，例如银行和汽车销售行业关注点就不同	
职位	职位高、权力大的听众更关心方向、战略、决策和规划等宏观层面的东西；职位低、权力小的受众更关心与自己相关的落地方法和实用工具	
禁忌和习惯	尊重听众的不同习惯，不要冒犯听众	

大家想想，电影《战狼2》为什么能够刷新国产票房纪录？正是源于它对观众心理的精准把握，洞悉了观众会被"强大的祖国、自豪的中国人"这样的价值观所触动。同样地，贾玲导演的《热辣滚烫》传递出"YOU ONLY LIVE ONCE"的态度，激励人们大胆展现自我、活出真实。《我的阿德勒》，带领观众踏上深入自我与内心世界的探索之旅。这些佳作都凭借独到的视角与价值观，与观众心灵相通，从而收获了广泛的赞誉和认可。

演讲也是一样的，其核心在于替听众发声，讲出他们心中的话语。当你准确传达了听众的所思所感，自然能引发深刻的共鸣。

1. 用AI给听众画像：生成调查问卷

用AI给听众画像，最简单的做法就是生成调查问卷，这个工具完全可以交给AI去做，此刻，呼唤AI，亮剑！

🖋 Who（身份）：你是一名资深的市场研究顾问。

🖋 What（任务）：我希望你能帮我设计一份针对受众的调查问卷。

🖋 Why（背景）：现在是4月的世界读书日，我需要做一个18分钟的演讲，演讲的方向是在工作中修行，鼓励大家爱上工作，在工作中学习、总结和萃取，并学习同事身上的优点，从此工作不内耗，而变成幸福的场所。

How（**要求**）：问卷中包含听众的性别、年龄、行业背景、职位、禁忌和习惯等信息，以及听众期望的内容。以 Excel 表格的形式输出。

根据你的要求，AI 生成内容如图 2-5 所示。

Who（身份）：你是一名资深的市场研究顾问。
What（任务）：我希望你能帮我设计一份针对受众的问卷调查。
Why（背景）：现在是4月份的世界读书日，我需要做一个18分钟的演讲，演讲的方向是在工作中修行，鼓励大家爱上工作，在工作中学习、总结和萃取，并学习同事身上的优点，从此工作不内耗，而变成幸福的场所。
How（方式）：问卷中包含听众的性别、年龄、行业背景、职位、禁忌和习惯等信息，以及听众期望的内容。以Excel表格的形式输出。

当然，为了确保您的演讲内容能够精准地触达听众并引起共鸣，设计一份详尽而有针对性的问卷调查是非常关键的。以下是一份针对您演讲主题的问卷调查设计，以Excel表格的形式呈现：

问卷调查设计（Excel表格模板）

表格标题：世界读书日特别演讲——"在工作中修行"听众调研问卷

序号	问题类别	问题内容	选项/填写说明
1	基本信息	性别	A. 男 B. 女 C. 不愿透露
2	基本信息	年龄	A. 18-24岁 B. 25-34岁 C. 35-44岁 D. 45-54岁 E. 55岁以上
3	基本信息	行业背景	（开放式填写，如IT、金融、教育、疗等）
4	基本信息	职位	（开放式填写，如经理、主管、员工自由职业者等）
5	个人信息	您在工作中最希望提升的能力或技能是什么？（可多选）	A. 专业技能 B. 团队协作 C. 时间管理 D. 领导力 E. 沟通技巧 F. 其他（请说明）
6	禁忌与偏好	在参加讲座或演讲时，您有哪些禁忌或特别需要注意的事项？（如：避免提及某些话题、需要字幕辅助等）	（开放式填写）
7	学习习惯	您通常通过哪些方式在工作中学习新知识或技能？（可多选）	A. 阅读书籍 B. 参加培训课程 C. 在线学习平台 D. 同事交流 E. 实践经验 F. 其他（请说明）
8	工作态度	您认为工作中最重要的品质是什么？（单选）	A. 责任心 B. 创新能力 C. 学习能力 D. 团队合作 E. 抗压能力
9	期望内容	在"在工作中修行"的主题下，您最希望听到哪些方面的内容？（可多选）	A. 如何将工作与个人成长相结合 B. 工作中如何有效学习和总结 C. 如何从同事身上学习优点 D. 减少工作内耗的方法 E. 如何将工作场所变为幸福场所 F. 其他（请说明）
10	期望内容	您对本次演讲有哪些特别的期待或建议？（开放式填写）	（开放式填写）

图 2-5　调查问卷

2. AI 分析问卷数据

收集到听众的问卷反馈后，下一步就是深入分析这些数据，以便精准地把握听众的需求。如何用 AI 来高效地进行问卷数据分析呢？此刻，呼唤 AI，亮剑！

Who（**身份**）：你是一名资深的数据分析顾问。

🖊What（任务）：我希望你能帮我分析问卷数据，并编写一份分析报告。

🖊Why（背景）：我刚刚收到一份关于"在工作中修行"的调查问卷。在这份问卷中，我收集了听众的基本信息，以及他们对本次演讲主题的期望。我已经将收集的Excel表转成PDF上传给你。

🖊How（要求）：分析哪些问题受到听众的最大关注，听众希望从我的公开演讲中获得什么信息。

根据你的要求，AI生成内容如图2-6所示。

图2-6　AI分析问卷数据

这些调研都是显性化的需求，听众希望听到工作与生活如何平衡、如何爱上工作以及怎样应对工作挑战等相关方法、策略。

其实，除了问卷调研，还可以通过一些行为捕捉听众的潜层需求，例如调查平时大家抱怨最多的话题是什么，或者听众朋友圈都在发什么，再或者收集那些让你眼前一亮的创意。例如，罗振宇 2023 年跨年演讲的"狗眼看世界"就是让人眼前一亮的创意。如图 2-7 的方法可以用来做潜层需求的挖掘。

图 2-7　潜层需求挖掘

2.3　WAY（喂），找到主题，带着目标去演讲

经过前两步，我们已经找到了"我能讲什么"和"听众想听什么"的交集，这部分就是你要演讲的主题。主题也可以叫演讲的观点，建议一句话就能讲清楚。若干年后，你演讲的具体内容听众或许已经想不起来了，但是你当时有力的观点一定给他们留下了很深的印象。

比如著名的 TED 演讲，18 分钟内每个上台的演讲嘉宾只需要分享一个可以传播的观点。苏珊·凯恩（Susan Cain）讲的是《内向性格的力量》，她的主题是："内向的人给这个世界带来了惊人的天赋和能力，这是值得鼓励和庆祝的。"她的观点帮助很多性格内向的人发现了自己的优势。

再如，社会心理学家艾米·卡迪（Amy Cuddy）的演讲《肢体语言塑造你自己》中，讲述了一个身体语言的秘密："如果我们以一个自信的姿势站着，即使我们不感到自信，这个姿势也能影响我们脑内的睾丸酮和可的松的含量，进而影响我们的行为。"她的主题是："假装自己可以，直到你真的可以。"这个观点让很多不自信的人看到了曙光。

有了主题,还得进一步有目标,或者说通过这场演讲你想要的结果。

彼得·迈尔斯在《高效演讲——斯坦福备受欢迎的沟通课》这本书中,将演讲的目标分为三个不同的层次,我从中受到启发,总结概括为3T模型,如图2-8所示:

最高层次的目标为:To go,即听众采取什么行动。

第二个层次目标为:To do,即听众做出什么决定。

第一层次目标为:To learn,即听众学到了什么,或者获得什么启发。

这也符合《论语》中的"传不习乎",学到是第一层次,习是高级目标。

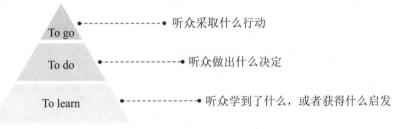

图2-8 演讲目标的三个层次

用一句话术来概括演讲的目标:听众听完我的演讲后,能够学会/运用/受到/做出/采取……

大家来想一下,你要将听众的思想从这个点移动到下个点,听众为了做出改变,必定有一些东西需要向你学习,这些东西就是你演讲内容的基础。大家可以认为是在目标下设置一个下拉菜单,为了取得想要的结果,听众需要学习哪几点?一般建议大家只讲三点,在后续章节我会详细讲解为什么讲三点、怎么有逻辑地讲三点,以及怎么讲好故事。

例如,你要演讲的方向是"在工作中修行",鼓励大家爱上工作,在工作中学习、总结和萃取,并学习同事身上的优点,从此工作不内耗,而变成幸福的场所,可是你不知道该讲几个点。此刻,呼唤AI,亮剑!

✒ Who(身份):你是一名资深的演讲教练。

✒ What(任务):我希望你能帮我梳理一个演讲主题,并告诉我在这个主题下听众需要知道的几件事,具体怎么展开会比较好。听众知道了这三件事,才能促使演讲主题这个任务的完成。

✒ Why(背景):现在是4月的世界读书日,我需要做一个18分钟的演讲,演讲的方向是在工作中修行，鼓励大家爱上工作，在工作中学习、总结和萃取，并学习同事身上的优点，从此工作不内耗，而变成幸福的场所。我演讲的听众是企业中青年员工，年龄大致在 40 岁左右，基本从事金融工作、工程设计工作、培训工作、商务工作等。

How（要求）：

1）主题以一句话的形式出现，一定要落地，说到听众心坎里去。

2）听众知道的三件事可以用问句的形式出现，也可以用"关键词＋金句"的形式呈现；金句需要富有哲理，引人深思；关键词的小标题字数应该保持一致。

3）语言风格亲切、接地气，最好是有故事，500 字左右。

根据你的要求，AI 生成内容如图 2-9 所示。

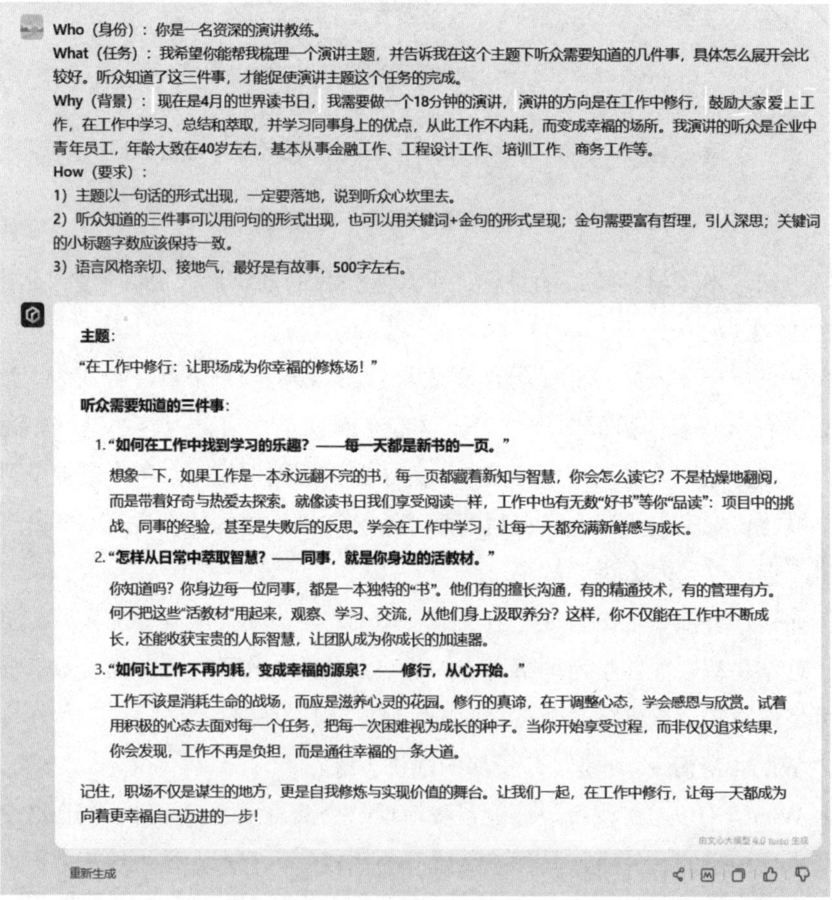

图 2-9　梳理演讲主题

如果你觉得 AI 生成的内容不符合你的要求，可以不断点击左下角"重新生成"按钮,直到获得较为满意的答案,再根据实际情况进行优化和调整,完成你的演讲稿。

还有一种情况,你已经确定了演讲主题,希望找到一个独特且富有新意的切入口,这时 AI 绝对是得力助手。例如,你的演讲方向是"演讲能力是一个人发展的核心技能",即便你已对这个话题有所思考,AI 仍然能为你提供更多灵感和新颖视角,从而让你的论述更加丰富多彩。不信?呼唤 AI,亮剑!

🗡 Who(身份):你是一名资深的演讲教练。

🗡 What(任务):我希望你能给我一些独到的见解。

🗡 Why(背景):我需要做一场演讲题为"演讲能力为什么是个人发展的底层能力"。

🗡 How(要求):请你从心理学、教育学甚至是脑科学的角度给我提供一些独到的见解。

根据你的要求,AI 生成内容如图 2-10 所示。

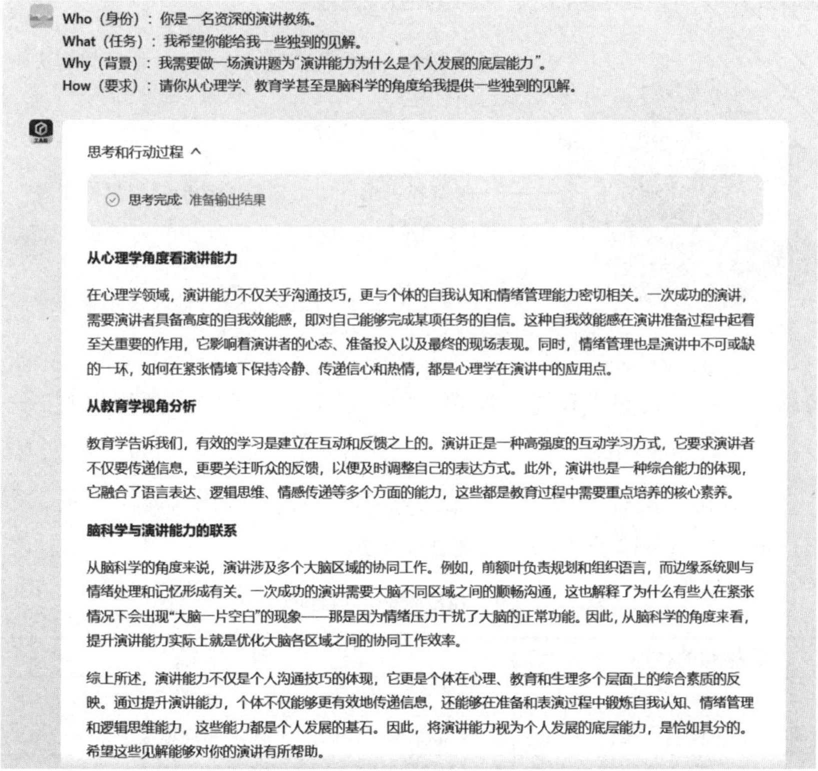

图 2-10 找到独到的见解

这样,你的演讲就能覆盖更广的视角,更加深刻和全面。或许你也可以从中获得启发,找到一个特别的切口开始你的演讲。

2.4 设计演讲题目:吸引注意力

经过"哎呦喂(I YOU WAY)"的准备,现在你已经确定了演讲的主题和目标,接下来就是要给内容起个题目,成功地把听众吸引到场域来。

演讲题目是一篇演讲稿的重要组成部分,一个好的演讲题目能够让人眼前一亮,迫切地想知道你的演讲内容,对你的演讲产生兴趣。有句话说得好:"题好文一半。"有了一个好的演讲题目,你的演讲稿就完成了一半。

写好演讲题目并非一件容易的事,需要长期锤炼,反复琢磨,从中寻找到规律。我总结了"桃子三有"法则,如图2-11所示。演讲题目要有趣、有料、有用。有趣,给到听众情绪价值,让他感觉到快乐;有料,给到听众新知,让他获得思维启发;有用,给到听众方法,为他解决难题。

图 2-11 起标题的"桃子三有"法则

构思一个吸引人的"有趣"标题,你可以尝试从这三个角度出发——提问、利用反常识、营造画面感;若要打造一个有内涵的"有料"标题,不妨考虑分享新知、引入数据、使用金句;而若想让标题"有用",那么提供干货、戳痛点、突出用户价值都是不错的选择。如表2-3所示。

表 2-3 起标题的技巧与例子

起标题的技巧		例 子
有趣	提问	人为什么活着
	利用反常识	梦境与现实:我们的大脑是如何欺骗我们的
	营造画面感	如何开一场让用户排队的产品发布会

续表

	起标题的技巧	例子
有料	分享新知	用 AI 三步搞定职场办公
	引入数据	如何在 30 天内成为高效学习者？尝试这 7 个步骤
	使用金句	成功不是偶然，而是必然的选择
有用	提供干货	高效能人士的七个习惯
	戳痛点	人到中年，职场半坡
	突出用户价值	×× 资料免费送

假如你是一名企业内训师，你演讲的主题是"在工作中修行"，你需要给演讲起个题目，AI 可是起标题的好帮手，此刻，呼唤 AI，亮剑！

第一步："投喂" AI。

有一个特别棒的起标题的方法叫"桃子三有"法则，分别是：

1）有趣：给到听众情绪价值，让他感觉到快乐。

2）有料：给到听众新知，让他获得思维启发。

3）有用：给到听众方法，为他解决难题。

我给你一些示例，供你学习：

1）有趣

- 提问——标题为《人为什么活着》。
- 利用反常识——标题为《梦境与现实：我们的大脑是如何欺骗我们的》。
- 营造画面感——标题为《如何开一场让用户排队的产品发布会》。

2）有料

- 分享新知——标题为《用 AI 三步搞定职场办公》。
- 引入数据 ——标题为《如何在 30 天内成为高效学习者？尝试这 7 个步骤》。
- 使用金句——标题为《成功不是偶然，而是必然的选择》。

3）有用

- 提供干货——标题为《高效能人士的七个习惯》。
- 戳痛点——标题为《人到中年，职场半坡》。
- 突出用户价值——标题为《×× 资料免费送》。

你学会了吗？学会请回复"学会了"。

根据你提供的材料，AI 进行了学习训练，如图 2-12 所示。

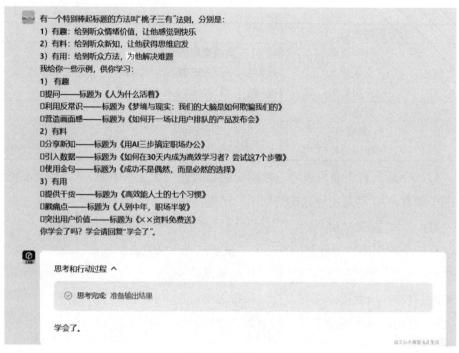

图 2-12　投喂 AI

第二步：按照 4W 亮剑法，写提示词。

🗡 Who（**身份**）：你是资深演讲培训师，我是企业员工，你是我的演讲顾问。

🗡 What（**任务**）：我现在正准备进行一场主题为"在工作中修行"的演讲，但还没有一个合适的题目，请你根据"桃子三有"法则起标题的方法帮我构思一下。

🗡 Why（**背景**）：这次演讲，我主要想围绕三个方面展开：工作不仅是职责，更是修行的道场；同事是镜，亦是师；内耗是敌，幸福是友。

🗡 How（**要求**）：

1）请根据"桃子三有"法则起标题的方法，从有趣、有料、有用三个方面给"在工作中修行"这个演讲主题分别起 3 个标题，总计 9 个标题。

2）标题要简短易记，语言亲民，避免过于高大上的词汇，要让听众一听就觉得亲切且接地气。

根据你的要求，AI 生成内容如图 2-13 所示。

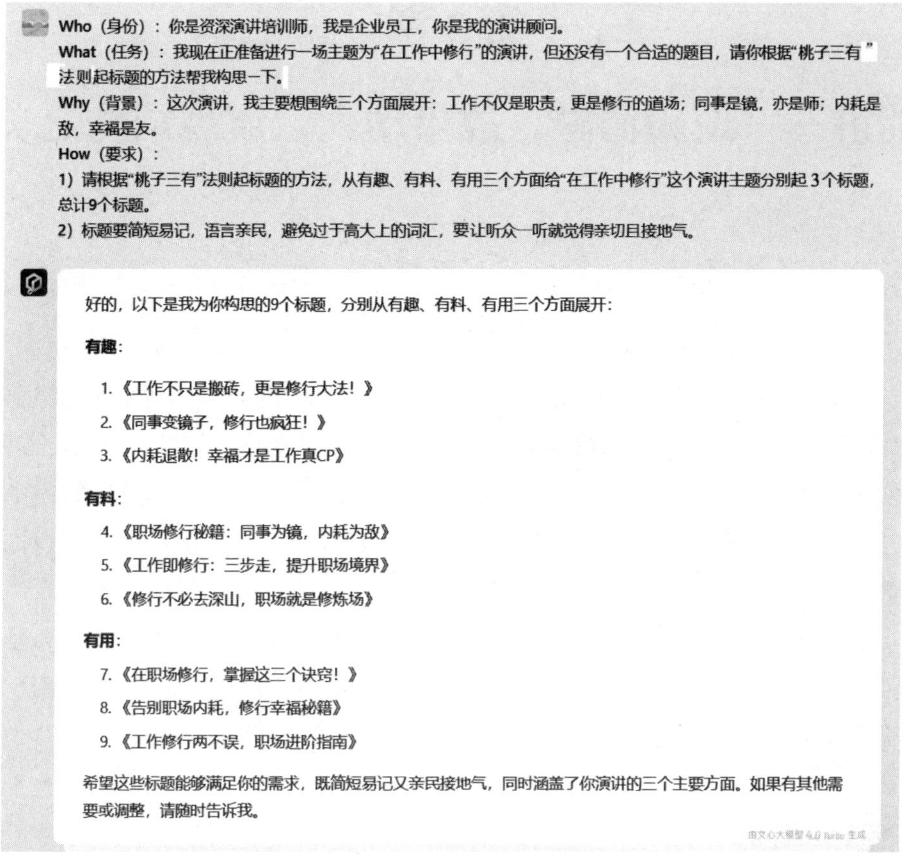

Who（身份）：你是资深演讲培训师，我是企业员工，你是我的演讲顾问。
What（任务）：我现在正准备进行一场主题为“在工作中修行”的演讲，但还没有一个合适的题目，请你根据“桃子三有”法则起标题的方法帮我构思一下。
Why（背景）：这次演讲，我主要想围绕三个方面展开：工作不仅是职责，更是修行的道场；同事是镜，亦是师；内耗是敌，幸福是友。
How（要求）：
1）请根据“桃子三有”法则起标题的方法，从有趣、有料、有用三个方面给“在工作中修行”这个演讲主题分别起 3 个标题，总计9个标题。
2）标题要简短易记，语言亲民，避免过于高大上的词汇，要让听众一听就觉得亲切且接地气。

好的，以下是我为你构思的9个标题，分别从有趣、有料、有用三个方面展开：

有趣：

1. 《工作不只是搬砖，更是修行大法！》
2. 《同事变镜子，修行也疯狂！》
3. 《内耗退散！幸福才是工作真CP》

有料：

4. 《职场修行秘籍：同事为镜，内耗为敌》
5. 《工作即修行：三步走，提升职场境界》
6. 《修行不必去深山，职场就是修炼场》

有用：

7. 《在职场修行，掌握这三个诀窍！》
8. 《告别职场内耗，修行幸福秘籍》
9. 《工作修行两不误，职场进阶指南》

希望这些标题能够满足你的需求，既简短易记又亲民接地气，同时涵盖了你演讲的三个主要方面。如果有其他需要或调整，请随时告诉我。

由文心大模型 4.0 Turbo 生成

图 2-13　AI 实战“起标题”

这样，你不仅可以从中挑选出满意的题目，还可以通过不断调整提示词来进一步精确你的需求。同时，在 AI 的启发下，加入“人味儿”，你可以设计出独特的题目。

第 3 章

能讲——逻辑清晰，故事动人，展现结构之美

> 选择逻辑结构以理服人，选择故事结构以情动人。两者结合可以让演讲情理交融，打动人心。

大家有没有注意到，超市里的水果总是给人一种比菜市场里更高级的感觉？比如，同样的小番茄，在菜市场里它们可能只是随意地堆在筐里，而在超市里，它们却被精心地摆放在盒子中的小格子里。这种摆放方式，是不是让你瞬间觉得这些小番茄与众不同，仿佛它们是被矿泉水灌溉的，吃了它们，你就能显得格外尊贵。即便价格高，你也会毫不犹豫地选择购买。

这和演讲有着异曲同工之妙。如果演讲缺少了"格子"，那么内容就会显得杂乱无章，缺乏吸引力。而这个"格子"，就是我们所说的演讲结构。它不仅能够稳固演讲的内容，还能让整个演讲看起来充满美感。

根据《认知心理学及其启示》第 7 版中对脑结构的研究，人类的大脑分为左脑和右脑两个部分。如图 3-1 所示，左脑涉及逻辑推理、语言、概念、数字、分析等功能，也就是我们常说的理性思维；右脑涉及想象、情感、图像、直觉、音乐等功能，也就是我们常说的感性思维。

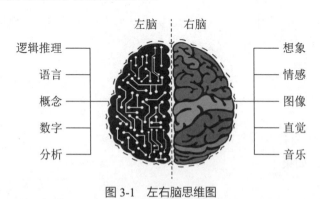

图 3-1 左右脑思维图

一般来说，理工科出身的人，都习惯于左脑思维，然而在演讲时，常常因为过于理性而无法打动受众。同样地，单纯的右脑演讲虽然形象生动，能够很好地带动现场气氛，但是可能逻辑不够严谨，观点不够突出。

比如我自己的特长是主持，是公司的台柱子，擅长营造气氛。一个擅长理性思维的朋友和我开玩笑："楠哥，你的演讲很有趣，就是没有观点。"他说出了我一直以来的痛点，我感觉自己就像个"花瓶"，言之无物，看起来把演讲的场面或者培训的课程整得很热闹，但是我心里明白，自己脑子里没货。从此我开始了大量阅读，不断输出，用输出倒逼输入，锻炼自己的左脑，努力让自己变成一个"有货"的人。

如果想让演讲言之有物，达到"人见人爱，花见花开"的境界，需要左右脑全部开工。左脑逻辑结构思维，用来推断和说理，让演讲变得真实可信；右脑故事结构思维，与受众产生共鸣，调动受众情绪，产生感染力和号召力。

对于逻辑结构，我推荐三类最常用的演讲结构：菜鸟级"三点式"玩法，高手级"三点式"玩法，大神级"三点式"玩法。而对于故事结构，我同样推荐三类最常用的结构：菜鸟级"三幕"玩法，高手级"三幕"玩法，大神级"三幕"玩法。

> 没有逻辑的演讲，就像没有指南针的航行。
> ——马丁·路德（Martin Luther）

3.1 逻辑结构——掌握万能公式，告别逻辑混乱

逻辑结构是整个演讲的总脉络，就像导游报站一样，必须事先让听众对你的路线图了然于胸，知道自己走到哪里了。在演讲的时候，要时时拉着听众的手，不要让他们走丢。

一般常用的是经典"三点式"讲话，当然在此基础上也变化出不少升级玩法，例如关键词法、拆字词法、道法术、问元芳等。

3.1.1 菜鸟级"三点式"玩法，解锁任何场合的演讲之门

有个笑话说麦肯锡咨询师的开场白都一样，清一色的："我的观点是……从3点来看……"；如果不幸有第4点要说，那就拆分成3a和3b，依然是以"我有3点"开场。虽是笑谈，但实际方法的确大抵如此。

乔布斯在斯坦福大学的演讲中，用三个故事串联起了他的人生智慧。

俞敏洪在北京大学的舞台上，同样以三个故事分享了他的成长历程。

徐韬在中国传媒大学的演讲中，也是通过三个问题引发了听众的深思。

这些成功的演讲者，不约而同地选择了"三点"作为他们演讲的骨架。其实，讲三点是有脑科学依据的，心理学有一个重要的原则，就是记忆容量有限性原则。1956年，美国心理学家乔治·米勒写了一篇非常有意思的论文，叫《神奇的数字7±2》，这是大脑记忆的极限。如果只讲两个要点，就像正邪双方一样，是有对抗的，你需要讲的是一方如何战胜另一方的故事。否则，只有两个要点，就会显得单薄。"3"是个神奇的数字，不多也不少。当然，也可以讲四个或者五个要点。如果你要讲四个以上观点，为了方便听众快速地了解和掌握，你就要试着把它们进一步形象化，例如把它们放在一个矩阵里，或是放在坐标图的四个象限里。如果要讲五个观点，你可以配合手势来讲解。"5"正好是人的五个手指头。如果你讲六个观点，试着把它们想象成魔方的六面、骰子的六面；抑或是把六个观点分成两组，每组三个观点。观点较多的建模问题，会在本章的第三部分详细介绍。但是你千万记住，最多不要超过七个观点，超过七个观点，真的没人能记得住。在演讲中，最好的结果就是讲三点。

"三点式"讲话结构是一个万能公式，几乎可以应对所有的演讲场合。菜鸟级"三点式"讲话结构根据演讲内容可以分为时间结构、空间结构、钟摆结构和重要性结构。

1. 时间结构

时间结构是一种逻辑结构，在演讲、写作或电影中经常被用到，是按照事情发展的先后顺序来设计演讲结构的，各时间段之间存在因果关系。

常用的时间结构有以下三种类型：

思考类型

- 首先、其次、最后。
- 第一、第二、第三。

时间点类型

- 过去、现在、未来。
- 早上、中午、晚上。
- 昨天、今天、明天。

项目阶段类型

- 项目前、项目中、项目后。
- 初创期、发展期、引领期。
- 短期计划、中期计划、长期计划。

● 可研阶段、初步设计阶段、施工图阶段

【例3-1】 如下是央视主持人大赛冯硕的三分钟演讲，他用三张票根展示了海南的发展历程。

观众朋友您好，欢迎走进看见中国。您买过火车票吗？买过飞机票吗？买过船票吗？一张票它是凭证，其实它更是岁月的印记。今天就让我们一起上路，我带您看看三张很特殊的票。

第一张票是一张旧船票。时间回到31年前，这是1988年从海安到海口的一张旧船票，船上的人充满了希望和憧憬，他们要去的是中国最大的经济特区——海南。那一年，改革开放进行到了第一个十年。那一年，海南刚刚建省办经济特区；那一年，船上的人有一个共同的名字——"闯海人"。"年轻的朋友们，今天来相会"，这首歌似乎也唱出了当时的海南，当时年轻的闯海人在海口，一定要去一个地方，这就是三角池。那儿有一面墙，墙上贴满了招聘信息，那面墙也有一个历史意义的名字，它叫"闯海墙"。

第二张票代表了中国速度。这是一张很特殊的高铁动车票，从海口东到海口东，你别以为印错了，这可是全球首条环岛高铁。八年前我来到了海南，成为了新一代的"闯海人"。八年的时间，我不仅见证了环岛高铁的速度，也看到了长征七号、长征五号升空的高度和深海勇士下潜的深度，更重要的是感受到敢闯敢试、敢为人先闯海精神的态度。八年的时间，我与海南共同成长，但是最让我难忘的是坐着环岛高铁到博鳌亚洲论坛的采访。当万泉河水清又清的音乐响起时，我是在现场聆听着习近平主席的演讲，也感受着中国向世界发出的最强音。

第三张票是从悉尼飞到海口的一张机票，它是属于我的这位外国朋友的。要知道他只需要凭借护照，不需要签证，就能直接落地海南了。为什么呢？因为去年是改革开放的40周年，也是海南建省经济特区的30周年，中央决定支持海南全岛建设自由贸易试验区和逐步探索、稳步推进中国特色自由贸易港，于是59国人员入境免签等政策相继地出台。

现在我们听到的这首歌是海南的地方民歌，普通话就是"久久不见，久久见"，寓意着我们期待与更多的人交朋友。其实，海南的发展只是中国改革开放进程当中的一个缩影。新时代的我们，同样一路向前奔跑，因为我们有着共同的目标和远方。但不管走到哪里，我们都不能忘记为什么要出发。好，感谢收看看见中国，稍后再见。

这份演讲稿以"票"为线索，巧妙地串联起海南的过去、现在和未来。首先，讲过去——通过1988年的旧船票，回顾了海南建省及成为经济特区的历史时刻，凸显了"闯海人"的勇气和决心。接着，讲现在——借助环岛高铁票，展示了现在的海南及中国的飞速发展，以及新一代"闯海人"的见证与成长。最后，讲未来——通过悉尼到海口的机票，展望了海南自由贸易港的未来，彰显了开放与国际化的新机遇。整个演讲不仅呈现了海南的发展变迁，更折射出中国改革开放的辉煌历程和勇往直前的精神。

2. 空间结构

空间结构是以地理位置或视觉区域作为路标来演讲的，三个论点之间的关系是平等、并列的，顺序可以任意调换，不影响演讲效果。

常用的空间结构有以下三种类型：

地点、方位空间结构

- 北京、上海、深圳。
- 上、中、下。
- 东部、中部、西部。

角度空间结构

- 领导层、同事层、下属层。
- 人资部、财务部、党群部。
- 生活圈、工作圈、朋友圈。

要素空间结构

- 刻意练习包含三个要素，简称3F，分别是：F，Focus，专注；F，Feedback，反馈；F，Fix it，发现问题并改正它。
- 用三棱镜法观察一个人，可以从三个维度去分析，分别为：狗熊、凡夫、圣人。（来自田俊国的《卓越关系》）。
- 做一次完整的复盘可以用CSS，需要包含三个方面：C，Continue，继续保持的；S，Stop，立即停止的；S，Star，下次需要增加的。
- 自我介绍采用MTV法，从三个维度来介绍：M，me，你是谁；T，thing，你是做什么的；V，value，你能给大家提供什么价值。

【例3-2】 如下是央视主持人大赛邹韵的《环球瞭望》演讲，用三个不同的视角来阐述中国对世界的融入，以及世界对中国的关注。

　　大家好，欢迎收看本期的环球新瞭望，我是主持人邹韵，谐音"走运"。十年前，我第一次站上央视的舞台，参加CCTV杯大学生英语演讲比赛。那次比赛没能让我实现做同声传译的梦想，却歪打正着地做了一个媒体人。让我很走运的有机会从一个个采访对象和新闻现场去近距离地观察中国在世界舞台的形象。一次采访中，一个金发碧眼的美国女孩告诉我，平时她在家里和妹妹说一些小秘密的时候，会从英文切换到中文，说到爸妈的时候怕被他们知道，于是就用爹、娘这样的字眼来替代。这个女孩叫快乐·罗杰斯，是金融大亨吉姆·罗杰斯的女儿。而在全球像她这样学习和使用汉语的外国人已经超过了一个亿。

　　我还采访过一个叫麦杰飞的美国小伙儿，不喝咖啡却爱上了中国茶，于是大老远地从西雅图跑到了云南，上茶山、下茶海、泡茶馆、会茶师，在茶叶堆儿里的摸爬滚打，不光让他说出了一口带有昆明口音的普通话，更是深深地爱上了对于外国人来说颇为陌生的普洱茶。表面上看，他们的故事只是关乎中国画、中国茶，但背后折射出来的其实是中国对世界的融入，以及世界对中国的关注。

　　我曾经有过将近四年的驻外报道经历，在一些重大的发布会现场，我经常可以得到一个宝贵的提问机会。刚开始，我以为这可能是因为我的走运，或者是我穿得很鲜艳，直到后来我才慢慢明白，这其实是中国在国际话语体系份额提升的一个重要表现。

　　中国与世界，世界与中国，这个融合的过程也让很多来自不同国度、有着完全不同经历的人，形成了一个跟中国有关的梦想轨迹。就像快乐·罗杰斯的梦想是将来到中国当一名演员，麦杰飞的梦想是让更多的人手中捧着一杯茶，而我的梦想是向国际观众呈现一个平衡、客观的中国形象。我小小的梦想很走运的在中国和国际的语境中不断成长，彼此护航。还有哪些人、哪些事在中国融入世界的过程中让人记忆难忘？今天我们就带您一起环球瞭望，谢谢。

　　这份演讲稿从三个独特的视角展示了中国与世界的紧密联系。首先，讲中国话，通过外国小姑娘在家中使用中文的故事，反映了汉语及中国文化在全球的普及与影响。其次，讲中国茶，借由外国人对中国茶的热爱，不仅展示了中国传统文化的魅力，还突显了中外文化的交流与融合。最后，讲中国地位，通过主持人在国际场合频繁获得提问机会的经历，彰显了中国在国际舞台上日渐提升的话语权和影响力。这三个视角共同构成了中国与世界相互交融的生动画卷，既体现了中国文化对世界的吸引力,也展示了中国在国际事务中越来越重要的地位。整篇演讲内容丰富而精炼,生动地传达了中国与世界紧密相连的主题。

3. 重要性结构

重要性结构是演讲者根据听众最关心的问题来安排演讲的顺序,确保内容紧密贴合听众的需求和兴趣。

【例3-3】 央视创办了一个电视节目叫《赢在中国》。其中,同程旅游网的演讲者根据评委关注的三个重点问题进行演讲。

"大家好,我的项目是同程旅游网,我的目标是把同程旅游网做成中国乃至世界上最大的旅游超市,让所有的旅游者和旅游供应商能够直接在平台上进行交流和交易,来减少双方的交易成本。下面用三个问题来进行说明:

"第一个问题,为什么能赚钱?

"很简单,因为我们已经帮助客户赚到了钱。在我们这个平台上面有上万家旅游企业,很多旅游企业都通过这个平台找到了自己的合作伙伴,所以现在我们的收费会员有接近4000家。

"第二个问题,能赚多少钱?

"2004年,我们网站的营收是30万元;2005年,我们网站的营收是300万元;今年,我们的目标是800万~1000万元,目前已经完成了50%。我想如果有VC介入的话,我们的目标是到2008年做到一亿元。

"第三个问题,能赚多长时间?

"2005年中国旅游业的总收入是7600亿元人民币,每年将近以10%的速度增加,到2020年的时候,整个中国的旅游收入将达到2.5万亿元人民币,这是一个非常巨大的市场,也是一个值得我和我的团队用一辈子的时间去做的一件事情,谢谢!"

在上述举例中,演讲者围绕观众最关心的三个核心问题展开:为何能赚钱?能赚多少钱?能赚多长时间?这种结构直接回应了投资者的关键疑虑,凸显了项目的盈利能力和可持续性。对于"为什么能赚钱",演讲者通过展示平台已经帮助客户盈利的事实,证明了商业模式的有效性。在"能赚多少钱"部分,通过列举历年的营收数据和未来的增长目标,展示了项目的增长潜力和市场规模。最后,引用中国旅游业的总收入和增长趋势,回答了"能赚多长时间"的问题,强调了项目的长远前景。演讲者采用重要性排序的方式有效传达了项目的价值和潜力，令人信服。

本节主要讲解了菜鸟级"三点式"玩法，并汇总了一张图表，便于大家建立系统化思维，如图 3-2 所示。

时间结构	空间结构	重要性结构
1.思考类型： • 首先、其次、最后 • 第一、第二、第三 2.时间点类型： • 过去、现在、未来 • 早上、中午、晚上 • 昨天、今天、明天 3.项目阶段类型： • 项目前、项目中、项目后 • 初创期、发展期、引领期 • 短期计划、中期计划、长期计划 • 可研阶段、初步设计阶段、施工图阶段	1.地点、方位空间结构 • 北京、上海、深圳 • 上、中、下 • 东部、中部、西部 2.角度空间结构 • 领导层、同事层、下属层 • 人资部、财务部、党群部 • 生活圈、工作圈、朋友圈 3.要素空间结构 • 刻意练习3F：Focus、Feedback、Fix it • 三棱镜识人：狗熊、凡夫、圣人 • 复盘CSS：Continue、Stop、Star • 自我介绍MTV：me、thing、value	受众的关心度排序

图 3-2　菜鸟级"三点式"玩法

3.1.2　高手级"三点式"玩法，五大创新，灵活多变，令人着迷

除了常见的时间、空间和重要性这三种基础的菜鸟级"三点式"演讲结构外，还有高手级"三点式"玩法，比如关键词法、同字压缩法、拆字（词、英文单词）法，使演讲更具吸引力。

1. 关键词法

这是一种以关键词为核心来构建和展开演讲内容的方法，根据演讲的主题和目的，选取几个核心的关键词作为演讲的支点，围绕这些关键词提炼出清晰的论点或观点，确保每个关键词都与主要信息紧密相关。

【例 3-4】董宇辉在中国传媒大学做了一场《青春大课》的演讲，结尾他用三个关键词"专注、勤奋、耐挫"深情寄语大学生们，激励他们坚定信念，勇往直前。

如果说要给你们几个建议的话，我希望把它能缩略成关键词：

第一个就是专注。心无旁骛，万事可破，请你相信这一点。

第二个要勤奋。付出不亚于任何人的努力，就连神明都会庇佑于你。这句话不是我说的，是之前一个日本的管理学家叫稻盛和夫，普通人也能落落大方，而且不要害怕他比你聪明，聪明的人往往跑得都早。

第三个就是耐挫，或者用一个北方的方言叫皮实一些。你会发现后来很多人一直在讲一些成功的人，他们共有的品质就是不会被困难所打倒。就是现在一个流行词儿叫作钝感力，你随便折磨我，我就是不放弃。皮实，还得乐观，埃隆·马斯克有一句话说："宁可要错误的乐观，都不要正确的悲观。"

都说赢在关键时刻，对于职场人来说，年终总结汇报就是一场升职加薪的角逐，其重要性不言而喻。为了在这场角逐中脱颖而出，精心准备是必不可少的。此时，采用关键词法演讲就是一个非常明智的选择。这种方法不仅能使演讲要点清晰明了，更能让老板留下深刻印象。然而，关键词法演讲虽具有吸引力，却也颇具挑战性。此刻，呼唤AI，亮剑！

🖊 Who（身份）：你是一名工作5年的销售人员。
🖊 What（任务）：需要完成2024年工作总结。
🖊 Why（背景）：你的工作主要是医疗器械销售。
🖊 How（要求）：请为这份年终总结演讲生成10个关键词，风格需要接地气，体现团队的力量。

根据你的要求，AI生成内容如图3-3所示。

> Who（身份）：你是一名工作5年的销售人员。
> What（任务）：需要完成2024年工作总结。
> Why（背景）：你的工作主要是医疗器械销售。
> How（要求）：请为这份年终总结演讲生成10个关键词，风格需要接地气，体现团队的力量。
>
> 以下是为你的2024年医疗器械销售工作总结演讲生成的10个关键词，这些关键词既接地气又能体现团队的力量：
>
> 1. 团结协作：我们团队齐心协力，共同应对市场挑战。
> 2. 攻坚克难：面对困难，我们从不退缩，总是想办法解决。
> 3. 客户满意度：我们始终把客户放在首位，努力提升他们的满意度。
> 4. 业绩飙升：通过团队的努力，我们的销售业绩实现了快速增长。
> 5. 市场拓展：我们积极开拓新市场，为公司的长远发展打下基础。
> 6. 产品知识：我们不断学习和掌握医疗器械的专业知识，以更好地服务客户。
> 7. 客户关系：我们与客户建立了深厚的信任关系，为后续的合作奠定了坚实基础。
> 8. 创新思维：我们团队鼓励创新思维，不断尝试新的销售策略和方法。
> 9. 服务至上：我们始终坚持服务至上的原则，为客户提供全方位的支持。
> 10. 再接再厉：在新的一年里，我们要再接再厉，创造更好的业绩！
>
> 这些关键词不仅体现了团队的力量和团队协作精神，还展示了销售人员对工作的热情和执著追求。希望这些关键词能对你的年终总结演讲有所帮助！

图3-3　AI生成的年终总结演讲关键词

还有一种情况也很常见，那就是你已经写好了一段文案，需要根据内容提炼小标题。此刻，呼唤AI，亮剑！

✏ Who（身份）：你现在是一名资深的PPT文案策划师。

✏ What（任务）：我会给你提供一段文案，需要你针对每段文案提炼出相应的重点作为小标题。

✏ Why（背景）：公司正致力于优化人力资源管理流程。

✏ How（要求）：请将提供的内容分为3段，并给每段内容起一个小标题，每个小标题的字数不超过4个字。

如果理解你要做的行为，回复"理解"。

根据你的要求，AI生成内容如图3-4所示。

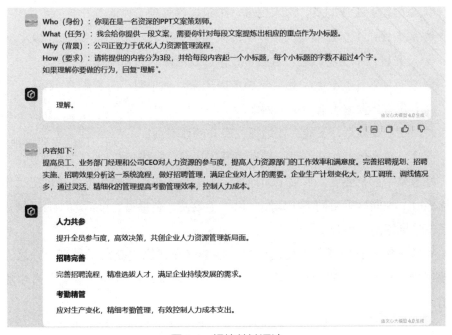

图3-4　提炼关键词法

2. 同字压缩法

如果你想让自己的演讲更吸引人，可以试试同字压缩法。

年底工作汇报时，大家都在用那套老掉牙的结构：工作背景、成绩、不足、计划。说实话，领导们听都听腻了。要想让领导记住你，给你打个高分，那就得搞点新花样！

我有个学员在国企工会工作，她就用了一个超棒的主题——用四面镜子做好工会工作，将四面镜子作为关键词，如图 3-5 所示。

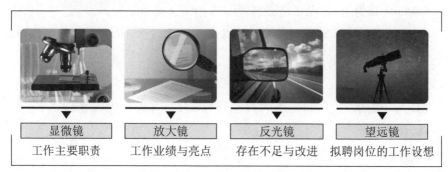

图 3-5　用四面镜子做好工会工作

- 显微镜：工作职责。深入挖掘，细致探究每项工作职责。
- 放大镜：工作业绩与亮点。精准聚焦，突出展现工作亮点与成就。
- 反光镜：不足与改进。自我审视，客观清晰地认识工作中的不足。
- 望远镜：工作计划。用望远镜放眼未来，规划明年的工作。

这个介绍让大家眼前一亮，四面镜子与工作总结的各个部分一一对应，且一语双关，既富有创意，又能有效地抓住听众的注意力。

而且，在聚焦工作亮点时，她运用同字压缩法精炼地提出了"好故事、好声音、好形象"三个要点，形象生动地展示了工会工作的多彩成果。在提出工作改进措施时，她同样采用同字压缩法，以"金效益、金举措、金活动"为引领，凸显了改进措施的价值与重要性。

凭借这份富有创意与深度的汇报，她最终在评比中获得了最高分。这充分证明了同字压缩法的实用性与有效性，它能够帮助汇报者在众多竞争者中脱颖而出。

我还有一个学员，她在一家创业公司工作，她的年底工作汇报演讲也用了同字压缩法，她是通过"三战"展开的，如图 3-6 所示。

- 战功：回顾并总结一年中取得的主要工作成绩和亮点，体现个人或团队的努力与成果。
- 战省：自我反思工作中存在的短板和疏忽，深刻认识需要改进的地方，以期在未来的工作中避免类似问题。
- 战图：针对下一年的工作目标，制定清晰的策略和行动计划，为新的征程绘制详细的路线图。

图 3-6 "三战"工作总结

这个汇报也相当精彩,汇报者的女汉子形象与其汇报内容相得益彰,给观众留下了深刻印象。

要想同字压缩做得好,平时就要多积累,遇到好的同字压缩,可以记录下来,例如:

- 初心、同心、信心
- 想法、办法、做法
- 卡点、难点、堵点
- 自律、自愈、自燃
- 生命、奉命、使命
- 有料、有趣、有爱
- 阅己、悦己、越己
- 见自己、见他人、见众生
- 向上、向前、向善

如果平时积累不足,此刻,呼唤 AI,亮剑!

我有个学员,在央企负责团青工作,他需要制订一份团青的年度工作计划并向公司高层汇报。他希望用一个"青"字贯穿整个工作计划,这样不仅显得内容井然有序,还能增添一丝高级感,同时实现一语双关的效果。

我们可以这样设置提示词:

✒ Who(身份):你是一名在央企工作 10 年的团青工作者。

✒ What(任务):你需要完成 2023 年工作计划。

✒ Why(背景):你目前的工作内容为思想政治教育、青年能力提升、青年才艺展示、青年形象照拍摄活动、青年廉洁教育。

How（**要求**）：需要你帮忙列出 5 个关键词，以青开头，2 个字为宜，并匹配相应的工作内容，请输出。

根据你的要求，AI 生成内容如图 3-7 所示。

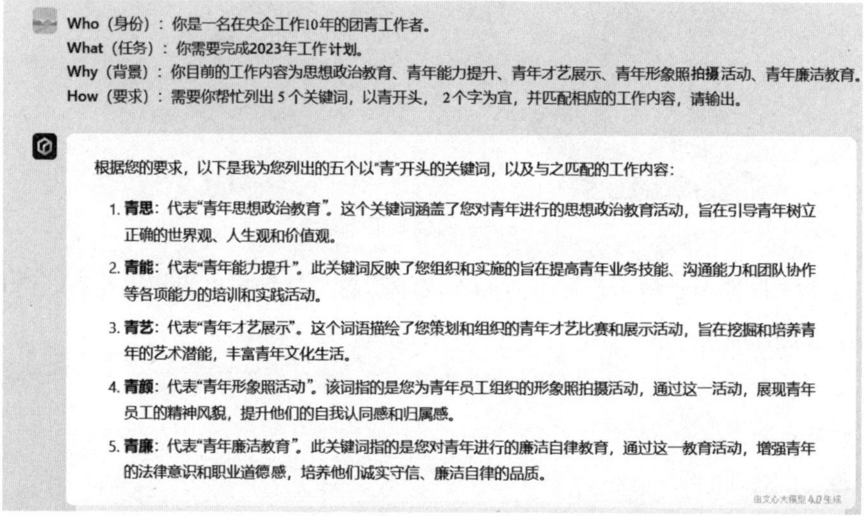

Who（身份）：你是一名在央企工作10年的团青工作者。
What（任务）：你需要完成2023年工作计划。
Why（背景）：你目前的工作内容为思想政治教育、青年能力提升、青年才艺展示、青年形象照拍摄活动、青年廉洁教育。
How（要求）：需要你帮忙列出 5 个关键词，以青开头，2个字为宜，并匹配相应的工作内容，请输出。
根据您的要求，以下是我为您列出的五个以"青"开头的关键词，以及与之匹配的工作内容：
1. 青思：代表"青年思想政治教育"。这个关键词涵盖了您对青年进行的思想政治教育活动，旨在引导青年树立正确的世界观、人生观和价值观。
2. 青能：代表"青年能力提升"。此关键词反映了您组织和实施的旨在提高青年业务技能、沟通能力和团队协作等各项能力的培训和实践活动。
3. 青艺：代表"青年才艺展示"。这个词语描绘了您策划和组织的青年才艺比赛和展示活动，旨在挖掘和培养青年的艺术潜能，丰富青年文化生活。
4. 青颜：代表"青年形象照活动"。该词指的是您为青年员工组织的形象照拍摄活动，通过这一活动，展现青年员工的精神风貌，提升他们的自我认同感和归属感。
5. 青廉：代表"青年廉洁教育"。此关键词指的是您对青年进行的廉洁自律教育，通过这一教育活动，增强青年的法律意识和职业道德感，培养他们诚实守信、廉洁自律的品质。
由文心大模型 4.0 生成

图 3-7 “五青”工作计划

青思、青能、青艺、青颜、青廉刚好与工作的五方面完美契合，使得整体工作呈现得有条不紊。如果想要再出彩一些，可以根据团青工作的 logo 设计一个逻辑图，图文匹配，如图 3-8 所示。正所谓一图胜千言，这张图不仅能让工作汇报的视觉效果大幅提升，更能清晰、直观地展现工作的全貌和亮点。如此一来，在领导那里想不留下深刻印象都难。

青思
• 思想政治教育
青廉
• 廉洁教育
青能
• 青年能力提升
青颜
• 最美证件照
青艺
• 才艺秀

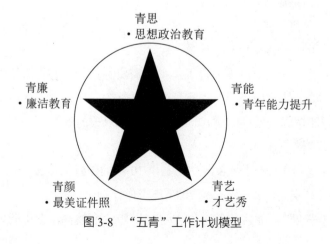

图 3-8 “五青”工作计划模型

还有一个学员是一名基层管理者，他要做一个题为《如何成为优秀基层管理者》的演讲，想用“红灯、黄灯、绿灯”来讲述管理的雷区、努力区以及让员工信服的方法，可是不知道该如何整理资料。这个时候就可以用 AI 来获得启发。此刻，呼唤 AI，亮剑！

Who（**身份**）：你是一名资深的演讲教练，我是一名企业里的基层管理者。

What（**任务**）：我要做一个题为《如何成为优秀基层管理者》的演讲。

Why（**背景**）：在公司的年终总结大会上，我需要向其他基层管理者分享我的管理经验。我手下有 10 名员工，“80 后”“90 后”“00 后”都有，而且性格各不同，但是经过一年的磨合，我带领员工业绩再创新高，部门内部非常团结。

How（**要求**）：我希望能够用“红灯、黄灯、绿灯”来讲述管理的雷区、努力区以及让员工信服的方法，内容有理有据，500 字以内，请你输出。

根据你的要求，AI 生成内容如图 3-9 所示。

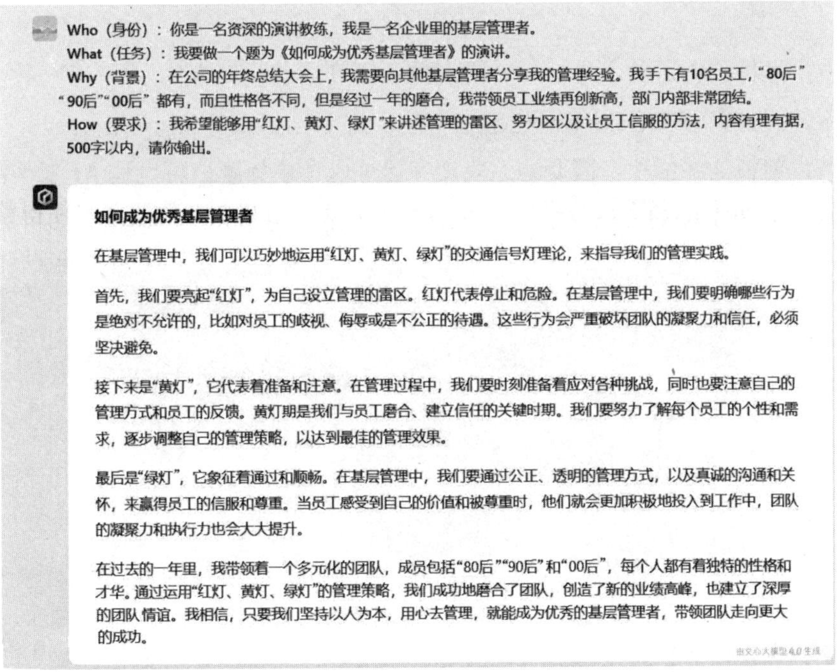
Who（身份）：你是一名资深的演讲教练，我是一名企业里的基层管理者。
What（任务）：我要做一个题为《如何成为优秀基层管理者》的演讲。
Why（背景）：在公司的年终总结大会上，我需要向其他基层管理者分享我的管理经验。我手下有10名员工，“80后”“90后”“00后”都有，而且性格各不同，但是经过一年的磨合，我带领员工业绩再创新高，部门内部非常团结。
How（要求）：我希望能够用“红灯、黄灯、绿灯”来讲述管理的雷区、努力区以及让员工信服的方法，内容有理有据，500字以内，请你输出。

如何成为优秀基层管理者

在基层管理中，我们可以巧妙地运用“红灯、黄灯、绿灯”的交通信号灯理论，来指导我们的管理实践。

首先，我们要亮起“红灯”，为自己设立管理的雷区。红灯代表停止和危险。在基层管理中，我们要明确哪些行为是绝对不允许的，比如对员工的歧视、侮辱或是不公正的待遇。这些行为会严重破坏团队的凝聚力和信任，必须坚决避免。

接下来是“黄灯”，它代表着准备和注意。在管理过程中，我们要时刻准备着应对各种挑战，同时也要注意自己的管理方式和员工的反馈。黄灯期是我们与员工磨合、建立信任的关键时期。我们要努力了解每个员工的个性和需求，逐步调整自己的管理策略，以达到最佳的管理效果。

最后是“绿灯”，它象征着通过和顺畅。在基层管理中，我们要通过公正、透明的管理方式，以及真诚的沟通和关怀，来赢得员工的信服和尊重。当员工感受到自己的价值和被尊重时，他们就会更加积极地投入到工作中，团队的凝聚力和执行力也会大大提升。

在过去的一年里，我带领着一个多元化的团队，成员包括“80后”“90后”和“00后”，每个人都有着独特的性格和才华。通过运用“红灯、黄灯、绿灯”的管理策略，我们成功地磨合了团队，创造了新的业绩高峰，也建立了深厚的团队情谊。我相信，只要我们坚持以人为本，用心去管理，就能成为优秀的基层管理者，带领团队走向更大的成功。

由文心大模型4.0生成

图 3-9　“红灯、黄灯、绿灯”讲管理

在此基础上稍加修改就可以用来演讲了。如果你觉得内容比较空洞，可以给 AI 多输入一些背景信息，例如团队的成就、挑战、经验教训等，让它更了解你，输出的内容也就会更有质量。

除此之外，还有一种别致的谐音同字压缩法，比如在规划工作计划时，可以

采用"事实时势"这样的表达来概括来年的计划:
- 事:具体事情或具体项目。
- 实:实际负责人。
- 时:截止时间。
- 势:借助势能,需要支持的人、财、物。

这种新颖的方法同样适用于演讲,能够为演讲增添一抹独特的色彩。

3. 拆词法

拆词法是一种创造性的表达技巧,通过拆分词语以总结和概括发言的要点。这种技巧可以增加演讲的趣味性和吸引力,同时也能帮助听众更好地记住演讲内容。

我在讲演讲呈现部分的课程时,其中有一部分是PPT的设计,我告诉大家可以用"洗剪吹"三步法搞定"PPT的旧物改造"(如图3-10所示),我是这样讲的:

洗:洗掉不合适的字体,一方面洗掉不可商用的侵权字体,另一方面洗掉多余的字体,一套PPT的字体不能超过3种。

剪:剪掉文字堆积,需要给大段文字提炼一个小标题,可以让AI来帮忙。

吹:把PPT中的关键数字、关键结论、关键金句吹大,字体加大加粗加亮。

图3-10 "洗剪吹"三步法快速搞定PPT

这样一份乱七八糟的PPT,经过"洗剪吹"三步法,便能高大上了。

我在讲年终总结工作汇报的最后一部分"感谢要高"时,用拆词法"温度计"来结尾,示范(见图3-11)如下:

尊敬的各位领导、同事们:

在我们团队共同努力的这段时光里,每一位成员都像"温度计"一样,敏锐地感知着团队的需求,并时刻调整自己的状态以配合团队的发展。在此,我想用"温度计"的拆字法,特别感谢我们团队中的小张、小王和小李。

首先是"温"字,它代表着温暖。我要感谢小张,你总是像一股暖流,用你的热情和关怀温暖着我们每一个人。你的积极态度和乐于助人的精神,让我们在工作中感受到了家的温馨。

接下来是"度"字,意味着度量、衡量。小王,我要特别感谢你。你精准的判断和衡量能力,总能在关键时刻为我们指明方向。你的专业素养和严谨态度,是我们团队的宝贵财富。

再来说说"计"字,它是计算、筹划的象征。小李,你的精心筹划和不懈努力,让我们的项目能够稳步推进。你的细心和耐心,确保了我们工作的每一个环节都能精准对接,无缝衔接。

小张、小王、小李,你们都像这"温度计"一样,感谢你们的辛勤付出和无私奉献,让我们一起继续努力,书写更多辉煌的篇章!

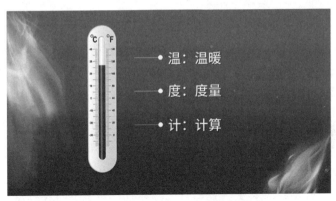

图 3-11　拆词法——"温度计"

这样的结尾既保留了"温度计"拆字的创意,又具体感谢了团队中的关键成员,使演讲更加贴近实际,也更具人情味。

紧接着到了学员小组练习阶段,我的一个学员用"支付宝"(见图3-12)来了一段在领导退休会上的演讲,他是这样讲的:

尊敬的各位领导、同事们:

今天,我们欢聚一堂,为我们的老领导送别。在此,我想用"支付宝"的拆字法来表达我的感激。

"支",代表支持。衷心感谢老领导对我们工作和个人成长的全力支持,是您给予我们信心和力量。

"付"，意味着付出。感谢老领导为团队和公司的辛勤付出，您的努力推动了公司的发展，也为我们树立了榜样。

"宝"，是宝藏的寓意。老领导的智慧、经验和教诲，是我们最宝贵的财富，将指引我们继续前行。

感谢老领导，祝您退休生活幸福美满，有闲又有钱，支付宝刷起来！

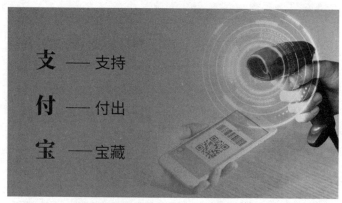

图 3-12 拆词法——"支付宝"

瞬间全场嗨翻，有人拍着大腿喊妙，估计在场的每一位，以后用支付宝时，都会回想起今天的这个环节，这种联想真是太棒了！

还有一个学员在学习了常规拆词法后，用"加减乘除"做了一个自我介绍，她是这样讲的：

大家好，非常荣幸能在这里进行自我介绍。我想用"加减乘除"来介绍我自己。

首先是"加"。我热衷于给自己的生活加料，不断参与各种活动，丰富自己的阅历和技能。我积极投身于志愿者活动，为社区出一份力，同时也加入学生组织，锻炼自己的领导力和团队协作能力。这些经历不仅让我不断成长，也使我更加明确自己的人生方向。

说到"减"，我注重简化生活，摒弃不必要的负担，以更清晰的思维和更轻松的心态去面对生活的挑战。

在"乘"的方面，我深知团队合作的重要性。在学习和工作中，我积极与同学、同事交流，通过共享资源和想法，我们共同解决问题，取得了更大的成果。

最后是"除"。我始终努力调整自己的心态，消除内心的恐惧和焦虑，以更加积极、乐观的态度去面对生活中的困难和挫折。

"加减乘除"就是我，谢谢大家。

第3章 能讲——逻辑清晰，故事动人，展现结构之美

这样的介绍方式就很新颖，能够快速吸引听众的注意力，在社交场合脱颖而出。

"加减乘除"是一个非常棒的演讲拆词结构，如果你想在年终总结上用，但是素材积累不够，整个串不起来，就可以让 AI 来帮忙。此刻，呼唤 AI，亮剑！

🗡 Who（身份）：你是一名演讲教练，你是我的私教。

🗡 What（任务）：我想让你帮我写一份演讲稿，用在年底的工作述职上。

🗡 Why（背景）：我是一家世界 500 强企业的保险课程的讲师。

🗡 How（要求）：有一个很棒的"加减乘除"拆词法，我发给你学习。我想让你根据这个结构仿写一段演讲。语言亲切，400 字左右。

根据你的要求，AI 生成内容如图 3-13 所示。

图 3-13 拆词法——"加减乘除"

根据实际情况加以调整就可以进行年终总结演讲，展示自己的特色了。

例如你是一名管理者，年底需要进行一次题为《如何提升团队战斗力》的演

讲，你希望拆分"战斗力"，想破脑袋也不知道该怎么讲，此刻，呼唤 AI，亮剑！

🖊 Who（身份）：你是一名部门领导。

🖊 What（任务）：年底需要进行一次题为《如何提升团队战斗力》的演讲。

🖊 Why（背景）：目前已经准备了树立工作目标、增强凝聚力等内容。

🖊 How（要求）：请你将"战斗力"拆为"战、斗、力"三个部分作为关键词，写一篇演讲稿，300 字左右。

我们来看看 AI 给出的结果（如图 3-14 所示），"战斗力"与演讲的内容完全融合，而且采用了很新颖的拆词法，让人眼前一亮。

> Who（身份）：你是一名部门领导。
> What（任务）：年底需要进行一次题为《如何提升团队战斗力》的演讲。
> Why（背景）：目前已经准备了树立工作目标、增强凝聚力等内容。
> How（要求）：请你将"战斗力"拆为"战、斗、力"三个部分作为关键词，写一篇演讲稿，300字左右。

> 尊敬的同事们：
>
> 大家好！今天，我想和大家分享的主题是《如何提升团队战斗力》。在这里，我将"战斗力"拆分为"战、斗、力"三个关键词来探讨。
>
> 首先是"战"，即共同的战略目标。我们要明确方向，制订切实可行的计划，让每个人都明白我们的奋斗目标是什么。只有心往一处想，劲儿才能往一处使。
>
> 其次是"斗"，指奋勇拼搏的斗志。在工作中，我们难免会遇到困难和挑战。但只要我们保持昂扬的斗志，不畏艰难，勇往直前，就没有克服不了的困难。
>
> 最后是"力"，即强大的团队凝聚力。我们要加强团队内部的沟通与协作，相互支持，共同进步。只有团结一致，我们才能汇聚成一股不可阻挡的力量，推动团队不断向前发展。
>
> 同事们，让我们携手并进，共同提升团队的战斗力，为实现我们的宏伟目标而努力奋斗！谢谢大家！

图 3-14 拆词法——"战斗力"

根据关键词，结合内容要点为演讲做一个 PPT 封面，配上有力量感的背景，妥妥的一页有冲击力的海报，整个演讲水平瞬间提升。如图 3-15 所示。

图 3-15 拆词法——"战斗力"演讲 PPT 封面

4. 拆字法

拆字法是一种富有创意和深度的演讲技巧，需要把一个汉字拆解成不同的偏旁部首，用每个部分代表一个独立的意义；当这些部分组合在一起时，它们便构成了演讲的全部内容。这种方法不仅可以用作搭建演讲的逻辑框架，使演讲更加有条理和易于理解，还可以作为有力的素材来证明观点，增强演讲的说服力和吸引力。

一般采用拆简体字、繁体字、甲骨文及字体延伸这四种方法。

1）拆简体字

比如说我在方法篇开篇就提到的"慧讲"，"慧"可以拆为"丰""丰""彐""心"四个部分，那在演讲的时候就可以从这四部分展开：

丰：代表丰富的知识，这里可以讲广泛阅读的历程，分享从书海中汲取的智慧，再穿插一个生动的故事，使观点更加鲜活。

丰：代表丰富的经验，可以分享数十年的工作与生活经验，通过另一个真实的故事，让观众感受到经验的厚重与价值。

彐：是扫把清扫的意思，代表对过往经验的内省与提炼。通过内心的沉淀与思考，这些经验最终升华为理论。我会讲述一个从实践中萃取出的宝贵理论，并点明这只是众多感悟中的一例。

心：发自内心地，充满慈悲地将这些智慧传播给每一位听众，希望在唤起他们心中潜藏的智慧的同时，也能激发更多的思考与共鸣。

今天 4 月我在深圳给读书会的朋友们分享了一场题为《赢在人生关键时间》的演讲。在演讲开始时，我选择拆解"赢"字作为开场，并邀请听众们上台参与。这个字被巧妙地分解为五个部分——"亡""口""月""贝""凡"，上台的听众举着这五个部分拍照，现场气氛瞬间被点燃。

随后，我围绕这五个部分逐一展开演讲，每讲解到其中的一部分时，都有听众兴奋地挥动手中的拆字道具，仿佛是在为一场精彩的演唱会"打 call"。

我是这样讲的：

亡：代表着我们应有的危机意识。这种意识深植于我们的基因中，是我们在面对挑战时能够迅速应对的原始本能。它提醒我们要时刻保持警醒，因为如果没有危机意识，我们的祖先可能早已在原始社会的恶劣环境中消亡了。

口：代表着沟通能力。有效的沟通是连接人与人之间的桥梁，是我们表达思想、传递情感的关键。想要提升沟通能力，不妨来听听楠哥的演讲课，或许你能从中找到答案。

月：代表着时间的积累和耐心。在追求成功的道路上，我们需要持之以恒，不断积累。不要高估短期的努力所能带来的成果，更不要低估长期坚持所带来的巨大变化。做一个有远见的长期主义者，才能在人生的道路上走得更远。

贝：代表着财富和价值。它提醒我们要不断创造价值，提高自己的财商。一手抓住现金流，一手推动财富的雪球越滚越大，这样我们才能在物质上更加丰足。

凡：代表着平常心。在追求成功的过程中，我们需要保持谦逊和脚踏实地的态度。不忘初心，方得始终。竭尽全力去追求梦想，然后顺其自然地接受结果，这才是我们应有的心态。

通过这样生动有趣的拆解方式，"赢"字不仅代表了胜利的含义，而且更深刻地揭示了成功背后所必需的五种重要素质，让演讲有趣又有意义。

2）拆繁体字

再如我在讲"高效沟通"课程时，都会把"聽（'听'的繁体字）"拿出来拆解，如图3-16所示。因为倾听太重要了，如果我们连对方的话语都无法准确理解，那又谈何进行有效的沟通和说服呢？

图3-16 "聽"的拆解

耳：耳朵是我们捕捉声音、接收信息的器官，在沟通中扮演着至关重要的角色。

王：耳听为王，强调了在沟通过程中，倾听的重要性和主导地位。

十、目：字面可以理解为用十双眼睛去观察，是说我们要像拥有十双眼睛一样敏锐地观察对方的情绪、表情和体态。这些非言语信息往往能透露出更多的真实想法和态度。

一、心：倾听不仅仅是听到对方的话语，更要用一颗心去感受、去理解对方的真实意图和感受。

只有这样，我们才能真正做到有效沟通和理解。

还有挺多拆字，例如"欲"是谷＋欠，欲望是永远亏欠的山谷。"思"是田＋心，表示勤耕心上田，思想才能有进步。"绝"是丝＋色，表示人走上绝路，都与色有着千丝万缕的关系。"功"是工＋力，表示工作不卖力，是很难成功的。"香"是禾＋日，表示禾苗经过烈日的考验，才能稻香千里。还有"穷"，上面的"宝盖头"就像一个筐，这个筐就是公司，中间是"八"代表工作八小时，最底下的"力"代表卖力，三部分合起来的意思：一直穷，就是因为你在一家公司里，卖力工作八小时。对于上班族来说，是不是很扎心？瞬间代入，想听你的演讲。

3）拆甲骨文

除了拆简体字、繁体字，拆甲骨文也是一个很好的创意。我在每次课程的结尾，都会送大家一个字"习"，如图 3-17 所示。想表达的意思是道可顿悟，事需渐修，课上的内容一定要刻意练习。如果我对学员说你们学了理论知识和语言表达结构，一定要练习，就会显得很空洞，缺乏力量。这个时候我用"习"的甲骨文来解释应该如何"习"就会有底蕴，具有说服力，也会加深大家的印象。

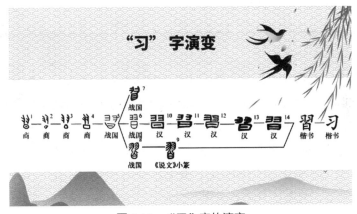

图 3-17 "习"字的演变

我会这样说：

我们一起来探寻"习"的原始涵义。在现代汉字中，"习"是"習"的简化，而在古老的甲骨文中，"習"是一个充满生动意象的会意字。其上半部分的"羽"，代表着鸟儿轻盈的双翅；下半部分的"日"，则象征着日复一日、连绵不断的时光。这两部分合在一起，便描绘了一幅鸟儿在明媚日光下反复练习飞翔的画面。想象一下，那初学的雏鸟，一次次尝试着飞翔，即便初尝失败，也会稍作休整，再次振翅高飞。

这正是"习"的真谛所在——持之以恒、不懈努力。因此,我希望在座的每一位学员,都能如那坚韧不拔的鸟儿一般,通过反复的"习",不断挑战自我,创造个人成就新高度。让我们一起,以"习"为翼,飞向更加美好的未来!

4)字体延伸

除了拆简体字、繁体字、甲骨文,还有一种更富创意的方式,那就是对字体进行延伸解读。比如我姓田,我在讲自己人生故事会从"田"的变化(如图3-18)来讲:

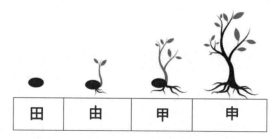

图3-18 通过"田"的变化讲人生故事

田:我来自农村,我的父母都是农民,从小他们就告诉我一个道理:田里播种收获不难,简称田楠(难)。你需要不断地努力,更要有不懈的坚持与耐心的等待,成功自然会如期而至。

由:随着年岁的增长,我渴望通过外在的成就来证明自己。的确,我曾在同龄人中脱颖而出,取得了不少令人瞩目的成绩。然而,在我31岁那年,一场突如其来的大病让我整整卧床一个月。身体与事业的双重打击几乎让我一蹶不振。最终,我只得求助心理医生。当时医生说:"你就是一个内心在滴血的战士,你眼里只有别人,没有自己。"那一刻,我哭得特别伤心,我意识到,我一直在为外界的认可而活,却忽略了内心的声音。也是从那时起,我开始转向内心,寻找真正的自我。

甲:我逐渐领悟到,向内探求才能找到真正属于自己的东西。我学会了自我对话,以第三者的视角审视自己的言行,通过反思来修正自己。我深入探索自己的内心世界,了解思想与行为之间的联系。沉浸在书海中,我与古今中外的智者进行了思想的交流,并结识了新科技领域的引领者。我的认知、思维和人生格局都得到了提升,我迎来了属于自己的"甲等人生"。

申:当我的内心变得充盈,我再向外展现自己时,已不再是为了炫耀或证明,而是由内而外的自然绽放。这种绽放无须做给任何人看,它是对父母最好的感恩，也是对自己人生旅程的最好诠释。

曾经播在"田"里的种子，经历了"由"的向外追求，再到"甲"的向内探索，最终打通了上下，成就了"申"的圆满。愿我们都能找到自己。

5. 拆英文单词法

拆词是一种富有创意和感染力的演讲技巧，不仅适用于中文字词，英文单词同样可以用得出彩。

记得在某个母亲节，我正好在做演讲培训。为了更贴合节日氛围，我现场拆解了"mother"这个单词，如图3-19所示，并以此为主题展开了一场名为《何为母亲》的演讲。那场演讲给现场学员们留下了深刻印象，产生集体心流。

我是这样讲的：

母亲，对我们而言，究竟意味着什么呢？让我们一起来探寻"mother"这个单词背后的深意。

图3-19 "mother"单词背后的深意

"M"象征着母亲赠予我（Me）无数的珍贵礼物，每一次细心的呵护，每一份深沉的关爱，都犹如璀璨的宝藏。我清楚记得那年参加市级古诗文朗诵比赛，九点就要开始，而从家到市区的路程至少需要两小时。母亲在凌晨四点就起身忙碌，为我准备丰盛的早餐，还细心地煮了许多鸡蛋，以备我在路上充饥。她在我出发前轻声安慰，告诉我即使未能取得名次也无须羞愧，一个来自农村的孩子能够站在全市的舞台上，本身就已经是一种荣耀。

"O"是母亲逐渐老去（Old）的印记，岁月轻轻在她的脸庞上刻下沟壑。每当看到自己的白发与皱纹，她总会以幽默和自豪的口吻说："这些是你们成长的见证，是妈妈最骄傲的勋章。"

"T"代表着母亲为我们所流的每一滴泪（Tears），那些泪水中蕴藏着的是她对我们深深的疼爱与不舍。在我成长的旅途中，每当我遭遇挫折而落泪时，母亲总会默默地转身拭去自己的泪水，然后给我一个温暖的拥抱，为我在黑暗中点亮一盏希望的明灯，陪伴我走出困境。

"H"则映射出母亲那颗纯净如金的心灵（Heart），她无私善良，是我一生的楷模。她常常嘱咐我们要以善意对待每个人，甚至在受到冒犯时，也要先从自身找原因，行不得反求诸己，这一信念引领我养成了每日反思的习惯，使我的人生之路越走越宽广。

"E"象征着母亲那双满含爱意的眼眸（Eyes），每当我们感到迷茫或困惑时，她的眼神总能为我们指引方向，给予我们前行的力量。无论我们在学业还是职业生涯中面临选择，都能从她的目光中找到答案。

"R"彰显出母亲言行举止的始终如一与正确性（Right），她的谆谆教诲和悉心引导，使我们在人生的征途上能够坚定前行。母亲曾告诉我，人生中最宝贵的财富就是身心健康。她自身也践行着这一理念，坚持练习瑜伽已达13年之久，不仅身体健康，更保持着平和稳定的心情。在母亲的影响下，我们全家也纷纷投入到瑜伽的练习中，生活充满了正能量。

将这些字母组合在一起，就构成了"mother"——母亲，她不仅是我生命中的明灯，更是我永远的榜样。我爱我的母亲，让我们一起祝福母亲永远健康快乐！

当时现场响起了热烈的掌声，这掌声中充满了共鸣与感动。我趁机提议让学员们运用我们刚刚分享的拆解单词"mother"的方式，在小组内分享各自与母亲的故事。那一刻，整个课堂仿佛变成了一个温馨的分享会，每个人都在回忆与母亲的点点滴滴。

随着故事的展开，心流涌动，许多学员被深深触动，泪水悄然滑落。有的学员忍不住拨通了母亲的电话，倾诉着内心深处的感恩与思念。

课后，我收到了许多学员的感谢信。他们纷纷表示，这节课不仅让他们学会了如何构建演讲结构，更重要的是帮助他们重新审视了与母亲的关系，体会到了母亲的艰辛与不易，修复了和母亲的关系，重新投入到了母亲的怀抱，之前的误会与矛盾烟消云散，他们感受到了前所未有的幸福，生命的能量开始流动起来。我为能够给学员们带来这样的体验而感到由衷的欣慰。

拆英文单词其实难度挺大的，特别是在有些学员英文不是特别好的情况下，可以考虑请 AI 来帮忙。

比如，你作为优秀员工要在年会上做一个题为《职场精英必备的三项技能》分享，你打算从思考判断力、办公技能力、进步突破力三个方面讲述，其实你叫"职场三力"也不错，可是你想用英文单词作为关键词，且首字母可以提炼为一个具体的单词，起到一语双关的作用。此刻，呼唤 AI，亮剑！

🗡 Who（身份）：你是资深的演讲教练，我是一名职场人士，你是我的私人演讲教练。

🗡 What（任务）：我需要做一场题为《职场精英必备的三项技能》的演讲。

🗡 Why（背景）：我是我们公司的优秀员工，我需要在年会上面向全员做演讲。目前，我已经准备了树立工作目标、增强凝聚力等内容，我打算从思考判断力、办公技能力、进步突破力三个方面讲述。

🗡 How（要求）：我需要你为这三个方面各想一个英文单词，单词不宜过长，同时这三个英文单词的首字母分别为 T、O、P，且顺序不能变。请输出。

根据你的要求，AI 生成内容如图 3-20 所示。

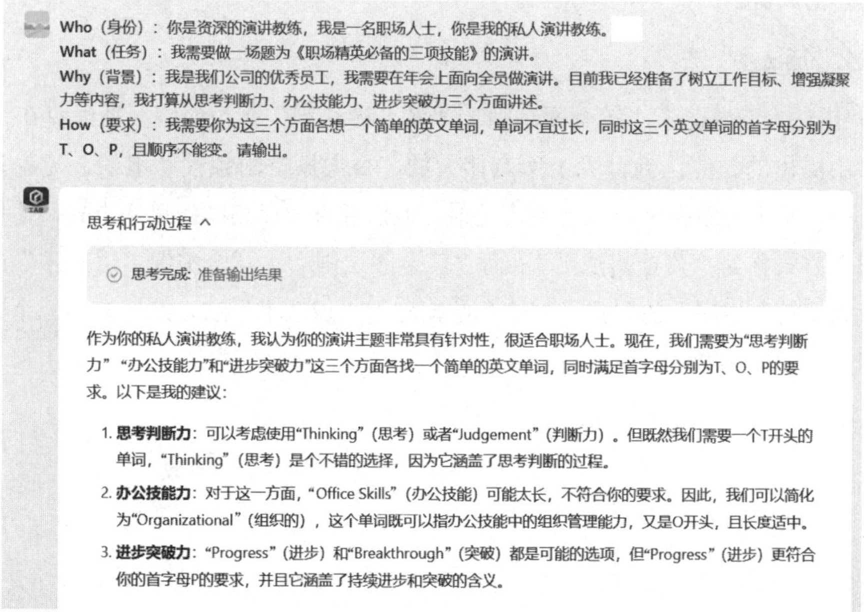

图 3-20　AI 拆解 TOP 单词

根据 T、O、P 这三部分内容再做一张海报，瞬间提升演讲的现场效果，也会给听众留下深刻的印象，如图 3-21 所示。

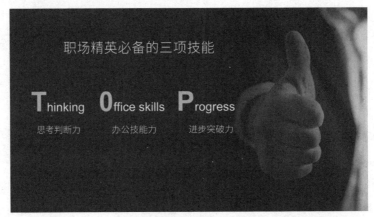

图 3-21　《TOP 职场精英必备的三项技能》PPT 封面

3.1.3　大神级"三点式"玩法，锤炼演讲艺术，成就大师级风范

大神级玩法有"道法术"法、"灰指甲"法和"问元芳"法，这三种结构不仅实用性强，而且在提升演讲艺术方面效果显著，是成就大师级演讲风范不可或缺的秘密武器。

1."道法术"法

"道法术"法源于"黄金圈法则"。"黄金圈法则"是由西蒙·斯涅克在 TED 演讲中提出的。他认为世界上所有伟大的、令人振奋的领袖和组织，无论是苹果公司、马丁·路德·金还是莱特兄弟，他们都有一套相同的思考方式，他把这套思考方式称为"黄金圈法则"。而"黄金圈法则"也契合中国"道法术"的结构。为了符合中国人的习惯，把这个结构称为"道法术"法，此结构由三个同心圆组成，如图 3-22 所示。

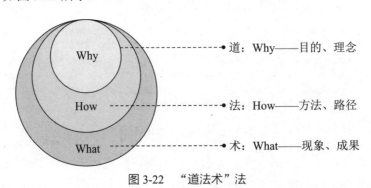

图 3-22　"道法术"法

Why（为什么）：我为什么要做这件事？我做这件事的理念、价值观、道理、

意义是什么？这就是"道"。

How（怎么做）：为了实现这个价值，我们可以用什么方法论去完成？这就是"法"。

What（做什么）：有了"为什么"和"怎么做"的基础，实际的产品、想法、操作、风格是什么？这就是"术"。

好的思考、行动与表达往往是由内向外的，也就是从"为什么"（道）出发，然后讲"怎么做"（法），最后讲"做什么"（术）。但大多数人的思考、行动和表达却是由外向内的，甚至都没有"为什么"，也就是没有"道"。

此结构用得最成功的例子莫过于苹果公司的发布会。一般商家会在产品发布会上讲产品的性能等，而苹果公司是怎么讲的呢？

为什么（道：核心价值观）：我们一直坚信，我们所做的每件事情都非同凡响，生而不同。

怎么做（法：实现的方法）：我们一直在挑战传统，打破常规。所以我们在产品设计、工业制造和用户体验上耗费了无数的精力，以使我们的用户获得极致体验。

做什么（术：最终的产品）：我们所有的产品，包括电脑、手机、手表，都遵循了这一原则。买一台 iPhone/Mac/iWatch 吗？

为什么从"道——为什么"出发的表达，更能打动人？西蒙·斯涅克在 TED 演讲中强调，这是生物学证实的理论。

人的大脑分为三个层次。

最内层的大脑为爬行脑，又称"本能脑"。这一层大脑的进化已经超过 1 亿年了，它毫无情感，只是为了生命最原始的意义——生存。它让我们在看到危险时撒腿就跑，感觉到烫时抽回双手。除了人类，地球上的其他动物大多也有这样的大脑。

最中间的大脑为"哺乳类脑"，又称"情绪脑"。人类的爱、恨、情、仇都在这里，它是行为和决策中心。人类的这一层大脑负责感知、情感、意义和价值。

最外层的大脑皮层又叫"新皮质"，俗称"理性脑"。这一层大脑具有高阶认知功能，是神经元细胞最密集的地方，更多地影响着我们的逻辑能力和理性思考能力。理性、图形、语言、逻辑思考，全由它负责。

"理性脑"负责"法"和"术"，对应黄金圈的"怎么做"和"做什么"层次。由外而内沟通，也就是从"做什么"（术）开始沟通，较容易让读者理解数据、事实，但无法刺激读者产生行动。

相反地，由内而外沟通，也就是从"为什么"（道）"做什么"（术）进行沟通，则能直接与掌管情感、控制行为的情绪脑和本能脑对话，从而刺激行动。

所以说，"道法术"法特别适合做销售演讲，那简直就是促单神器。

例如你是一名保险人员，你的公司新上了一款 A 重疾险，你需要提升这款产品的销售业绩，希望按照黄金圈"道法术"的结构演讲，这和你之前的思维模式完全不一样，你遇到了阻力。不怕，咱有 AI。此刻，呼唤 AI，亮剑！

✏ Who（身份）：你是一名资深的销售演讲教练，我是保险销售人员。

✏ What（任务）：我需要你帮我写一份关于 A 重疾险的促销演讲稿。

✏ Why（背景）：我需要在一家公司的"工会讲堂"上演讲，目的是销售 A 重疾险，提升销售业绩。

✏ How（要求）：

1）请按照"道法术"演讲结构逐项呈现。道：为什么做这件事；法：怎么做的；术：做成了哪些。

2）语言要有亲和力，500 字左右。

根据你的要求，AI 生成内容如图 3-23 所示。

图 3-23　"道法术"法生成演讲稿

2. "灰指甲"法

"灰指甲"法源于芭芭拉·明托写的《金字塔原理》中的 SCQA，代表以下四个要素：

- Situation（情境）：设定背景，让听众了解当前的情况。
- Complication（复杂性）：提出问题或挑战，说明情境中的困难或问题。
- Question（问题）：基于复杂性，提出一个引导性的问题，激发听众的好奇心。
- Answer（答案）：提供解决方案或答案，解决提出的问题。

这是一个万金油结构，特别适合表达观点时使用，公众号上很多爆款文章采用的就是这个结构，非常吸引人。

为了帮助学员更直观地记忆这种结构，SCQA 法被形象地称为"灰指甲"结构，都记得那句广告语吧——"得了灰指甲，一个传染俩；问我怎么办？赶快用亮甲。""灰指甲"这个结构更容易被记住，同时也增加了学习的趣味性。通过这种形象化的命名，学员可以更轻松地掌握演讲和写作时的逻辑框架，从而提高表达的清晰度和说服力。如图 3-24 所示。

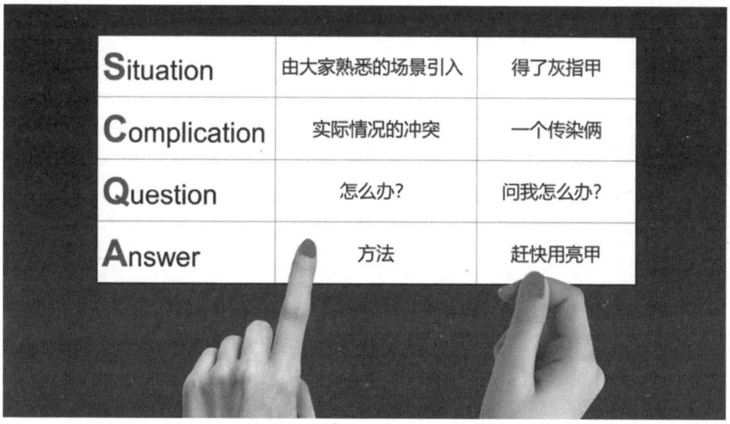

图 3-24　"灰指甲"法

假如你是一名有着 8 年医疗行业从业经验的市场销售经理，现在你需要向主管领导做年终总结汇报。你的业绩完成得非常好，想通过本次汇报争取授权，获得更多的人力和物力支持。此刻，呼唤 AI，亮剑！

✏ Who（身份）：你是一名资深演讲教练，我是一名拥有 8 年医疗行业从业经验的市场销售经理，请你做我的私教。

🖊 What（任务）：现在我需要向主管领导做年终总结汇报。

🖊 Why（背景）：我的业绩完成得非常好，想通过本次汇报争取授权，获得更多的人力和物力支持。

🖊 How（要求）：请你用"灰指甲"结构组织汇报内容的结构，我会给你一个示例供你学习，400字左右。

下面是"灰指甲"模型的一个示例：

Situation（情境）：得了灰指甲

Complication（挑战）：一个传染俩

Question（问题）：问我怎么办

Answer（答案）：赶快用亮甲

根据你的要求，AI生成内容如图3-25所示。

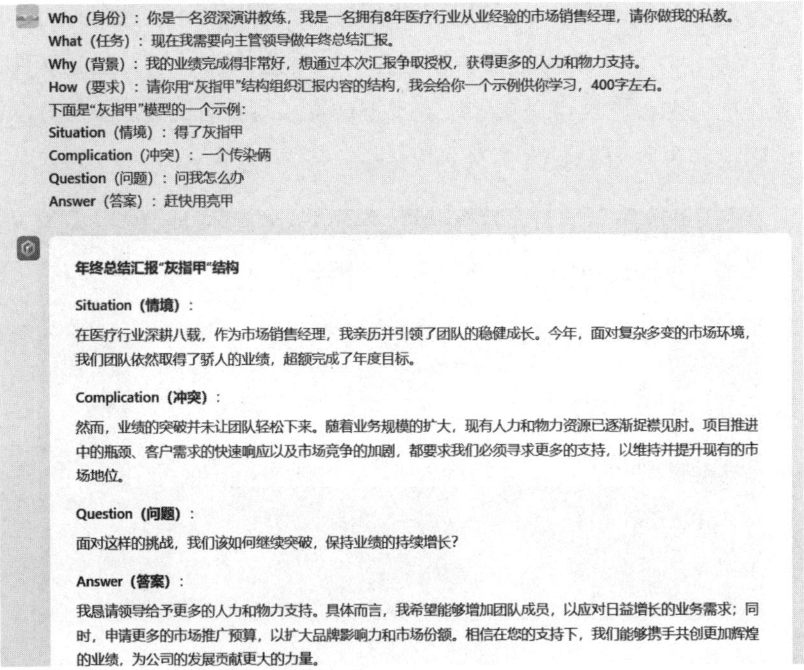

图3-25 用"灰指甲"法生成演讲稿

3. "问元芳"法

"问元芳"是化用《神探狄仁杰》中的故事和台词。狄仁杰在解析作案过程或动机前，都会询问李元芳的意见，通过李元芳的反应和疑问来推动剧情，剧中反复出现一句台词："元芳，你怎么看？"

第 3 章 能讲——逻辑清晰，故事动人，展现结构之美

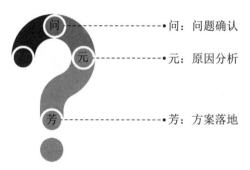

图 3-26 "问元芳"法

"问元芳"结构，如图 3-26 所示，作为一种高效且实用的总—分—总结构，广泛适用于各类演讲，包括即兴演讲，无论其篇幅长短。该结构包含三个核心部分：

● 问：问题确认。
● 元：原因分析。
● 芳：方案落地。

设想这样一个场景：在电梯里，领导询问项目经理为何项目未能如期完成，项目经理含糊其词，无法给出明确答复，直至电梯到达目的楼层，他也没说出个所以然。这让领导对项目经理的能力产生了质疑。试想，如果项目经理采用"问元芳"三步法来迅速阐述情况，效果会不会更好一些呢？

问：领导，您提到项目未能如期完成，确实是一个需要我们关注的问题。

元：经过我的初步分析，项目延误的主要原因有以下几点：一是我们在项目初期对需求的理解不够深入，导致在开发过程中出现了多次需求变更；二是团队在资源分配上存在不合理之处，部分关键任务没有得到足够的关注；三是我们在风险管理上没有做到位，一些突发状况影响了项目的正常推进。

芳：为了解决这个问题，我打算采取以下措施：首先，我会立即组织团队进行深入的需求评审，确保我们对需求有准确的理解；其次，我会重新调整资源分配，确保关键任务得到优先处理；最后，我会加强项目的风险管理，制订应对突发状况的预案。我相信通过这些措施，我们能够尽快赶上项目进度，并确保项目质量。

短短 300 来字，耗时 1～2 分钟，就可以很好地回答领导的问题，既结构清晰又内容全面，还切实可行，能够让领导迅速抓住问题核心，对解决方案有明确的了解。

比如，你们公司的会议效率低下，经常开会开到很晚，但讨论的结果并不理想，很多重要议题经常被忽略或拖延。为了改善这一状况，领导决定在部门内部

进行一次关于如何提高会议效率的讨论。你需要准备一下发言，该怎么讲呢？此刻，呼唤 AI，亮剑！

🗡 Who（身份）：你是一名资深演讲教练，我是一名企业员工，请你做我的私教。

🗡 What（任务）：需要你写一份发言稿。

🗡 Why（背景）：公司的会议效率低下，经常开会开到很晚，但讨论的结果并不理想，很多重要议题经常被忽略或拖延。为了改善这一状况，领导决定在部门内部进行一次关于如何提高会议效率的讨论。

🗡 How（要求）：

1）请你用"问元芳"结构设计发言稿。

2）至少包含 3 个理由，且有理有据。

3）400 字左右。

"问元芳"结构：

● 问：问题确认。

● 元：原因分析。

● 芳：方案落地。

根据你的要求，AI 生成内容如图 3-27 所示。

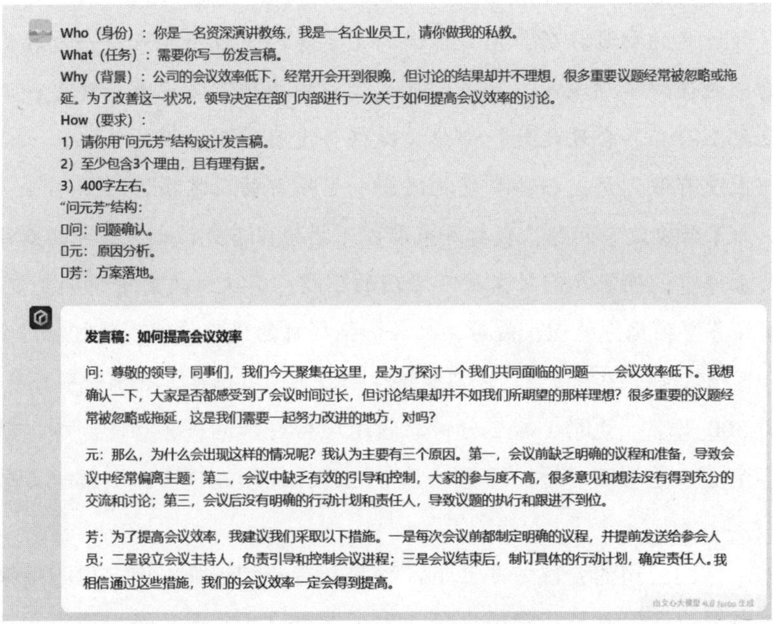

图 3-27 用"问元芳"法生成演讲稿

演讲逻辑结构除了"三点式",还有一些经典的模型,例如 ORID、PREP、4F 等即兴演讲模型,在第三章即兴演讲篇会讲到这些模型的用法。

> 人类之所以会成为万物之主,是因为人类会讲故事。　　——《人类简史》

3.2 故事结构——讲故事,让你的演讲更走心

《大学》中有一句话:"自天子以至于庶民,壹是皆以修身为本。"这句话强调了修身的重要性。我也经常通过"吾日三省吾身"来反思自己的行为,行有不得反求诸己,可是"愤怒"总是很难控制,直到有一天我在田俊国老师的《卓越关系》中看到一个故事,它犹如一道晨光,穿透了我心灵深处的迷雾,让我从底层觉醒。故事是这样的:

话说人生就是要不断成长,每个人来这个世界上都带着修炼的功课。最难修炼的功课是什么呢?是嗔。就是嗔恨的意思,怨恨、嫉妒、责怪等都属于嗔。话说,有个人完成了一世的修炼,他一生做好人,修炼得很有成绩,各方面都有显著提高,唯独这个嗔的功课提高不大,所以还要再次修炼。但想要修炼嗔必须得有个陪练,为了修炼好嗔,得在朋友圈里找一个好友给他当陪练。于是,他就在自己的朋友圈里征陪练:"各位好友,谁愿意陪我走一趟互为彼此的陪练?"一再邀请,却没人搭理他,这让他很尴尬,嗔心也起来了,暗忖:这些好友怎么都这么不够意思。就在他很难收场的尴尬时候,他之前最好最好的朋友开腔了:"实在找不到人的话,还是我再陪你跑一趟吧。谁让我们是好朋友呢?"其人闻言欢呼雀跃,脸上流露出掩饰不住的高兴。就在他欢呼雀跃的时候,蓦然回首,却发现他的朋友向隅而泣,泪流满面。他就不解地问:"彼此相伴陪练,这么高兴的事情,你怎么反倒哭了呢?"他朋友说:"陪你走一趟我倒是毫无怨言,但我最大的担心是你会忘了我们是陪练的约定,到了人间,你把一切冲突就当了真,真嗔恨上我了。"

讲到这里,田俊国老师抛出一个金句:"所有今生跟你过不去的,都是你上辈子最好的朋友,都是你的陪练,请珍惜你身边的每一个人。"如图 3-28 所示。

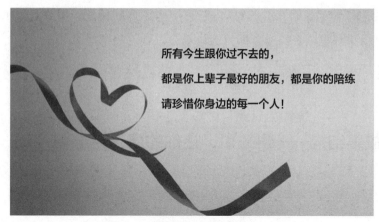

图 3-28 请珍惜身边的每一个人

这个故事对我影响非常大,当时就有醍醐灌顶的感觉。每当我遇到人际冲突时,这个故事就会浮现在我的脑海中,成为我平息怒火的"法宝"。我发自内心地感恩生命中的每一位陪练,他们都是我的贵人。

你是否也被这个故事打动了,脑海中涌现出很多曾经遇到的人际冲突的画面呢?从此时此刻起,学会感恩,去感恩那些让你愤怒的人,他们是你此生的陪练,他们在帮助你变得更好。你看,一个好的故事就是可以迅速让听众的情绪产生变化,从中获得启发。

再如,视频号上的一个小故事:

一个失明的老人坐在街边乞讨,旁边放着一个纸板,上面写着:我失明了,请帮帮我。来往的人很多,却没有人回应他。老人在风中瑟瑟发抖。一个好心的女孩从老人旁边走过,又走了回来。她看了看老人,叹了一口气,把老人的纸板拿过来,写下了一行字,然后匆匆离开。奇迹发生了,人们纷纷把钱放到老人面前。老人简直不敢相信发生的一切。女孩到底写了什么?一个好心人把女孩写的话告诉了老人,老人感动地哭了。她写的是:"这真是美好的一天,我却看不见。"

还有四大名著,哪一本不是好故事?提到《水浒传》,武松的英勇打虎、宋江的决绝杀惜、鲁智深的豪迈倒拔垂杨柳等经典场景,仿佛历历在目,让人心潮澎湃。谈及《三国演义》,关羽温酒斩华雄的英勇、刘备三顾茅庐的诚心、诸葛亮草船借箭的智谋,这些瞬间,让人回味无穷,仿佛置身于那个英雄辈出的时代。而《红楼梦》中,贾宝玉梦游太虚幻境的神秘、林黛玉葬花的凄美,更是令人沉醉于那段红尘往事。《西游记》中,孙悟空三打白骨精的机智勇敢、唐僧取经路上的种种考验,以及师徒四人团结一心、克服万难的精神,都让人印象深刻,为之动容。

故事很容易让人产生情感上的共鸣,很容易让人产生安全感或快感。脑科学研究表明,人一旦产生情绪上的变化,大脑就会分泌多巴胺、内啡肽与催产素,这些物质是人类快乐的源泉,这也就是男女老少都喜欢听故事的原因。

那么,如何讲好一个故事呢?在接下来的章节中,我将为大家介绍三个段位的讲故事方法,分别为:菜鸟级"三幕"玩法,高手级"三幕"玩法,大神级"三幕"玩法。

3.2.1 菜鸟级"三幕"玩法,成为会讲故事的人

讲故事的技巧千变万化,但最基本的框架莫过于经典的"三幕"法,它包括起因、经过和结果,也可以称为背景、冲突与结局,如图 3-29 所示。

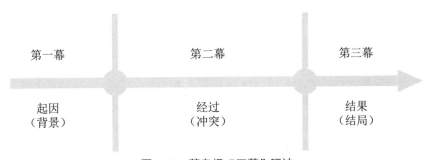

图 3-29 菜鸟级"三幕"玩法

起因(背景):我们都知道,万事开头难。一个好的开头,不仅能为整个故事增添色彩,还能让后续情节更加流畅自然。因此,起因部分至关重要,它预示着要"出事了",故事中的风波即将上演,让人充满期待。

我独自走在回家的路上,路灯突然熄灭,四周顿时一片漆黑,而身后却传来一阵急促的脚步声……(出事了)

我正在浴室里洗着澡,突然间水流变得异常冰冷,紧接着灯光也开始闪烁不定……(出事了)

我刚从超市出来,手里拎着沉甸甸的购物袋,突然一阵强风吹来,手中的袋子被吹得七零八落。这时,我注意到一个可疑的人影在远处窥视着我……(出事了)

夜幕降临,我独自留在办公室加班。突然,我听到门外传来了诡异的响动,似乎有人在悄悄接近……(出事了)

经过（冲突）：这一阶段无疑是故事中最吸引人的，汇聚了冲突、意外、悬念、压力等多种元素，使得情节跌宕起伏，扣人心弦。正所谓"无冲突不故事"，要的就是把"事故"变成"故事"。如图3-30所示。

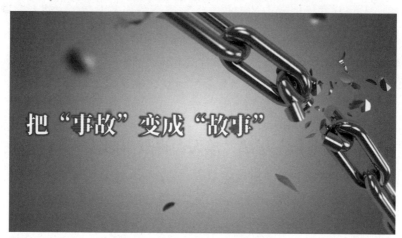

图3-30　把"事故"变成"故事"

结果（结局）：故事接近尾声，主人公历经千辛万苦，战胜重重阻碍，结局可能是皆大欢喜，也可能会留给人无限遐想，但无论如何，它都为整个故事画上了一个圆满的句号，让读者在满足与感动中结束了这段旅程。

菜鸟级"三幕"玩法主要包含两个模型，分别为STAR模型和对钩（√）模型。STAR模型主要用于讲成功案例，强调了特定情境下面对挑战时的决策和行动，以及最终取得的辉煌成就。对钩（√）模型侧重于描绘那些充满曲折与转折的故事，主人公或团队从低谷中崛起，最终实现逆袭。

1. STAR模型，讲成功的故事

STAR模型是一个典型的"三幕"讲故事法，适合于讲成功案例。

STAR模型指的是：

- S（Situation）——背景，即在什么样的环境下；
- T（Task）——任务，即你的具体任务是什么；
- A（Action）——行动，即你如何行动；
- R（Result）——结果，即最后达成了什么样的结果，结果最好可以量化。

其中S、T是起因，A是经过，R是结果。如图3-31所示。

图 3-31　STAR 模型

我的一个学员在一家 200 多人的科技公司工作,他完成了一个优化内部流程的工作,他用 STAR 模型向领导汇报:

Situation:李总,我上个月观察到一个现象,我们公司部门繁多,流程复杂,导致项目推进缓慢。

Task:经请示您,由我来优化公司内部流程,提高项目执行效率。

Action:我调研了各部门的工作流程和痛点,与关键人员深入交流。之后,我设计了一套简化的流程方案,并通过工作坊的形式与各部门达成共识。

Result:新流程实施后,项目平均完成时间缩短了 20%,员工满意度提升了 15%。公司内部沟通更加顺畅,资源利用效率显著提高。

用 STAR 结构很容易将一件事情说清楚,结构简单,逻辑清晰,是一个晒成绩的好故事结构。

比如说你是企业品牌高级经理,你要在月会上汇报上个月的成功案例。你需要快速地用 STAR 模型写故事,此刻,呼唤 AI,亮剑!

✏ Who(身份):你是一名故事专家,我是一名企业品牌高级经理,你是我的故事教练。

✏ What(任务):我需要在月会上讲一个成功案例。

✏ Why(背景):我的团队上个月策划了一场新产品的品牌推广活动,效果还不错,销售额提升了 20%。

✏ How(要求):请按照 STAR 故事模型写一段汇报材料,500 字左右,语言平实朴素,符合职场精英的形象。

STAR 模型指的是:

● Situation——背景,即在什么样的环境下。
● Task——任务,即你的具体任务是什么。
● Action——行动,即你如何行动。
● Result——结果,即最后达成了什么样的结果,结果最好可以量化。

根据你的要求，AI 生成内容如图 3-32 所示。

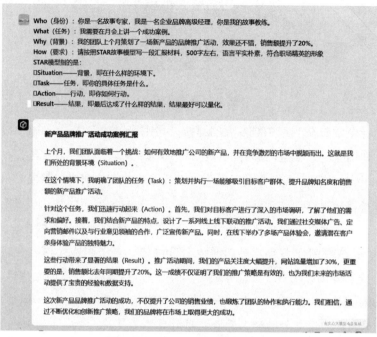

图 3-32　用 STAR 模型写演讲稿

根据 AI 生成的结果，你只需进行适度的适应性修改，便能立即在会议上展开讲述，这种方式极其高效。

2. 对钩（√）模型，讲有困难的故事

讲故事最重要是要有冲突，STAR 模型更倾向于快速汇报成功故事，可是有时候我们希望故事能有一些转折，更加吸引人，这时便可以采用对钩（√）模型，如图 3-33 所示。

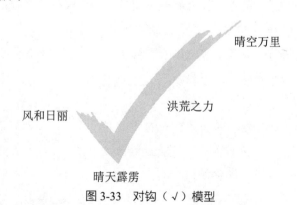

图 3-33　对钩（√）模型

对钩（√）模型指的是：
- 风和日丽：指当时的状态，一切向好。
- 晴天霹雳：突然发生了意外、障碍、困难、冲突。
- 洪荒之力：面对坎坷，团队或者个人不断努力。
- 晴空万里：最终取得好的结果。

其中风和日丽就是起因，晴天霹雳和洪荒之力是经过，晴空万里是结果。

影视剧非常喜欢用对钩（√）模型，学习影视剧的编剧技巧对于写好故事帮助非常大，比如《摔跤吧，爸爸》这部电影，就是用的对钩（√）结构：

风和日丽：电影开篇描绘了马哈维亚·辛格·珀尔（阿米尔·汗饰）作为印度前摔跤冠军的辉煌时刻，梦想儿子继承衣钵。他生活美满，有两个女儿。

晴天霹雳：然而，他发现女儿们无法继承他的梦想，因为摔跤在印度被视为男性运动。这个事实打破了他原本的规划。

洪荒之力：马哈维亚决定挑战传统，训练女儿们成为摔跤选手。在艰苦的训练中，她们面临着重重困难，但凭借坚定的信念和不懈的努力，逐渐展现出过人的实力。

晴空万里：最终，女儿吉塔在国际比赛中赢得金牌，为国家争光。电影以她与父亲紧紧相拥的感人画面结尾，象征着她们通过努力打破了性别偏见，实现了梦想。

这样的设计能够深刻触动听众的情感，使他们全神贯注地跟着剧情走。听众仿佛亲身经历了主人公的旅程，从黑暗的低谷一步步走向光明的顶峰。

假如有这样一个场景：你是一家科技公司的销售经理。就在上个月，你历经曲折，克服重重困难，终于成功签下了一个重量级的客户，为公司带来了显著的经济效益。现在，你打算把这个故事分享给团队成员，以此激励大家。该怎么讲呢？此刻，呼唤AI，亮剑！

✎ **Who（身份）**：你是一名故事专家，我是一家科技公司的销售经理，你是我的故事教练。

✎ **What（任务）**：我需要在月会上讲一个成功签单的案例。

✎ **Why（背景）**：上个月，我历经曲折，克服重重困难，终于成功签下了一个重量级的客户，为公司带来了显著的经济效益。

✎ **How（要求）**：请按照对钩（√）模型写一段汇报材料，500字左右，语言平实朴素，符合职场精英的形象。

对钩（√）模型指的是：
- 风和日丽：指当时的状态，一切向好。
- 晴天霹雳：突然发生了意外、障碍、困难、冲突。
- 洪荒之力：面对坎坷，团队或者自己不断努力。
- 晴空万里：最终取得好的结果。

根据你的要求，AI 生成内容如图 3-34 所示。

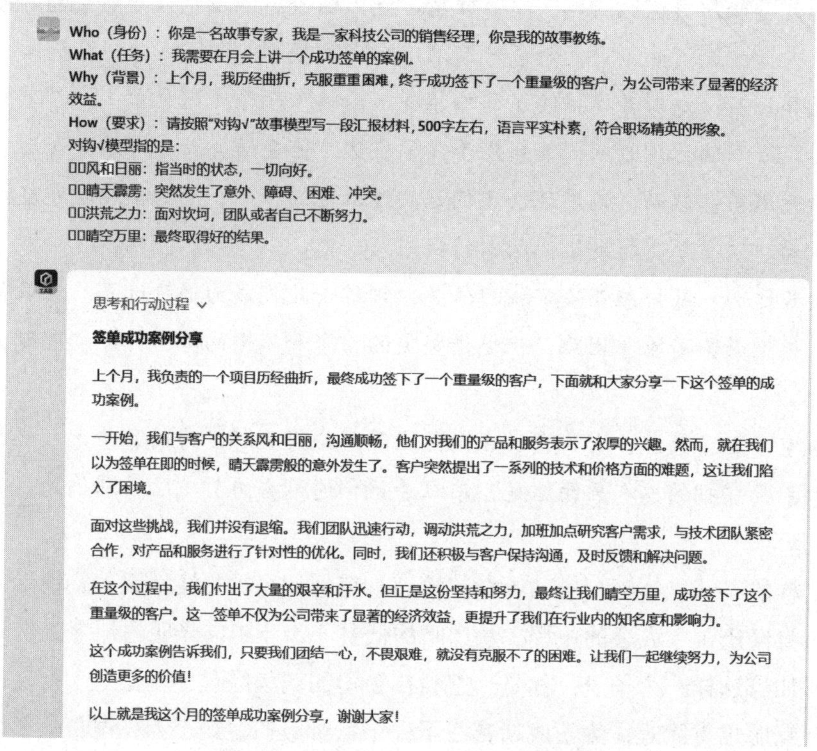

图 3-34　用对钩（√）模型生成演讲稿

整个分享内容逻辑清晰，故事有冲突，同时也展现了你面对困难的勇气和解决问题的能力，对团队有很好的激励作用。根据 AI 输出的内容稍作修改，就可以在月会上进行分享了。

3.2.2　高手级"三幕"玩法，"黄金手指 STORY"模型

讲故事除了菜鸟级"三幕"玩法的 STAR 模型和对钩（√）模型外，还有高手级"黄金手指 STORY"模型"三幕"玩法，让你的故事一波三折，跌宕起伏，如图 3-35 所示。

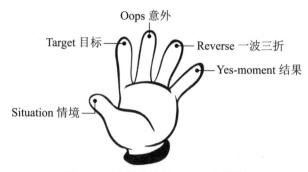

图 3-35 "黄金手指 STORY"模型

STORY 模型指的是:

✋ S（Situation）——**背景**：故事发生在何种环境或情境之中。

✋ T（Task）——**任务**：明确你的核心任务或目标是什么。

✋ O（Oops）——**意外**：在执行任务过程中，遭遇了哪些意外、冲突和障碍。

✋ R（Reverse）——**一波三折**：面对阻力，你不断努力，却一再遭遇新的挑战和挫折，但你不忘初心，持续奋斗。

✋ Y（Yes-moment）——**结果**：经过一系列努力和挑战，最终取得了什么样的成果。

根据《认知心理学及其启示》中的脑科学依据，演讲不是在面对一群人讲话，而是面对一群人的大脑讲话，面对大脑的每一个部分讲话。大脑结构极其复杂，这里做一个简单的版本，分为五个区域：前额叶、顶叶、枕叶、小脑、颞叶和海马体。

而"黄金手指 STORY"模型恰好与大脑的五个主要区域一一对应，也就说按照这个模型设计故事，会让你紧紧抓住听众的注意力。如图 3-36 所示。

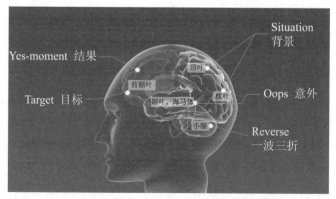

图 3-36 "黄金手指 STORY"模型与大脑的五个主要区域一一对应图

央视网"青春大课"邀请董宇辉在中国传媒大学做了一场演讲，其中有一个故事讲的是新东方转型做农业直播的事，他是这样讲的：

后来我的人生进入一个新的阶段，就是大家知道我们要转型了，要做农业。人生进入最低谷的一段时间，你在镜头前竭尽所能，把你所有知道的都讲完了之后，镜头前还是只有那一点人，他们根本不在乎你说的什么，屏幕上刷的最多的一条就是：长得这么丑，为什么要出来恶心人？是真的会这样刷，那是我当时的人生。

当时我租住在这个人大西门一个非常小的院子一楼，很狭窄，那个房间可能就是大概有十二块地砖这么大，开门就能擦到床边，一张床，然后里头有个简易的桌子，那个桌子在用了第五天的时候塌了，连带着我的晚饭塌在了地上。那是我当时的生存环境，一楼蚊子特别多，窗户外面就是一个垃圾堆。因为当时没钱了，自己糟糕的理财习惯导致自己但凡遇到一点点收入下降，就立刻活不下去了，吃的最多的是旁边的一个葱油饼，一块五一个，我一天可以买好几个。那段时间也不敢给家人说，也不敢给朋友说。

当时心情非常糟糕，有时候在直播间忍不住酸溜溜吟诗几句，就会被导演打断：你再讲这样的话，平台就给我们扣分儿了。只要你长时间讲的东西跟商品没有关系，就扣分儿了。所以我当时几乎是每天写检讨，痛苦又笨拙地坚持着。

我不知道是不是老天爷突然想给一个年轻人开个好的玩笑，在去年6月8号的早上，我又拿着小黑板在镜头前就这样胡说八道信马由缰的时候，哎，我突然发现我讲着讲着，人数从300人到了500人，这很意外啊，没想到竟然有人好这口。我当时正在讲莎士比亚，我看他们喜欢，我就继续，从文学讲到哲学，讲苏格拉底，讲柏拉图，讲亚里士多德，讲古希腊三贤。然后发现大家还不反感，因为人数从500又到了1000了，得寸进尺啊，讲的就是我自己。小人得志啊，当时我就继续讲，继续讲，就讲了很多我所熟悉的文学作品，或者我以前所看过的历史。越讲越兴奋，越讲越兴奋，那天早上就从刚开始的几百人到了我最后下播的时候，得有快10000人了。我有一种空前的兴奋，我甚至那天下播之后坐在那里，心情久久无法平复。等到第二天，我再上去时候，发现人更多，就一上来就是3000人，然后第二天等我下播的时候，人数已经到了30000人。30000人什么概念？就跟做噩梦一样，想不到。然后就开始被很多人关注到了，然后越来越多的人就涌入那个直播间，大家发现在这儿可以听点儿无用的知识。

所以，这是我的幸运，所以事实多次证明，运气永远会垂青那些时刻准备好的人。知识就是你的武器，书籍永远都是你的朋友！

董宇辉的这段演讲就是一个完美的"黄金手指STORY"模型演绎：

🖐 S（Situation）—— **背景**：

董宇辉，曾是新东方的一名优秀教师，因政策变化，公司无法延续线下教育之路，从而踏上探寻新发展方向的征程。

🖐 T（Task）—— **任务**：

这个新的方向就是农产品直播带货。在这个过程中，他需要学习新的知识，适应新的行业环境，并在镜头前努力表现自己，吸引观众的注意。

🖐 O（Oops）—— **意外**：

然而，直播之路并非一帆风顺。直播初期不被理解和接受，观众数量少，甚至有人对他的外貌和表现进行恶意评论。

🖐 R（Reverse）—— **一波三折**：

不仅工作上得不到认可，就连经济也面临非常大的挑战。直播过程中屡遭导演打断，因内容与商品无关而被扣分，甚至不得不频繁撰写检讨。但董宇辉并未被困境打倒，而是选择逆流而上，坚持自我。

🖐 Y（Yes-moment）—— **结果**：

历经重重挑战与不懈努力，他终于迎来了辉煌的转折。直播间的观众人数从起初的几百人飙升至数万人，他的坚持与努力赢得了广泛认可。不仅经济状况得到显著改善，更重要的是，他在此过程中找到了新的职业定位与人生追求。这一成果有力地证明了，机遇总是眷顾那些时刻准备着的人，同时彰显了知识与书籍的无穷力量。

董宇辉的这段演讲，不仅深情讲述了一个激励人心的故事，更细腻地勾勒出在逆境中如何保持初心、勇往直前，并最终实现成功的生动画卷。整场演讲洋溢着积极向上的正能量，令人深受感染。

例如你是一家公司的创始人，你要在公司成立五周年之际做一场演讲，最明智的策略是讲述一个引人入胜的品牌故事，最好是一波三折的故事，这样就能够更好地吸引听众的注意力。为了使这个故事更加生动，不妨采用"黄金手指STORY"模型来构建你的演讲。该怎么讲呢？此刻，呼唤AI，亮剑！

✏️ Who（**身份**）：你是一名品牌故事专家，我是一名"如心"精油品牌的创始人，你是我的故事教练。

✏️ What（**任务**）：我需要在公司成立五周年之际做一场演讲。

✏️ Why（**背景**）：五年前我因为生活受到重创，精神濒临崩溃，一次偶然的机会接触到了精油，它可以让我放松身心，安住在当下，焦躁的心恢复平静和理智。我想用曾经改变了我的去改变更多人，所以创立了"如心"精油品牌。

✎ How（要求）：请按照"黄金手指STORY"模型写一篇演讲稿，必须清晰地标出"S、T、O、R、Y"，500字左右，语言亲切感人，充满正能量。

STORY模型指的是：

👆 S（Situation）——**背景**：故事发生在何种环境或情境之中。

👆 T（Task）——**任务**：明确你的核心任务或目标是什么。

👆 O（Oops）——**意外**：在执行任务过程中，遭遇了哪些意外、冲突和障碍。

👆 R（Reverse）——**一波三折**：面对阻力，你不断努力，却一再遭遇新的挑战和挫折，但你不忘初心，持续奋斗。

👆 Y（Yes-moment）——**结果**：经过一系列的努力和挑战，最终取得了什么样的成果。

根据你的要求，AI生成内容如图3-37所示。

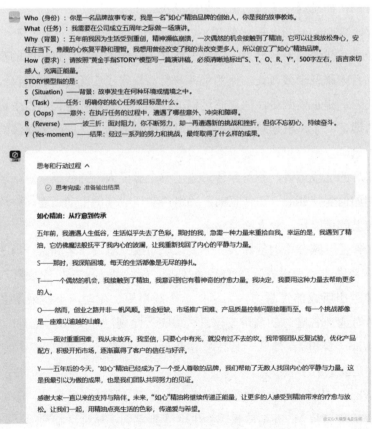

图3-37 用"黄金手指STORY"模型生成演讲稿

你看，这个故事写得还不错吧。用"黄金手指STORY"模型可以迅速构建一个引人入胜的故事，让整个演讲充满吸引力，富有节奏感。演讲的字数和风格完全取决于你的具体需求和创意，可以自行调整。

3.2.3 大神级"三幕"玩法，80%的好莱坞影片都会用到的"英雄之旅"模型

在众多讲故事技巧中，"英雄之旅"堪称大师级的叙事艺术。这一概念源自美国著名神学家约瑟夫·坎贝尔的深刻洞察。坎贝尔发现，无论是在神话还是童话中，不同文化背景下的故事似乎都遵循着这一基本的叙事结构。

具体来说，"英雄之旅"是这样展开的：一个普通人在自己的平凡世界中过着平静的生活，直到一个触发事件打破了他的宁静。这个事件迫使他离开熟悉的环境，踏上一段全新的旅程。在这个过程中，他面临新的挑战，结识了志同道合的伙伴，遇到了智慧的导师。通过一系列试炼和磨难，他最终克服了终极考验，实现了自我转变，并达到了一个新的生活平衡。

事实上，大约80%的好莱坞电影都是基于"英雄之旅"这一叙事框架构建情节的。你可能会问，这与我有什么关系？正如莎士比亚所言："人生就是一场多幕剧。"我们每个人都是自己生活故事的编剧，无论是在职场还是个人生活中，我们的成长和转变都是我们自己的英雄之旅。

心理学研究表明，人们对那些从零开始，最终实现华丽转变的故事有着深刻的认同和向往。因此，如果能够讲述一个引人入胜的蜕变故事，它将深入人心，并传达出深远的意义和启示。

英雄之旅模型如图3-38所示，包含：

- 一次旅程
- 两个世界：平凡和非凡
- 三幕剧：出发、决战、归来
- 十二个组成部分

假如你是一名培训师，9月10日教师节这天你受邀为一家企业做一场《故事力》培训，你需要讲如何运用"英雄之旅"模型。你计划给学员做一个示范，打算讲讲孔子的生平，那就让AI成为你的小帮手吧。此刻，呼唤AI，亮剑！

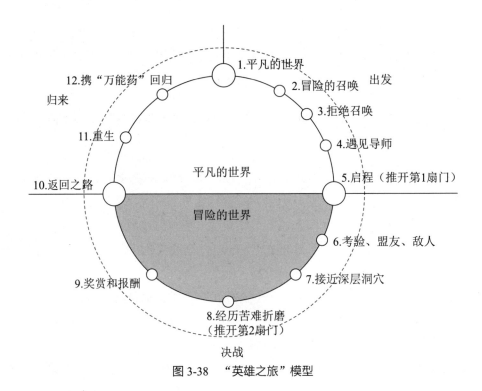

图 3-38 "英雄之旅"模型

第一步：投喂 AI（如图 3-39）。

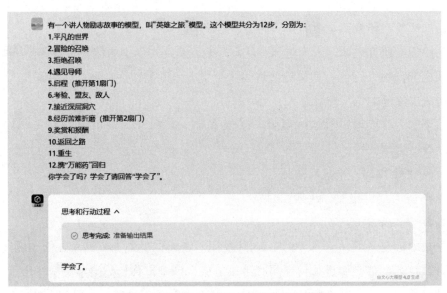

图 3-39 投喂 AI 学习"英雄之旅"模型

有一个讲人物励志故事的模型，叫"英雄之旅"模型。这个模型共分为 12 步，分别为：

第 3 章 能讲——逻辑清晰，故事动人，展现结构之美

1. 平凡的世界
2. 冒险的召唤
3. 拒绝召唤
4. 遇见导师
5. 启程（推开第 1 扇门）
6. 考验、盟友、敌人
7. 接近深层洞穴
8. 经历苦难折磨（推开第 2 扇门）
9. 奖赏和报酬
10. 返回之路
11. 重生
12. 携"万能药"回归

你学会了吗？学会了请回答"学会了"。

第二步：4W 亮剑（如图 3-40）。

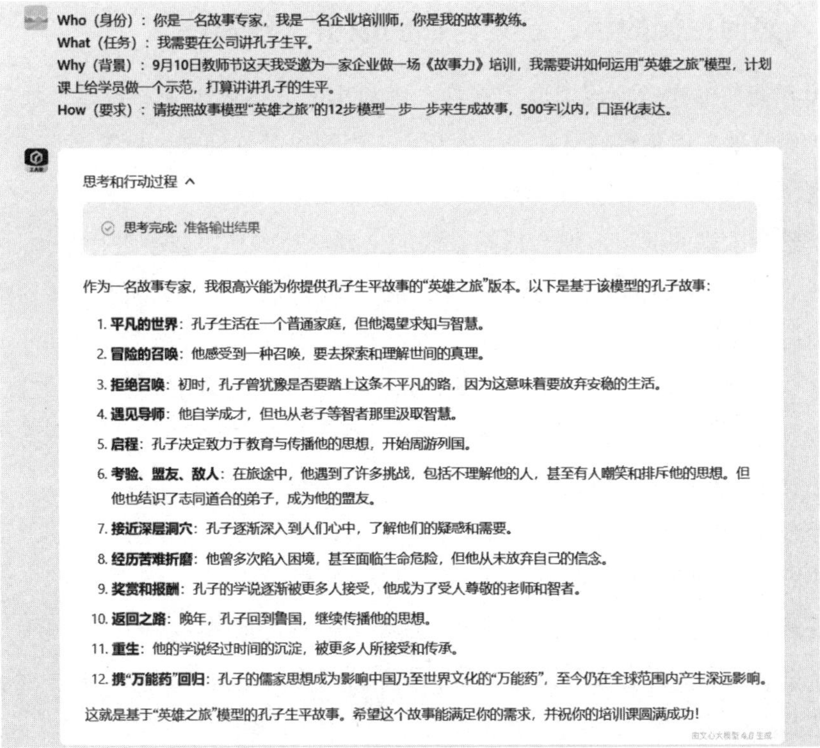

图 3-40 用"英雄之旅"模型生成演讲稿

🖋Who（身份）：你是一名故事专家，我是一名企业培训师，你是我的故事教练。

🖋What（任务）：我需要在公司为企业内训师讲孔子生平。

🖋Why（背景）：9月10日教师节这天我受邀为一家企业做一场《故事力》培训，我需要讲如何运用"英雄之旅"模型，计划课上给学员做一个示范，打算讲讲孔子的生平。

🖋How（要求）：请按照故事模型"英雄之旅"的12步模型一步一步来生成故事，500字以内，口语化表达。

通过回顾孔子的一生，不仅向所有教师表达敬意，也鼓励内训师们学习孔子的教育精神，如"学而不厌，诲人不倦"，以促进知识的传承和个人品德的提升。同时，孔子的故事也能激励内训师们在教育工作中追求卓越，不断自我完善，以身作则，影响和启发学员。

所以看似在谈讲故事的技巧，其实也可以通过案例实现教育的双重目的：启迪思考，塑造品格。让每一次讲述都成为一次心灵的触碰和智慧的启迪。

3.2.4 如何挖掘故事，建立自己的故事"预制件"

大家都知道建造房屋需要预制件，讲故事同样需要事先准备好"预制件"。这些"预制件"便是我们日常积累的故事，当演讲时刻到来，只需将它们巧妙串联即可。

观察俞敏洪的演讲，他会根据不同的主题，巧妙地将故事进行组合。例如，在阐述"坏事有时也能转变为好事"这一主题时，他讲了自己高考三年才考上北大的经历；在谈及无聊时光如何被有效利用时，他分享了肺结核住院期间，无聊中背单词，意外积累了15000词汇量，进而留校任教的趣事。更令人钦佩的是，他将因校外兼职被北大开除的挫折，转化为创办新东方的契机；当新东方受国家政策影响无法继续时，他又敏锐地抓住了机遇，创立了东方甄选。

经过深入分析，我们会发现那些著名的演讲家都在反复使用精选的故事，他们能够根据不同的场合和需求，对这些故事进行重新编排和呈现。

既然如此，挖掘自己的故事就尤为重要。很多人觉得：我的一生很平凡，没有什么特别的事情，怎么能讲出好故事呢？其实不然，每个人身上都有故事。为什么这么说？因为只要是人，就有情感，虽然不是每个人的人生都会大起大落，但多多少少都会遇到一些困难、问题和挫折，都会有开心、悲伤、忧愁的时候。

这些经历其实就是一个个故事。所以问题不在于你有没有故事，而在于你会不会细心挖掘自己的故事。那么，该如何挖掘自己的故事呢？

我在王潇的《五种时间》中看到过一个方法，用在挖掘自己的人生故事上还是挺合适的，这个方法叫绘制人生起落图。如图 3-41 所示，这是一个直观图表，用以回顾一个人的人生轨迹。

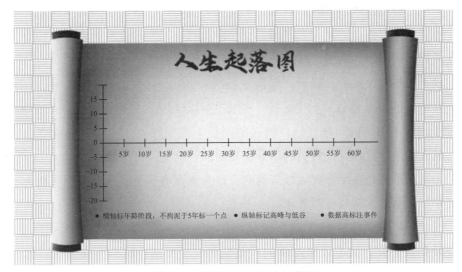

图 3-41　绘制自己的人生起落图

首先，拿一张白纸，画一条横轴，在横轴上按照你的年龄，每 5 年标一个点。纵轴是你的人生状态，上限是巅峰体验，下限是绝望低谷。假设人生的巅峰体验是 20 分，绝望低谷是 -20 分，你需要回顾和标记自己从出生到现在历经的波峰、波谷、嗨点、沸点、燃点、颓点，那些你感觉极好和极差的时刻，用 4F 法则回想一下：

- Facts：当时都发生了什么？
- Feelings：你的感受是什么？让你联想到了什么？你从中学到了什么？
- Findings：你的反思是什么？这些点对你有什么启发？产生了什么影响？
- Future：之后，你有没有采取什么行动？

然后把对应事件标注在相应的位置，最后连接成一条曲线。这条曲线就是你的人生起落图。在这个曲线中找到一个或几个故事去匹配你的演讲主题。

如果你实在找不到自己的故事，也可以用他人的故事或听过的故事来匹配你的演讲主题，为你的演讲主题提供论据素材。这就需要你平时建立一些主题故事库，在"慧讲"章已讲过，可以用印象笔记来收集。

3.2.5 "三感"法，让故事有趣的小技巧

前面讲了故事的模型，那如何让故事更有趣呢？这里介绍"三感"，分别是幽默感、画面感、类比感。

1. 幽默感：幽默诙谐，讲出段子手风采

大家都喜欢幽默的人，总以为他们聪明、机智、情商高，但其实他们就是聪明、机智、情商高。你是否渴望成为一个幽默风趣的人？是否梦想着能够随口讲出令人捧腹的段子？其实，任何技能都有套路的，讲段子也不例外。

段子的基本公式是：段子＝铺垫＋包袱。

其中，铺垫是建立第一个思路，把你引向方向A；包袱是揭示第二个思路，把你引向方向B，也叫意外感。前面的铺垫不需要好笑，你只需要陈述一个事实，越正经越严肃越好，好笑的部分在后面的包袱里。例如：

上课玩手机的确会导致成绩下滑啊，这点我深有体会。最近一个学期由于总是玩手机，都没怎么给他们教课。

前半句"上课玩手机"就是铺垫，你肯定立马想到的是学生上课玩手机，这是我们整个社会大语境带给你的思维定势，大家都往这个方向去想，这是方向A。

后半句"都没怎么给他们教课"，把玩手机的对象换成了老师，就发生了转向——老师上课玩手机导致了全体同学成绩下滑，把观众引向了方向B，段子就这么形成了。

视频号山山的创建者是一位60多岁的大叔，非常幽默，经常讲一些好笑的段子，比如下面这段《盲目自信》：

端午节老伴儿非要去走玻璃栈道，到那一看我腿都软了，打算放弃。老伴儿用手一指，你看那个老头比你岁数大，人家坐轮椅都不怕，你怕啥？我说，我怕坐轮椅。我硬着头皮跟她走了上去，真的太可怕了。到现在，老伴的血压还没下来。

这个段子里有两个转向：

第一个转向：前半句讲"你看那个老头比你岁数大，人家坐轮椅都不怕"，按常理老头的回答应该是那就试试，这是方向A。结果后半句成了"我怕坐轮椅"，把观众引向了B。

第二个转向：前半句讲"我硬着头皮跟她走了上去，真的太可怕了"，按常

理应该是老头说到现在都吓得腿直哆嗦，这是方向 A。结果后半句却是"老伴的血压还没下来"，把观众引向了 B。

短短 100 来字，让观众至少笑了两次，这就是段子的魅力。

假如你需要写一个关于减肥的段子，说实话确实有难度，咱们试试 AI。此刻，呼唤 AI，亮剑！

🖊 Who（身份）：你是一名会写段子的脱口秀专家。

🖊 What（任务）：我需要你帮我写一个关于减肥的段子。

🖊 Why（背景）：我要在演讲俱乐部分享。

🖊 How（要求）：请你按照"铺垫 + 包袱"的格式进行输出，200 字以内。

示例一：上课玩手机的确会导致成绩下滑啊，这点我深有体会。最近一个学期由于总是玩手机，都没怎么给他们教课。

其中"上课玩手机的确会导致成绩下滑啊"是铺垫，"都没怎么给他们教课"是包袱。

根据你的要求，AI 生成内容如图 3-42 所示。

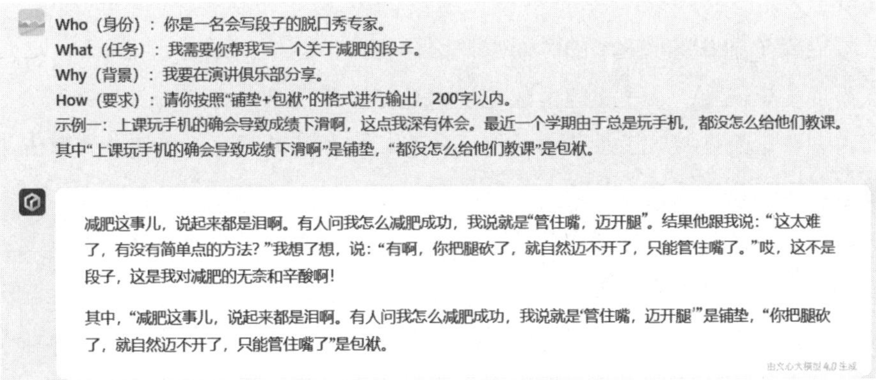

图 3-42　AI 生成脱口秀

AI 生成的段子，需要人工再进行润色，演绎的时候还要注意用停顿、连词等加强"笑果"。停顿可以给听众留出反应时间，而恰当的连词则能增强语言的流畅性。此外，语调、语速和表情的控制也是提升"笑果"的重要因素。

2. 画面感：描绘生动画面，让听众身临其境

画面感在讲故事时至关重要，它不仅能够提升听众的参与度，也可以加深他们对故事的理解。画面感让听众在心中构建起生动的场景，从而让故事充满代入感，引人入胜。

画面感，其实就是通过激发人的六大感官——视觉、听觉、嗅觉、味觉、触觉、感觉，来营造一种身临其境的体验。想象一下这个场景：

你可以在脑海中想象一块砧板，一个在向阳的窗户下被晒得暖暖的柠檬躺在砧板上，果汁十足。你可以闻到柠檬皮清爽的味道。想象有一把锋利的刀，手起刀落，柠檬成了两半。看着这两半柠檬滚下砧板，柠檬汁滴落，汇成一小滩柠檬水。现在你既能闻到柠檬汁的味道，也能闻到柠檬皮的味道。拿起其中一半柠檬，再切一刀下去。拿起这1/4个柠檬，放到嘴中，深深地咬下去，然后咧嘴做出一个大大的微笑，让果汁任意流淌到你的下巴上。

发生了什么呢？你有没有觉得唾液腺在起作用？你的嘴里流出口水了吗？你的想象让你觉得嘴里真的有柠檬。

这就是有效的感官描述，能够让你"哈喇子直流"。好的故事会激活你的想象力，模拟真实的感官体验。你的目标就是讲述一个能激活受众想象力的故事，让他们通过想象看到、听到、闻到、摸到、尝到、感受到你的故事。在演讲过程中，要注意你的表情、动作、声音效果与感官内容配合一致，这样会使演讲效果更佳。

董宇辉在直播间卖玉米的时候，他这样说：

你用筷子戳着拿在手上边啃边跑，你跑的时候背后阳光温暖，洋洋洒洒落在地上，它在你面前投下了跟你一样大小的影子，你边跑边追，嘴里头那口玉米淡淡的回甘味，扑鼻的香。

好多年后，你时常记得在仲夏夜的风里，你们坐在院子里乘凉，夜风袭来树叶沙沙作响，天空偶尔飞来两只不知名的鸟。

你一只手里拿着用筷子戳着的玉米棒子在啃，一只手里还贪心地抱着从水井里刚取出来的冰镇的西瓜，大人们在忙着说他们的事情，有时候低声细语，有时候开怀大笑，你不关心。

好多年后你回忆起来，其实，那个玉米的味道你记不太清楚了，但你清楚记得是那些仲夏的夜里头，繁星点缀，树叶沙沙作响，微风吹过。

那就是人间烟火呀。

我们用"六感"来分析一下：

视觉：演讲中描述了阳光洒落、影子、繁星点缀等元素，构建了一个温馨的场景。听众可以想象到阳光下奔跑的自己，以及夜晚星空下的场景。

听觉："树叶沙沙作响"和"夜风袭来"的声音，让人联想到自然的声音，营造出宁静而又生动的氛围。大人们的"低声细语"和"开怀大笑"则增添了生活气息。

嗅觉："扑鼻的香"描述了玉米的香味，让人仿佛能闻到玉米的香气，增加了文案的感官吸引力。

触觉："用筷子戳着拿在手上边啃边跑"，描述了手拿玉米的感觉，以及"冰镇的西瓜"的冰凉触感，让听众能够感受到食物的质感和温度。

味觉："淡淡的回甘味"是对玉米味道的描述，虽然简单，但足以让人联想到玉米的甜味。

感觉：演讲中的情感表达非常丰富，从"你跑的时候背后阳光温暖"到"那就是人间烟火呀"，传递出一种温馨、怀旧和对生活的热爱，触及听众的情感和记忆。

董宇辉构建了一个人间最美时，带大家穿越时光，重温那些童年的纯真与幸福。人在消费的时候，往往是感性在起决定作用。正是这种情感的共鸣，激发了人们对董宇辉直播间产品的热情，使得销量持续攀升。所以销售不仅是卖产品，还是卖情绪价值。

我们在讲故事的时候，这六感不可能每次都全部用上，至少用一种，建立画面感。例如田俊国老师在他的《卓越关系》中有这样一段文字：

我经常看到一些特别内敛的人，很有才华却处处压抑自己，原因就是他在原生家庭中遇到了管教严苛的父母。我就会跟他说："父母给了你生命，同时又在你额头上贴了一个封条，使你总压抑着自己的生命能量，不能尽情绽放。青春被你人为地压抑了大半。记着：绽放是你的权利，更是你的责任。你永远值得站在C位！"

这段文字令我印象深刻，其中的"额头上贴了一个封条"充满了画面感。这段话不仅触动了我深处的情感，更为我注入了巨大的力量，让我明白，尽情地绽放就是对父母最好的感恩。

假如你现在要向别人表达你演讲上台前很紧张，要用"六感"来描述，你打算怎么讲呢？来，我们有AI。此刻，呼唤AI，亮剑！

🗡 **Who（身份）**：你是一名擅长讲出画面感的演讲高手。

🗡 **What（任务）**：请你按照"六感（视觉、听觉、嗅觉、味觉、触觉、感觉）"的格式，帮我创作一个关于演讲者演讲时极度紧张的场景。

🗡 **Why（背景）**：我要讲给我的学员听，告诉他们不是谁一生下来就是演讲高手，都是从小白开始的，也都有紧张窘迫的时候。

✏️ How（要求）：突出演讲者的紧张情绪和内心压力。描绘出演讲场景的氛围和细节，如灯光、色彩、听众反应等。400字左右。

根据你的要求，AI生成内容如图3-43所示。

> Who（身份）：你是一名擅长讲出画面感的演讲高手。
> What（任务）：请你按照"六感（视觉、听觉、嗅觉、味觉、触觉、感觉）"的格式，帮我创作一个关于演讲者演讲时极度紧张的场景。
> Why（背景）：我要讲给我的学员听，告诉他们不是谁一生下来就是演讲高手，都是从小白开始的，也都有紧张窘迫的时候。
> How（要求）：突出演讲者的紧张情绪和内心压力。描绘出演讲场景的氛围和细节，如灯光、色彩、听众反应等。500字左右。

思考和行动过程 ∧

✓ 思考完成：准备输出结果

视觉：演讲厅内，灯光聚焦在台上，将演讲者的身影映衬得异常孤独。他站在那里，双手紧握，指尖因紧张而发白。台下的观众仿佛一片黑暗的海洋，只有点点光亮从他们的手机屏幕上反射出来，像是暗夜中的航标灯，静静地注视着台上的他。

听觉：他的喉咙像是被什么堵住了一样，声音微弱而颤抖。每次开口，都能听到他因紧张而吞咽口水的声音。台下的听众，他们的呼吸声都似乎变得清晰可闻，每一次吸气、呼气都像是在提醒他，所有人都在关注着他的一举一动。

嗅觉：空气中弥漫着一种淡淡的汗味和紧张的气息，这是他身上散发出的不安的味道。与此同时，远处空调出风口的冷气，带着一股机械和清洁剂的混合气味，仿佛在提醒着他，这里是一个正式的场合。

味觉：他的嘴里仿佛含着一枚苦涩的果实，舌尖上满是紧张和焦虑的滋味。他不断地舔着干燥的嘴唇，试图用这种方式来缓解内心的压力。

触觉：他感觉到手心的汗水，冷冰冰的，像是他内心恐惧的化身。台上的木质讲台坚硬而冰冷，透过薄薄的衬衫，刺激着他的皮肤。

感觉：时间仿佛在这一刻停滞了，他的心跳声在耳边回响，像是战鼓在催促他前进。他感觉自己像是站在了悬崖边上，一步之差，就可能坠入深渊。

_{由文心大模型4.0生成}

图3-43 AI写出有"六感"的演讲

你看，这样讲述演讲的紧张感，能让学员感受到一种被理解和共鸣的感觉，使他们明白原来每个人都一样，在演讲时都会感到紧张。这样的讲述有助于学员逐渐建立自信心，而不是产生自卑感。

3. 类比感：从陌生到熟悉，触类旁通

哈佛大学做过一个实验叫"知识的诅咒"，我们也可以一起来玩一下。你拍一首歌，让大家猜一下是什么？能猜出来吗？够呛吧？很难，这就是知识的诅咒。你拍的时候，觉得自己拍得很清楚，可是作为听的那个人，他会觉得，什么

乱七八糟的，完全听不懂。所以说解释是一件特别难的事，特别是你要把对方完全没有根基的东西讲明白，更难。

那对于知识的诅咒，有没有什么好的办法破解呢？那就用类比法，也叫打比方。类比就像是在旧的知识和新的知识之间搭建了一个梯子，这样人们就能更快地从旧知识的地面爬到新知识的墙上。类比用得越多，你就会爬得越高，看得越远。

唐代著名诗人白居易写诗有个标准是"老妪能懂"。白居易每次写了新诗，都会找一个老婆婆，把诗念给她听，问她是否听得懂。老婆婆说"懂了"，白居易就认为自己的诗达标了。演讲也是一样。在演讲辅导实践中，我经常给演讲者提这样一个问题："你的演讲是不是10岁的小孩都听得懂呢？"如果10岁的小孩听不懂你的演讲，那么你不要指望成年听众就一定听得懂。

比如《今晚"80后"脱口秀》中的王思文，她讲过这样一个段子：

你知道很多女生基本上每天都要化妆，但我觉得化妆这个事儿其实很复杂。大家有没有想过化妆这个事儿特别像是装修。你想想，素颜就是毛坯，对吧？淡妆就是简装修，浓妆就是精装修。所以不要抱怨女人出门太慢，精装修2个小时已经很快了。而且除了早上化妆之外，我们晚上还要卸妆。这就相当于你买了一套房，每天都要重新装修。

她巧妙地运用"装修房子"类比"女生化妆"，将素颜比作未经修饰的毛坯房，淡妆则被描绘成简约的装修，而浓妆则升华为精致的装修。这为不熟悉化妆的男性提供了直观的理解，也增添了一些幽默。

假如你现在要在女性商学院进行一场演讲，主题为婚姻，你需要用一些类比的方法来做演讲。此刻，呼唤AI，亮剑！

🗡 Who（身份）：你是一名非常擅长运用类比技巧的演讲高手。

🗡 What（任务）：请你写三个关于"婚姻"的类比，可以用大家比较熟悉的物品，例如白开水、饮料、手机、纸等。

🗡 Why（背景）：我作为女性领军人物，需要在女性商学院做一场演讲。

🗡 How（要求）：类比需要通俗易懂，能够引起听众的共鸣和兴趣，300字以内。

根据你的要求，AI生成内容如图3-44所示。

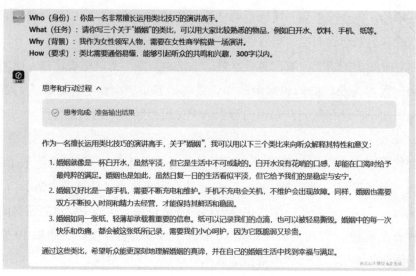

图 3-44 关于"婚姻"的类比

你看,通过这样的类比,演讲者可以瞬间拉近与听众的距离,让大家轻松理解演讲的内容,成功实现破冰。

3.3 打破常规,设计专属个性化演讲结构

"一图胜千言",这句话道出了视觉呈现的力量。无论是简洁的"三点式"逻辑结构,还是引人入胜的"三幕式"故事结构,它们都体现了建模能力的重要性。在演讲中,拥有自己独特的模型不仅能系统地展示你的逻辑,还能吸引听众,留下深刻印象。

本书的核心模型"钻石模型",由慧讲、能讲、巧讲、敢讲四个部分组成。希望大家通过学习,能在舞台上像钻石一样熠熠生辉,不仅点亮自己,也能照亮他人,从而提升个人影响力。

在第 2.2 节中,我们介绍了"团青模型",包含青思、青能、青艺、青颜、青廉五个要素,与团青 logo 相呼应,给听众留下了深刻印象。

此外,还有著名的时间管理四象限模型,它将任务分为四个优先级:重要紧急、重要不紧急、紧急不重要、不重要不紧急。这有助于我们识别哪些任务最为紧迫。

麦肯锡金字塔原理推崇结论先行的沟通方式,从最重要的信息开始,逐步展开细节,确保信息传达清晰高效。

Sophie 老师在《关键演讲》中提出的"树根—树干—树枝—树叶—果子"大

树模型,指导我们如何从核心思想出发,逐步展开,直至得出结论。

生涯规划师"古典老师"的"兴趣—价值—能力"职业规划三叶草模型,帮助我们在职业选择时综合考虑个人兴趣、价值观和能力,找到最适合自己的发展路径。

西蒙·斯涅克的 Why-How-What 黄金圈模型,通过解释为什么(Why)、怎么做(How)和做了什么(What),构建有说服力的论点。

Plan-Do-Check-Act(PDCA)质量管理模型,通过计划、执行、检查和行动四个步骤,持续改进和优化工作流程。

马斯洛的需求层次金字塔将人的需求分为五个层次,从生理到安全、社交、尊重,直至自我实现,帮助我们理解人类行为的深层动机。

还有一些很特别的模型,如"六脉神剑""魔方的六面""钻石的六个顶点"为六点内容的演讲提供了多维度的视角;"北斗七星""七步成诗""七个音阶"(哆来咪发索拉西)为七点内容的演讲增添了诗意与节奏;而"天龙八步",则为八点内容的演讲注入了力量与深度。

这些模型,无论是并列关系、总分关系还是流程关系,都拥有其独特的底层逻辑,提供了丰富的工具和方法,为我们构建自己演讲的模型体系扩大了视野,提供了很大帮助。如图 3-45 是一些常见的经典结构模型。

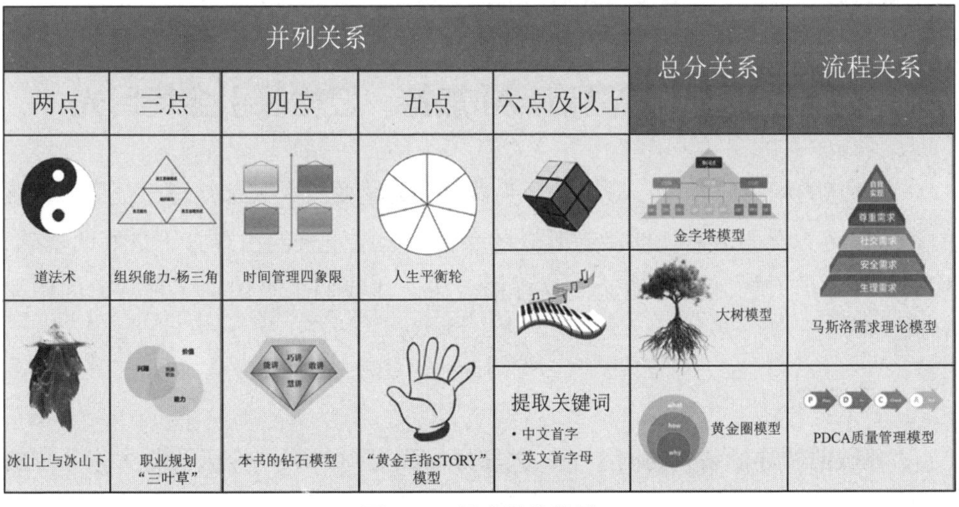

图 3-45 经典结构模型

通过借鉴这些经典结构,根据自己演讲的内容建模,提升逻辑和视觉表达能力,创造出独具个人特色的专属结构,成为舞台上令人印象深刻的演讲者。

第 4 章

巧讲——开场夺目，结尾荡漾，"三金"点睛

> 开卷之初，当以奇句夺目；终篇之际，当以媚语摄魂。
> ——李渔《闲情偶寄》

抖音大数据揭示了一个现象：一个视频如果在前 3 秒内不能吸引受众的注意力，很快就会被划走，这一原则同样适用于演讲。在《高效演讲》一书中，彼得·迈尔斯和尚恩·尼克斯强调了"七秒钟法则"的重要性，指出如果在演讲的最初 7 秒内未能吸引听众，他们就可能被手机等干扰因素分散注意力。因此，一个引人入胜的开场至关重要。

此外，根据著名的峰终定律，为了给听众留下深刻印象，演讲中精心设计的高潮和令人回味的结尾同样重要。

本章将深入探讨如何有效吸引并牢牢抓住听众的注意力，从精心打造一个引人注目的开场，到巧妙运用"三金"策略掀起演讲高潮，再到设计一个令人回味无穷的结尾，提供一系列实用且高效的演讲技巧。

4.1 开场"五子"工具箱：AI 加持，轻松吸引全场目光

在注意力稀缺的时代，演讲的开头显得尤为重要。大家都知道一个引人入胜的开场白至关重要，它能够激起听众的兴趣，为接下来的内容打下良好的基础。然而，并非所有的开场都能达到这样的效果。让我们先来识别三种常见的错误开场：

1. 乏味式

"尊敬的领导，亲爱的同事们，大家好。我是×××，今天我与大家分享的主题是……"

这种开场白虽然礼貌，却缺乏吸引力，容易让听众感到乏味。

2. 戏腔式

"春意盎然,百花争艳,在这个明媚的日子里,我们迎来了……"

如果这种开场白伴随着夸张的声调,可能会让听众感觉像是在观看一场戏剧,而非聆听一场演讲。

3. 道歉式

"抱歉,最近太忙了,也没顾上准备,再加上昨天有点感冒,到现在喉咙还有点不舒服,一会儿如果讲得不好,还请大家多多包涵。"

这种开场白不仅传递出演讲者自身缺乏自信和准备不足,而且可能无意中给听众传递出一种不被尊重的信号,让听众产生这样的疑问:"如果你自己都没有认真准备,为什么要我来花费时间听你讲呢?"这种态度无意中将听众置于对立面,成功地让听众把手机请出来。

所以,演讲的第一句话就要和听众有关系。在《TED TALKS 演讲的力量》中,安德森说,在演讲中要记住一个小窍门,那就是多用"你们",少用"我",每用一次"我",就要用十次"你们"。没有人喜欢台上演讲的人是个自大狂,听众都希望你的演讲可以为他们提供情绪价值和解决某些问题。

在这样的大前提下,送给大家一个演讲开场工具箱,里面装有五个非常棒的工具,分别是钩子、锥子、刀子、锯(具)子、盘子。如图 4-1 所示。

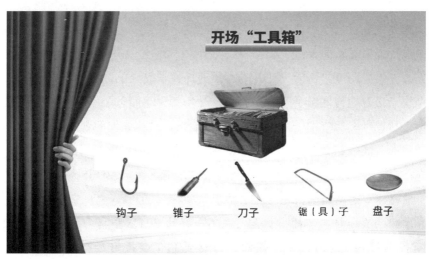

图 4-1 开场"工具箱"

⌒ 钩子:抛钩子,钩住听众注意力。

▰ 锥子：刺锥子，直戳痛点，引起听众共鸣。

▰ 刀子：下刀子，大胆自黑，拉近与听众的情感距离。

▰ 锯（具）子：用道具，用实物强化演讲主题。

▰ 盘子：端盘子，亮出价值，激发听众的期待。

用上"五子"，让你的演讲与听众产生关联。

4.1.1 钩子：抛钩子，钩住听众注意力

在演讲开场抛出钩子，能够迅速吸引受众注意力，点燃他们的好奇心。这里介绍几种抛钩子的方法。

1. 提问法

抛出一个或几个问题。樊登演讲，在劝说大家少吃面条时，用的方法就是"提问"。

你们听说过老年痴呆症吗？知道的请举手。（很多人举手）

你们知道老年痴呆症的学名吗？知道的请举手。（很多人举手）

你们还知道另一个学名吗？知道的请举手。（没人举手）

樊登说另一个学名是3型糖尿病。

然后他就讲糖尿病是来自于体内有了过多的血糖，这个多余的血糖像玻璃渣一样到处跑，跑到哪儿，哪儿都烂，所以手指头烂，脚趾头烂，眼睛瞎，这都是糖尿病的并发症。当这个血糖跑到大脑的时候，就造成老年痴呆。那什么样的食物提供血糖最多呢？面条。

你看，樊登通过"钩子"在开场就迅速抓住了受众的注意力，而且把少吃面条这个观点很好地传递给了听众。如果一开场就说吃面条是不好的，会让听众进入防御态和批判态（特别是北方人），就不能很好地传递他的观点了。

在我的《高效完成PPT工作汇报》课程中，开场是这样设计的：

在一年一度的工作述职报告会上，你们愿不愿意大BOSS对你的PPT多看几眼？觉得这小子不错啊！愿意的请举手。

我拿出两页一样内容的，但是排版不一样的PPT。手指向明显排版有逻辑、设计有美感的PPT，问大家，你们觉得这页PPT做得好吗？觉得还不错，请举手。

你们想又快又好地完成让老板印象深刻的PPT吗？想的人请举手。

通过"钩子"三连问,成功引出了本节课的主题,激发了大家的兴趣。

在使用提问法抛钩子时,建议将问题控制在3个以内,而且所问的问题必须与演讲主题相关。这里给大家提供一个提问法开场设计工具,如表4-1所示。

表4-1 提问法开场设计工具

	问题素材	目的	受众可能回答的问题
问题1			
问题2			
问题3			

- 第1步:设计几个与演讲主题相关的问题。注意设计的问题不能太难、太专业,否则受众回答不上来,容易冷场。
- 第2步:思考提出这几个问题的目的是什么,你期待达到什么效果。
- 第3步:推测受众可能的回答。针对不同的回答,思考你会如何应对。

然后组合这几个问题,将其设计成演讲开场。

比如说你要在读书会给大家分享《精力管理》这本书,你希望通过"钩子"三连问来吸引大家的注意力。你只想到了一个问题"大家平时有没有觉得很累",感觉有些单薄,不能很好地和听众连接,怎么设计提问呢?此刻,呼唤AI,亮剑!

✒ Who(身份):你是资深演讲教练,你是我的演讲私教。

✒ What(任务):我需要你用"钩子"帮我设计演讲开始的三个问题。

✒ Why(背景):我要在读书会上分享《精力管理》这本书。

✒ How(要求):请用"钩子"三连问的方式设计提问,问题难度由易到难,尽量是封闭式问题。通过提问,能够让听众意识到需要做精力管理。如下是"钩子"三连问的示例:

1)大家觉得去年压力大吗?感觉大的,请举手。

2)那谁感觉自己承受了一般的压力呢?请举手。

3)那有没有感觉自己去年压力倍增的?请举手。

根据你的要求,AI生成内容如图4-2所示。

> Who（身份）：你是资深演讲教练，你是我的演讲私教。
> What（任务）：我需要你用"钩子"帮我设计演讲开始的三个问题。
> Why（背景）：我要在读书会上分享《精力管理》这本书。
> How（要求）：请用"钩子"三连问的方式设计提问，问题难度由易到难，尽量是封闭式问题。通过提问，能够让听众意识到需要做精力管理。如下是"钩子"三连问的示例：
> 1）大家觉得去年压力大吗？感觉大的，请举手。
> 2）那谁感觉自己承受了一般的压力呢？请举手。
> 3）那有没有感觉自己去年压力倍增的？请举手。

了解了您的需求后，我为您定制了以下三个"钩子"问题，旨在逐步引导听众意识到精力管理的重要性，并为您接下来分享《精力管理》做好铺垫：

1. 大家在过去的一年里，有没有感觉到疲劳或精力不济的时候？有这种感觉的朋友，请举手。

- 这个问题相对简单且普遍，几乎每个人都会有时感到疲劳，因此容易引发听众的共鸣。

2. 在你们感到精力不足时，是否曾影响到工作或生活的效率和质量？觉得有影响的，请举手。

- 这个问题进一步引导听众思考精力状态不佳带来的实际后果，难度适中，能够引发听众对精力管理需求的思考。

3. 那么，大家是否愿意探索和学习一些有效的精力管理方法，来提升自己每天的精力和效率呢？愿意的朋友，请举手。

- 这个问题提出了一个解决方案的方向，即精力管理，并询问听众是否愿意学习和实践，这是一个更具挑战性和引导性的问题。

通过这三个由易到难的问题，您可以有效地吸引听众的注意力，引导他们认识到精力管理的重要性，并为接下来的演讲内容做好充分的铺垫。

<small>图文心大模型 4.0 生成</small>

图 4-2　运用"钩子"法设计演讲开场

2. 悬念法

演讲的开头使用悬念法，可以有效吸引听众的注意力，激发他们的好奇心，使他们更加期待你接下来的演讲内容。在这里介绍三种设悬念的方法，分别为场景法、视频法和图片法。

1）场景法

徐韬在中国传媒大学的演讲，开场是这样的：

当时在开学的第一个星期的时候，我们八七电编的同学计划到龙潭湖去拍照片。那天我们所有的女孩扛着两个大箱子，里面都是非常漂亮的衣服。我们在龙潭湖公园里不断地换地点，不断地换服装，不断地拍照。这时我敏锐地发现有一个骑三轮车的大爷一直在跟踪我们，行踪非常可疑。那个时候我就显现了一名做法制记者的素质——去跟大爷说，你为什么老跟着我们？

这段描述是不是让人心生好奇？这位神秘的大爷究竟有何目的？为何会尾随一群青春洋溢的女孩？这样的悬念无疑激发了听众的浓厚兴趣，使他们迫不及待地想要跟随演讲者的讲述一探究竟。

2）视频法

视频具有更强烈的视觉冲击力，能够迅速捕捉观众的注意力。在我的《AI 赋能 PPT 工作汇报》课程中，采用了一种创新的开场方式：

我播放了一段展示 AI 技术的视频，在短短 60 秒内完成了文字内容的生成和 PPT 的制作。这个演示让全场观众惊叹不已，他们难以置信地发现，仅需输入自己的需求，AI 就能提供完整的文案，并一键生成精美的 PPT。这原本需要花费一两周时间的工作，现在仅需 1 分钟即可完成。

这种展示不仅瞬间点燃了观众的热情，还激发了他们对 AI 的学习兴趣，如图 4-3 所示。在这种氛围下，学员的注意力自然集中，他们渴望掌握这项能够极大提升工作效率的技术。谁不想在短短 1 分钟内完成那些又复杂又烧脑的任务呢？

图 4-3　运用"视频法"设计演讲开场

视频制作非常简单。第一步，屏幕录制，通过 WPS 软件自带录屏软件录制；第二步，剪辑，剪映 App 非常好上手，而且大部分功能都是免费的，完全够用了。

视频法在销售产品或培训课程的演讲中尤为有效，因为它不仅是展示产品优势的工具，还是激发潜在客户购买欲望的策略。通过视觉化展示，观众能够直观感受到产品的价值和潜力，从而更有可能采取行动。

3)图片法

图片法也是一种强有力的开场技巧,能够迅速吸引并保持听众的注意力。在央视主持人大赛上,选手王嘉宁抽中了一张图(如图4-4所示),她巧妙地利用这一视觉元素展开了一场即兴演讲。

图4-4 熊与猎人的较量

她邀请大家聚焦于这张图片:一只熊与一个手持猎枪的猎人,在悬崖边缘的树干上对峙。熊代表了大自然,而猎人则象征着站在食物链顶端的人类。王嘉宁用这张图讲述了一个深刻的故事:如果人类选择开枪,虽然看似击败了熊,但随着熊的坠落,猎人也将坠入深渊。这不仅是一场力量的较量,更是对人类与自然关系的深刻反思——伤害自然,无异于自我毁灭。

董卿的点评更是画龙点睛,她用一句金句——"枪响之后,没有赢家"——为这场演讲注入了灵魂。这句话不仅总结了图片的深层含义,也引发了听众对人类行为后果的深思。

通过图片法,王嘉宁不仅成功地吸引了听众的注意,更激发了他们对环境问题的关注和思考。这种方法证明了视觉元素在演讲中的巨大潜力,它能够以一种直观而深刻的方式传达复杂的概念和情感。

在演讲中,我们经常需要使用图片来辅助表达,但有时手头的照片分辨率不足,尤其是一些珍贵的老照片,因年代久远而显得模糊不清。在这里向大家推荐一个名为 Upscayl 的 AI 小工具,它专门用于修复和增强照片的清晰度。无论是演讲中使用的图片,还是那些承载着回忆的老照片,Upscayl 都能发挥其强大的修复能力。

"人与熊对峙"的图片是我在网上找的，原本的分辨率并不理想，但通过 Upscayl 的处理，图片的细节瞬间变得清晰可见。使用这个工具后，图片质量得到了显著提升，完全可以满足演讲对图片清晰度的要求。

Upscayl 的使用非常简单，只需上传照片，AI 就会自动工作，快速为你提供一张高质量的图片。这不仅节省了时间，也让你在演讲中能够更加自信地展示视觉内容，让听众获得更好的观看体验。如图 4-5 所示。

图 4-5　AI-Upscayl 还原高清照片

3. 想象法

想象是一种强大的工具，它能够激发听众的思考，让听众沉浸在演讲者构建的世界中。通过引导听众想象，演讲者可以迅速与听众建立情感连接，并吸引他们的注意力。

在 TED 演讲《拯救生命的温暖怀抱》中，演讲者 Jane Chen 巧妙地运用了想象法。

他邀请听众闭上眼睛，张开双手，想象手中可以放置的物品。当听众睁开眼睛，他们看到的是一张 PPT 图片，上面是一只手掌中托着一个脆弱的早产婴儿，这一幕深深震撼了在场的每一个人。演讲者仅用 10 秒钟就与听众建立了联系，激起了他们对接下来故事的好奇。

《五种时间》的作者王潇在一次读书会分享中，也使用了想象法作为开场。

她引导听众想象自己的追悼会,包括会场的布置、花朵、出席的人以及追悼词的内容。这种开场方式让听众思考生命的终点,引发了对如何过好这一生、自己的使命以及人生规划的深刻反思。

樊登在演讲中也经常使用想象法。

他会邀请听众想象10年后的生活状态,提出一系列问题,比如:如果每月安稳地挣8000元,10年后能否成为富人?能否承担起家庭的责任?能否在北京买得起60平方米的房子?这些问题激发了听众对未来的思考,为演讲者接下来提供的方法和价值做了铺垫。

通过想象法,演讲者不仅能够吸引听众的注意力,还可以激发他们对演讲主题的深入思考,为演讲的成功打下坚实基础。

以上介绍了三类"抛钩子"的开场方法,在做演讲的时候,不可能每次全都用上,可以刻意地逐个去练习,当然也有人"一招鲜吃遍天"。以我跨年的那天晚上需要做一场《绘制梦想版》的直播为例,在设计开场的时候,我遇到了阻力,怎么办?此刻,呼唤AI,亮剑!

🖊 Who(身份):你是资深演讲教练,我是一名商业讲师。

🖊 What(任务):我需要你帮我设计一个吸引人的课程的开场,像钩子一样,钩住听众的注意力。

🖊 Why(背景):跨年夜的晚上我需要面向C端潜在客户做一场《绘制梦想版》的直播,激发大家找到人生使命,发大愿,迈小步,让人生更有意义。

🖊 How(要求):

1)请用提问法、悬念法、想象法各帮我设计一个开场,其中悬念法包含场景法、视频/图片法。

2)确保语言简洁明了,且具有亲和力,每个方案的字数控制在300左右。

3)在设计中,请考虑结合C端潜在客户的特点和需求,设计出符合他们兴趣和需求的开场。

根据你的要求,AI生成内容如图4-6所示。

可以继续与AI对话,例如你觉得提问法不错,可是问题过于简单,你希望AI帮你设计为"三连问",而且尽量是封闭式问题,聚焦演讲主题,问题难度由易到难,击中痛点。如图4-7所示。

此外,对于其他开场方案,你也可以与AI进行深度交流,通过不断讨论和细化来完善优化。

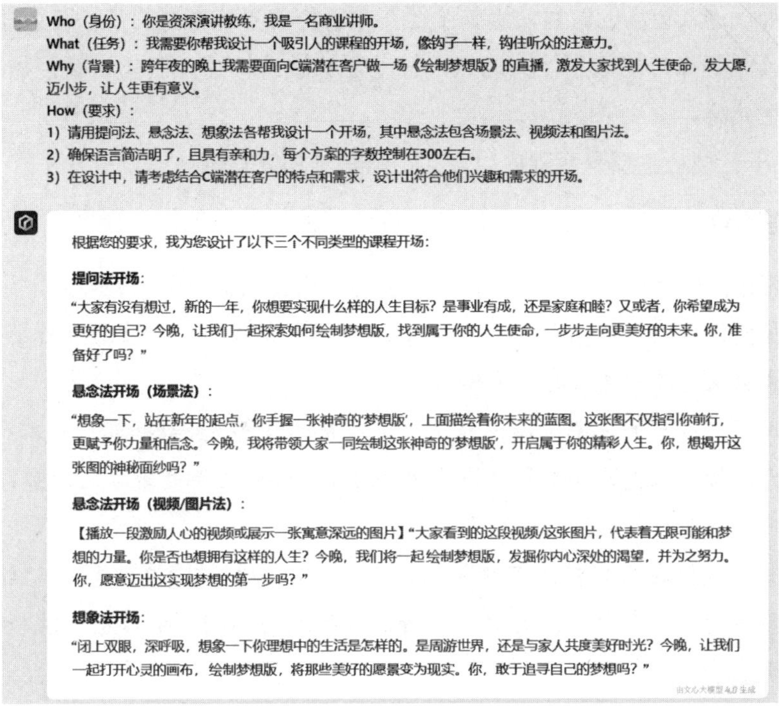

> **Who**（身份）：你是资深演讲教练，我是一名商业讲师。
> **What**（任务）：我需要你帮我设计一个吸引人的课程的开场，像钩子一样，钩住听众的注意力。
> **Why**（背景）：跨年夜的晚上我需要面向C端潜在客户做一场《绘制梦想版》的直播，激发大家找到人生使命，发大愿，迈小步，让人生更有意义。
> **How**（要求）：
> 1) 请用提问法、悬念法、想象法各帮我设计一个开场，其中悬念法包含场景法、视频法和图片法。
> 2) 确保语言简洁明了，且具有亲和力，每个方案的字数控制在300左右。
> 3) 在设计中，请考虑结合C端潜在客户的特点和需求，设计出符合他们兴趣和需求的开场。

> 根据您的要求，我为您设计了以下三个不同类型的课程开场：
>
> **提问法开场：**
> "大家有没有想过，新的一年，你们想要实现什么样的人生目标？是事业有成，还是家庭和睦？又或者，你希望成为更好的自己？今晚，让我们一起探索如何绘制梦想版，找到属于你的人生使命，一步步走向更美好的未来。你，准备好了吗？"
>
> **悬念法开场（场景法）：**
> "想象一下，站在新年的起点，你手握一张神奇的'梦想版'，上面描绘着你未来的蓝图。这张图不仅指引你前行，更赋予你力量和信念。今晚，我将带领大家一同绘制这张神奇的'梦想版'，开启属于你的精彩人生。你，揭开这张图的神秘面纱吗？"
>
> **悬念法开场（视频/图片法）：**
> "【播放一段激励人心的视频或展示一张寓意深远的图片】"大家看到的这段视频/这张图片，代表着无限可能和梦想的力量。你是否也想拥有这样的人生？今晚，我们将一起绘制梦想版，发掘你内心深处的渴望，并为之努力。你，愿意迈出这实现梦想的一步吗？"
>
> **想象法开场：**
> "闭上双眼，深呼吸，想象一下你理想中的生活是怎样的。是周游世界，还是与家人共度美好时光？今晚，让我们一起打开心灵的画布，绘制梦想版，将那些美好的愿景变为现实。你，敢于追寻自己的梦想吗？"

图 4-6　提问法、悬念法、想象法设计演讲开场

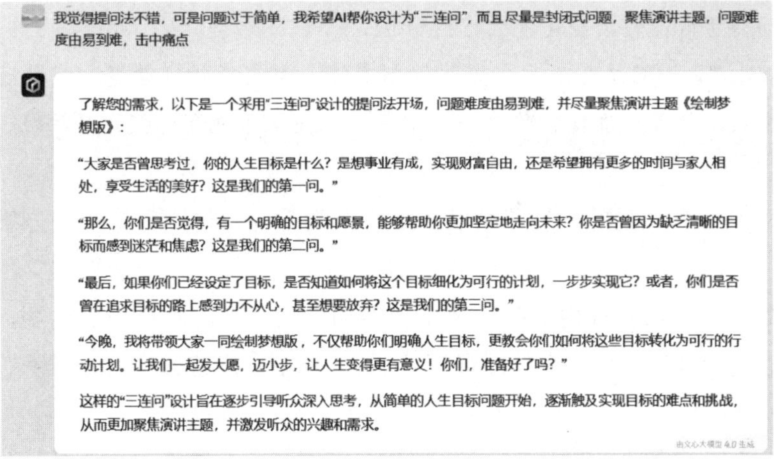

> 我觉得提问法不错，可是问题过于简单，我希望AI帮你设计为"三连问"，而且尽量是封闭式问题，聚焦演讲主题，问题难度由易到难，击中痛点

> 了解您的需求，以下是一个采用"三连问"设计的提问法开场，问题难度由易到难，并尽量聚焦演讲主题《绘制梦想版》：
>
> "大家是否曾思考过，你的人生目标是什么？是想事业有成，实现财富自由，还是希望拥有更多的时间与家人相处，享受生活的美好？这是我们的第一问。"
>
> "那么，你们是否觉得，有一个明确的目标和愿景，能够帮助你更加坚定地走向未来？你是否曾因为缺乏清晰的目标而感到迷茫和焦虑？这是我们的第二问。"
>
> "最后，如果你们已经设定了目标，是否知道如何将这个目标细化为可行的计划，一步步实现它？或者，你们是否曾在追求目标的路上感到力不从心，甚至想要放弃？这是我们的第三问。"
>
> "今晚，我将带领大家一同绘制梦想版，不仅帮助你们明确人生目标，更教会你们如何将这些目标转化为可行的行动计划。让我们一起发大愿，迈小步，让人生变得更有意义！你们，准备好了吗？"
>
> 这样的"三连问"设计旨在逐步引导听众深入思考，从简单的人生目标问题开始，逐渐触及实现目标的难点和挑战，从而更加聚焦演讲主题，并激发听众的兴趣和需求。

图 4-7　继续追问

4.1.2　锥子：刺锥子，直戳痛点，引起听众共鸣

"锥子"技巧在于触及听众的痛点，激发深层共鸣。正如心理学中的"鸡尾酒效应"，在喧嚣中我们仍能捕捉到对自己的呼唤。同理，演讲中的"锥子"也

一样，听众进入会场的时候，满脑子还在想工作的事或家里的事，甚至还沉浸在手机中，此刻你若能戳到他的痛点，触动他的敏感神经，他立刻就会竖起耳朵，与你产生共鸣。

"锥子"技巧主要有两种应用方式：语言锥和沉默锥。

1. 语言锥

语言锥，顾名思义，是通过直接而有力的语言来触及听众的痛点，让他们感受到"我懂你"。例如，在一次"提升职场效能"的课程中，我这样开场：

大家自认为是打工人的，请举手。

据说打工人背的包都是压缩包，打工人戴的表都是Excel表，打工人穿的T都是PPT，打工人走的道都是好的收到，打工人耍的刀都是老板的唠叨，别的都没有，破事一大坨。认同的请举手。

还有人说现在上班根本不用带饭，有老板画的饼，同事给的瓜，自己摸的鱼，领导甩的锅。用自己发的火，沾着别人的添油加醋，吃不完，根本吃不完。认同的请举手。

这种开场迅速拉近了我与听众的距离，让他们感到被理解，为接下来的演讲打下了良好的基础。

面向青年群体时，我可能会这样开场：

"据说，青年们总是不想上班，偶尔崩溃，熬夜成性，梦想一夜暴富，却又习惯于自我治愈。我发现，作为一个中年人，我似乎也和你们一样年轻，一样充满活力。"

这种亲和力十足的开场，不仅了解听众的痛点，还为分享解决方案创造了条件。

假如你是一名企业内训师，你正在参加你们公司的教员技能比赛，你的题目是《如何设计激发学员兴趣的课程开场》，你不知道该如何用"锥子"。此刻，呼唤AI，亮剑！

✏ Who（身份）：你是资深企业教员，我是一名新秀企业内训师，你是我的教练。

✏ What（任务）：我需要你用"锥子"帮我设计一个吸引人的课程的开场。

✏ Why（背景）：我在参加公司的教员技能比赛，我需要面向一群内训师讲课，我的题目是《如何设计激发学员兴趣的课程开场》。

✏ How（要求）：请用"锥子"帮我设计一个开场，这个开场是一个现实教学中的场景。"锥子"需要能够直刺所有内训师的痛点，例如无法一开场就吸引学员的注意力，导致课程达不到教学效果。字数500左右。你的输出中不能有"锥子"两字。

根据你的要求，AI生成内容如图4-8所示。

> Who（身份）：你是资深企业教员，我是一名新秀企业内训师，你是我的教练。
> What（任务）：我需要你用"锥子"帮我设计一个吸引人的课程的开场。
> Why（背景）：我在参加公司的教员技能比赛，我需要面向一群内训师讲课，我的题目是《如何设计激发学员兴趣的课程开场》。
> How（要求）：请用"锥子"帮我设计一个开场，这个开场是一个现实教学中的场景。"锥子"需要能够直刺所有内训师的痛点，例如无法一开场就能吸引学员的注意力，导致课程达不到教学效果。字数500左右。你的输出中不能有"锥子"两字。
>
> 各位内训师同仁，想象一下这样的场景：你满怀信心地走进教室，准备开始一堂新课，然而，当你环顾四周，却发现学员们眼神迷茫，甚至有人已经开始打哈欠。你的精心准备似乎并没有引起他们的兴趣，这一刻，你是否感到有些沮丧？
>
> 我们都知道，一个好的开场对于一门课程来说至关重要。它就像是一首歌的优美前奏，能够迅速抓住听众的注意力，为接下来的内容奠定基调。但很多时候，我们或许过于注重课程内容的深度，却忽略了开场的吸引力，导致整堂课的效果大打折扣。
>
> 今天，我要和大家分享的，正是如何通过一个引人入胜的开场，来激发学员对课程的兴趣。这不仅关乎我们的教学技能，更关乎学员们的学习体验和收获。
>
> 现在，请允许我带领大家进入一个实际的教学场景。假设你正在讲授一门关于团队管理的课程，你会如何开场来吸引学员的注意力呢？是直接切入主题，还是先和学员们分享一个与团队管理相关的有趣故事？或者是提出一个引人深思的问题，让学员们主动参与到讨论中来？
>
> 不同的开场方式，会带来截然不同的教学效果。在接下来的时间里，我将与大家深入探讨如何根据课程内容和学员特点，设计出既有趣又有效的课程开场。让我们一起进入《如何设计激发学员兴趣的课程开场》这一主题，共同提升我们的教学能力，为学员们带来更加生动有趣的课堂体验吧！
>
> 由文心大模型 4.0 生成

图4-8 运用"语言锥"设计开场

2. 沉默锥

除了直接使用语言锥，还有一种更为微妙但同样有效的技巧——沉默锥。在央视主持人大赛中，邹韵在介绍袁隆平的演讲中，开场沉默了5秒，让在场的主持人都感到惊讶。然后她用沉重的语气说：

就在我们沉默的这五秒里，非洲可能又有一个人因饥饿离世。但饥饿问题正在改善，中国杂交水稻功不可没。

这样的开场，成功引出了她的主题"天下粮心——走近袁隆平援非杂交水稻团队"。

在TED演讲会上，儿童营养大师杰米·奥利弗也是这样开场的：

各位可能并不知道，在我接下来的18分钟的演讲时间里，将有4个美国人因为饮食问题而死亡。在过去7年中，我一直在努力用自己的方式拯救人们的生命，但我并不是一名医生，而是一名厨师……

在这场演讲中，杰米没有直接向听众强调饮食问题的重要性，但他以这样的数据作为演讲开头，听众会深刻认识到饮食问题与自己关系密切，从而聚精会神地倾听接下来的演讲。

所以，必要的时候可以使用沉默锥，这也是吸引人的开场方式。

4.1.3 刀子：下刀子，大胆自黑，拉近与听众的情感距离

在第三章讲了用"铺垫+包袱"讲段子的技巧，那在演讲的开场如何制造幽默感呢？不妨试用一下自我介绍中的自黑法，巧妙地利用自己的小缺点作为笑料，比如矮、穷、笨、丑就是自黑的几个通用标签。

矮：我家住20楼，我每次都按15楼，然后走上去。因为我够不着20层的按钮。

穷：去年我给自己定了存款3万元的目标，掐指一算，还差5万元。

笨：如果说吃鱼会让人变聪明，那我至少得吃一对鲸鱼。

丑：我有个同事一撒谎就揉纸团。有一次我问他："你觉得我好看吗？"他说："等一下。"我就看见他转身拿了一摞A4纸。

撒贝宁也是一个自黑高手，他经常自黑"矮"。中央电视台的《开讲啦》，有一期邀请的嘉宾是姚明。大家都知道撒贝宁个子不高，姚明身高两米多，两人同时站在台上，看到这个对比画面，现场观众都笑而不语，边笑边鼓掌。撒贝宁开始自黑：

"好了，不要鼓掌了，在你们的鼓掌当中，我听出了很多幸灾乐祸的成分。我尽量不往姚明那儿看，因为看他也费力。我只跟你讲一个我真实的感受。我之前在心里做了无数的心理准备，但是当他走过来的那一刹那，我这里是黑的，因为他整个像一座山一样移过来。"观众哄堂大笑。

还有雷军、俞敏洪、董宇辉也特别喜欢用"丑"来自黑。

俞敏洪在江南大学的一次演讲中，语气缓缓地调侃自己："我18岁离开江南水乡长得就是现在这个样子，现在还是这个样子。咱们这个长相它最大的优势是能抵得住北方的风沙。"

在一次演讲时，有人问雷军是如何保持这么好的发量的，他回答："大家现在都要小心，植发很贵很贵的，搞不好就是头顶一栋别墅。"

董宇辉：老师所有的朋友来西安都联系我，那一年我去看兵马俑17次，所以我后来听很多人说夫妻相，我说这个是有道理的，看得久了，确实长得像。

我自己在演讲时也会用"丑"来自黑。

"大家好，我是楠哥，这是我的自我介绍PPT，你看这形象照拍的，修成锥子脸了，10块钱改一刀，一看就没少花钱啊，照骗照骗，楠哥的脸又大又方。话说村里有个姑娘叫小芳，那还有个楠哥叫大方。"每次讲到这里大家就哈哈大笑，毕竟很多人都挺介意"脸大"这件事，楠哥的缺点让听众找到了优越感。

有的时候我上台要先调侃一下，比如：

记得有一次我在上台前和同事说："我特别担心上台的15分钟时间里，大家会不喜欢我。"同事说："别担心，15分钟后他们也还是不喜欢你。"

当我讲完这一段，全场大笑。到现在这都是我喜欢用的一个非常好玩的开场，为演讲营造了轻松愉快的氛围。

自黑要特别注意不能伤害在场的其他人，只能给自己"下刀子"，是一种强烈自信的幽默方式。然而，AI在这方面存在局限，因为它们缺乏情感体验。因此，这需要我们在日常中积极观察和记录，积累那些能够转化为幽默素材的个人"小缺点"，设计适合自己的自黑。

4.1.4 锯（具）子：用道具，实物强化演讲主题

人们对看得见、摸得着的实物都会充满好奇心，所以演讲时可以进行实物展示、图像展示或视频展示，借用道具激发听众的好奇。

俞敏洪在一次演讲中，拿着一个矿泉水瓶，摇了摇，里面是浑浊的泥水。他开始讲：

我当年在黄河边徒步的时候，用刚喝完的矿泉水瓶，在黄河里灌了一瓶水，就像现在这瓶水一样。我就把这瓶水放在身边，然后欣赏黄河的风光，大概半小时之后，那瓶水变得碧清碧清的，大概底下1/5是泥沙。当时给我带来一个很大的人生感悟：我们的生命之所以显得浑浊，是因为我们将本不值得焦虑的小事不断搅动，让它们充斥我们的生活。面对困难和压力，我们应该静下心来，让心灵恢复平静，生命的大部分状态本应是清澈的。

这个矿泉水瓶的道具，巧妙地传达了深刻的人生哲理。

说起矿泉水瓶，不得不提我儿子的班主任王海娇老师，她是一名非常有爱有智慧的老师。在一次数学课上，王老师巧妙地将矿泉水瓶转化为教学工具。

课程开始，王老师让每个孩子递给家长一瓶矿泉水，随后提问孩子们如何处理空瓶。她教育孩子们不要随意丢弃垃圾，阐释了乱丢垃圾对环境和生态的潜在

危害，尤其是对海洋生物和人类健康的影响。她强调了保护环境、珍爱地球的重要性，将正确的价值观深植于孩子们心中。

接着，王老师设计了一个情景：孩子们在公园捡拾废弃的矿泉水瓶。通过计算捡到的瓶子数量，她引导孩子们学习并掌握了20以内的加减法。

随着课程的深入，王老师又提出了一个问题：我们该如何处理这些捡来的瓶子？她向孩子们介绍了瓶子的回收和再利用过程，让废旧瓶子转变成了玩具和铅笔盒等，实现了废物的再利用。

这堂课不仅教授了基础的数学知识，更重要的是，通过一个简单的矿泉水瓶，成功地培养了孩子们的环保意识和正确的价值观。让我们为王老师的教学智慧点赞！

比如你在公司做的工作很杂很多，你怎么让自己的汇报有亮点呢？可以准备一个"瑞士军刀"，一开场就拿出这个道具，说：

各位领导大家好，我手上是一把瑞士军刀，我今天要汇报的主题为：我是公司的瑞士军刀，我是多面手。

照片也是不错的道具。刘媛媛在农村学校做了一场题为《孩子，你为什么要努力》的演讲，通过她家的一张全家福照片，向小学生们讲了兄妹三人的故事。

哥哥通过不懈努力，在电商领域取得了巨大成功，创立了自己的公司，并因此入选福布斯U30精英榜单。弟弟在高考中未能达到预期成绩，但没有放弃，选择了再次考试，并最终成功考上医学院，成为一名医学博士。而她自己，不仅是演讲冠军，更是一家创业公司的老板。

她用照片展示了兄妹三人通过努力和坚持最终实现梦想和目标的故事。

还有我们最常见的A4纸，是非常好用的道具。有一位讲时间管理的老师，他用A4纸作道具。

他手上拿了一张A4纸，说："这张A4纸代表我们一生的时间。其中，大学毕业前的时间属于为人生做准备的时间，就算1/4吧。"说完撕掉A4纸的1/4，然后接着说："60岁退休后的时间，留着颐养天年，也不是拼事业的时间，大概算1/4吧。"于是他又撕掉1/4。然后老师说，在剩下的时间中，每年有1/3的时间是周末和假期，再撕掉剩下的1/3。接着撕掉晚上休息的时间、生病状态不好的时间、生孩子带孩子的时间……几下子后，一张A4纸被撕得只剩下半个手掌心那么点儿。老师说："这些时间是你可以岁月静好地工作和学习的时间。人生听起来很长，实际上用于工作和学习的时间并不多。"全班同学默然无语，陷入了沉思之中。

这位老师用非常形象又合情合理的方式把时间的重要意义展示给大家。

通过这些例子，我们可以看到，道具的巧妙运用不仅能够吸引观众的注意力，还能够加深他们对演讲主题的理解和感悟。这种直观、形象的表达方式，让抽象的概念变得具体，让深奥的哲理变得易懂，极大地增强了演讲的感染力和说服力。

假如说你现在被学校邀请，作为小学一年级学生家长去学校讲一节公开课，主题是《管理好自己的情绪》，你想用 A4 纸作为道具，可是你不知道该如何设计开场。此刻，呼唤 AI，亮剑！

Who（**身份**）：你是一名资深的演讲老师，擅长使用道具，你是我的教练。

What（**任务**）：我需要你用 A4 纸帮我设计一个吸引人的课程的开场。

Why（**背景**）：我作为小学一年级学生家长去学校讲一节公开课，我讲的主题是《管理好自己的情绪》，计划用 A4 纸作为道具。

How（**要求**）：请用 A4 纸这个道具帮我设计一个开场，让孩子们明白不要随便发脾气，这样会对别人造成很大的影响，同时自己也会变成一个令人讨厌的人。

根据你的要求，AI 生成内容如图 4-9 所示。

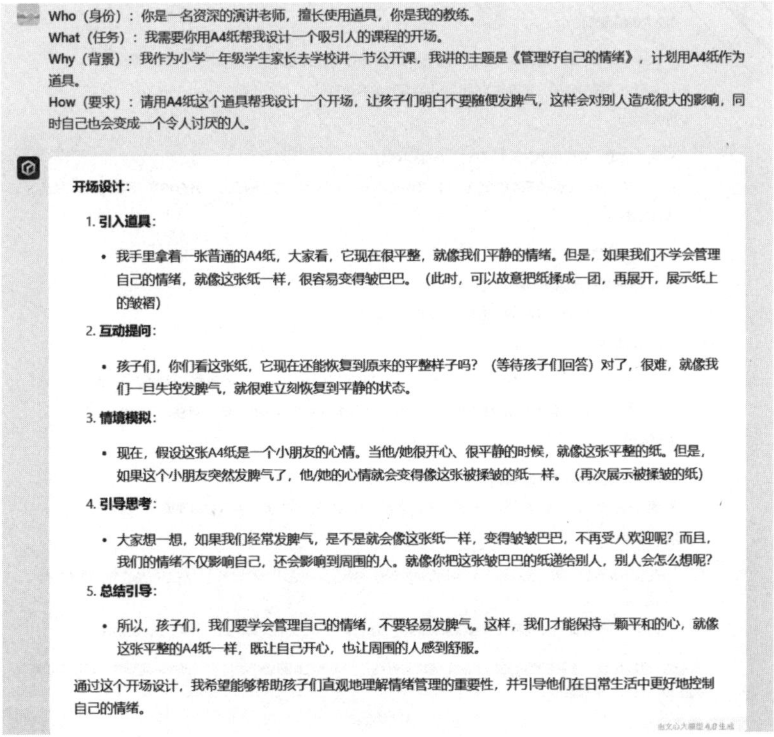

Who（身份）：你是一名资深的演讲老师，擅长使用道具，你是我的教练。
What（任务）：我需要你用A4纸帮我设计一个吸引人的课程的开场。
Why（背景）：我作为小学一年级学生家长去学校讲一节公开课，我讲的主题是《管理好自己的情绪》，计划用A4纸作为道具。
How（要求）：请用A4纸这个道具帮我设计一个开场，让孩子们明白不要随便发脾气，这样会对别人造成很大的影响，同时自己也会变成一个令人讨厌的人。

开场设计：

1. **引入道具：**
   - 我手里拿着一张普通的A4纸，大家看，它现在很平整，就像我们平静的情绪。但是，如果我们不学会管理自己的情绪，就像这张纸一样，很容易变得皱巴巴。（此时，可以故意把纸揉成一团，再展开，展示纸上的皱褶）
2. **互动提问：**
   - 孩子们，你们看这张纸，它现在还能恢复到原来的平整样子吗？（等待孩子们回答）对了，很难，就像我们一旦失控发脾气，就很难立刻恢复到平静的状态。
3. **情境模拟：**
   - 现在，假设这张A4纸是一个小朋友的心情。当他/她很开心、很平静的时候，就像这张平整的纸。但是，如果这个小朋友突然发脾气了，他/她的心情就会变得像这张被揉皱的纸一样。（再次展示被揉皱的纸）
4. **引导思考：**
   - 大家想一想，如果我们经常发脾气，是不是就会像这张纸一样，变得皱巴巴，不再受人欢迎呢？而且，我们的情绪不仅影响自己，还会影响到周围的人。就像你把这张皱巴巴的纸递给别人，别人会怎么想呢？
5. **总结引导：**
   - 所以，孩子们，我们要学会管理自己的情绪，不要轻易发脾气。这样，我们才能保持一颗平和的心，就像这张平整的A4纸一样，既让自己开心，也让周围的人感到舒服。

通过这个开场设计，我希望能够帮助孩子们直观地理解情绪管理的重要性，并引导他们在日常生活中更好地控制自己的情绪。

由文心大模型 4.0 生成

图 4-9　运用道具 A4 纸设计开场

再如,你现在要在公司里做一个主题为《换位思考的沟通》的分享,想用A4纸作为道具,场上可以和同事们一起互动,你不知道该如何设计。此刻,呼唤AI,亮剑!

🖊 Who(身份):你是资深演讲老师,擅长使用道具,我是一名企业员工,你是我的教练。

🖊 What(任务):我需要你用A4纸帮我设计一个吸引人的演讲的开场。

🖊 Why(背景):我现在要在公司里做一个主题为《换位思考的沟通》的分享,计划用A4纸作为道具,场上可以和同事们一起互动。

🖊 How(要求):请用A4纸这个道具帮我设计一个开场,让大家明白真正的沟通是换位思考,而不是强势的说服。

根据你的要求,AI生成内容如图4-10所示。

> Who(身份):你是资深演讲老师,擅长使用道具,我是一名企业员工,你是我的教练。
> What(任务):我需要你用A4纸帮我设计一个吸引人的演讲的开场。
> Why(背景):我现在要在公司里做一个主题为《换位思考的沟通》的分享,计划用A4纸作为道具,场上可以和同事们一起互动。
> How(要求):请用A4纸这个道具帮我设计一个开场,让大家明白真正的沟通是换位思考,而不是强势的说服。

开场设计:

1. 引入与展示道具:
- 大家好!在开始今天的分享之前,我想先给大家展示一张普通的A4纸。(展示一张全新的A4纸)
- 这张纸,看似普通,却蕴含了我们今天要探讨的沟通哲理。

2. 折纸演示:
- 请大家看,我现在把这张纸对折。(对折A4纸)
- 对折后的纸,一面是原本的白色,另一面则是折痕。这就像沟通中的双方,各自有着不同的视角和经历。

3. 互动与提问:
- 现在,我想请两位同事上台,分别站在纸的两面,描述他们所看到的。(请两位同事上台)
- 你们看到的有什么不同吗?(等待回答)
- 是的,同一张纸,却因为角度不同,呈现出完全不同的景象。

4. 引导换位思考:
- 这正是我们沟通中常常遇到的问题。我们往往只看到了自己的"一面",而忽略了对方的"另一面"。
- 真正的沟通,不是强迫对方接受我们的"一面",而是尝试站在对方的角度,去理解他们的"另一面"。

5. 主题揭示:
- 所以,今天我要分享的主题就是《换位思考的沟通》。
- 通过换位思考,我们不仅能更全面地了解问题,还能建立起更深层次的连接和理解。

6. 过渡与总结:
- 在接下来的时间里,我会和大家详细探讨如何在实际工作中运用换位思考,让我们的沟通更加顺畅和有效。
- 记住,沟通不是一场竞赛,没有赢家和输家。沟通是一次心灵的交流,是一次共同成长的机会。

通过这个开场设计,我希望能借助A4纸这个简单的道具,直观地展现出换位思考在沟通中的重要性,从而引导听众进入今天的演讲主题。

图4-10 运用道具A4纸设计开场

你看，一个简单的 A4 纸道具就可以让演讲既能吸引人，又能传达深刻的道理。

4.1.5 盘子：端盘子，亮出价值，激发听众的期待

大家在浏览短视频时，或许都留意到了一个规律：每当主播宣称"我将传授你三种致富秘诀，其中第三点尤为关键"时，我们总会情不自禁地观看完整条视频。同理，在演讲中，若能一开始就抛出吸引人的承诺，听众的注意力便会被牢牢抓住。

以下是几种有效的开场引导语，能够迅速聚焦听众的注意力：

1）我要向各位揭露一个鲜为人知的秘密。
2）有一点至关重要，我希望每位听众都能铭记在心。
3）接下来我要分享的内容，对在座的每一位都至关重要。
4）这是我首次公开分享，之前从未提及过。
5）现在，我要告诉大家一个震撼人心的事实。

以我的"AI 搞定职场 PPT"课程为例，我在课程一开始便会做出承诺：

听完接下来的两个小时课，当你离开这间教室时，你将掌握一项职场 PPT 的制胜法宝。曾经需要 3 天才能完成的 PPT 设计，未来仅需三步法，且 3 分钟就能轻松搞定。

采用这样的鲜明对比和明确承诺，不仅激发了学员的浓厚兴趣，还为整个课程奠定了高效、实用的基调，从而大大提升了教学效果。

假如你是一名健身教练，你想为你的直播课设计一个有吸引力的开场，你需要一个带有承诺的开场，和盘托出所有的价值，至少有 3 个价值点吸引听众报你的课。怎么办呢？此刻，呼唤 AI，亮剑！

✏️ Who（身份）：你是资深的演讲老师，我是一名健身教练。

✏️ What（任务）：我需要你帮我设计一个直播课的演讲开场，至少有三个价值点吸引听众报我的课。

✏️ Why（背景）：我有一套线上减脂课，总共 14 节课，价格是 99 元。不用节食，无须运动基础，一套课程跟下来，至少减脂 3 斤。

✏️ How（要求）：语言需要有引导性，明确课程价值，一开口就要做出承诺。300 字左右。

根据你的要求，AI 生成内容如图 4-11 所示。

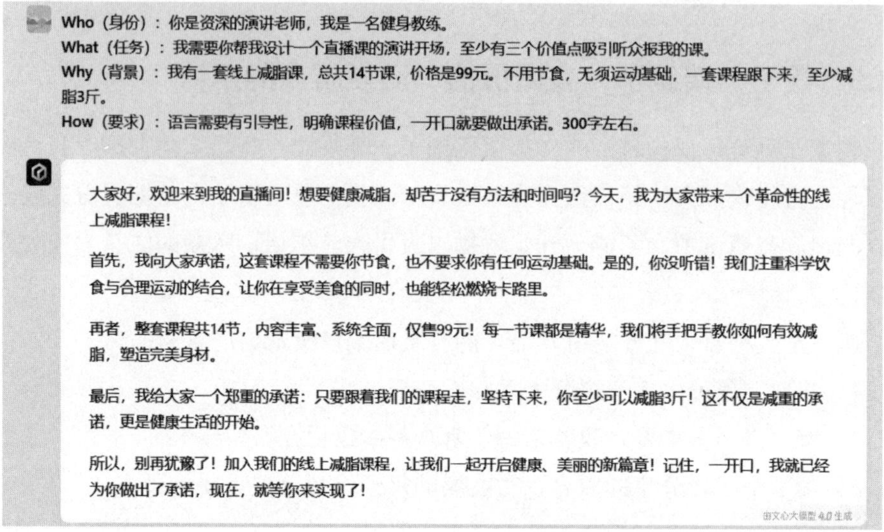

> **Who（身份）**：你是资深的演讲老师，我是一名健身教练。
> **What（任务）**：我需要你帮我设计一个直播课的演讲开场，至少有三个价值点吸引听众报我的课。
> **Why（背景）**：我有一套线上减脂课，总共14节课，价格为99元。不用节食，无须运动基础，一套课程跟下来，至少减脂3斤。
> **How（要求）**：语言需要有引导性，明确课程价值，一开口就要做出承诺。300字左右。

大家好，欢迎来到我的直播间！想要健康减脂，却苦于没有方法和时间吗？今天，我为大家带来一个革命性的线上减脂课程！

首先，我向大家承诺，这套课程不需要你节食，也不要求你有任何运动基础。是的，你没听错！我们注重科学饮食与合理运动的结合，让你在享受美食的同时，也能轻松燃烧卡路里。

再者，整套课程共14节，内容丰富、系统全面，仅售99元！每一节课都是精华，我们将手把手教你如何有效减脂，塑造完美身材。

最后，我给大家一个郑重的承诺：只要跟着我们的课程走，坚持下来，你至少可以减脂3斤！这不仅是减重的承诺，更是健康生活的开始。

所以，别再犹豫了！加入我们的线上减脂课程，让我们一起开启健康、美丽的新篇章！记住，一开口，我就已经为你做出了承诺，现在，就等你来实现了！

图 4-11　运用价值法设计演讲开场

以上就是开场中常用的五种方式——钩子、锥子、刀子、锯（具）子、盘子。假如你现在需要给公司的青年员工讲如何在工作中不断学习，你可以用这五种方式分别设计一个开场。此刻，呼唤 AI，亮剑！

🗡 Who（身份）：你需要扮演一个经验丰富的演讲家。

🗡 What（任务）：我需要你帮我设计一个有吸引力的开场。

🗡 Why（背景）：此演讲针对的人群是企业青年员工，主要是讲要在工作中不断学习，调整心态，不要内耗，珍惜公司提供的平台。所有的遇见都是要教会自己一些道理，多一些人生的感悟。

🗡 How（要求）：期待得到五个不同风格的演讲开场，每种类型的开场不超过 300 字。这五种风格分别为：

1）钩子：抛钩子，钩住听众注意力。

2）锥子：刺锥子，直戳痛点，引起听众共鸣。

3）刀子：下刀子，大胆自黑，拉近与听众的情感距离。

4）锯（具）子：用道具，用实物强化演讲主题。

5）盘子：端盘子，亮出价值，激发听众的期待。

根据你的要求，AI 生成内容如图 4-12 所示。

> **Who**（身份）：你需要扮演一个经验丰富的演讲家。
> **What**（任务）：我需要你帮我设计一个有吸引力的开场。
> **Why**（背景）：此演讲针对的人群是企业青年员工，主要是想要在工作中不断学习，调整心态，不要内耗，珍惜公司提供的平台。所有的遇见都是要教会自己一些道理，多一些人生的感悟。
> **How**（要求）：期待得到五个不同风格的演讲开场，每种类型的开场不超过300字。这五种风格分别为：
> 1）钩子：抛钩子，钩住听众注意力。
> 2）锥子：刺锥子，直戳痛点，引起听众共鸣。
> 3）刀子：下刀子，大胆自黑，拉近与听众的情感距离。
> 4）锯（具）子：用道具，用实物强化演讲主题。
> 5）盘子：端盘子，亮出价值，激发听众的期待。

> **1）钩子：抛钩子，钩住听众注意力**
> 大家好！在开始之前，我想问个问题：你们中有多少人觉得，工作就是日复一日、年复一年的重复劳动呢？如果你们这样想，那可就大错特错了！工作不仅是一份职责，更是一个不断学习、不断成长的过程。今天，我要带大家跳出这个思维的框架，一起探索如何在工作中不断学习，调整心态，把每一天都活得有意义！
>
> **2）锥子：刺锥子，直戳痛点，引起听众共鸣**
> 各位同仁，是不是经常感到工作的压力山大，心态难以调整？是不是觉得自己的努力总得不到应有的回报，内耗严重？别担心，你们并不孤单！今天，我将与你们一同剖析这些问题，找到解决之道，让我们共同走出困境，迎接更美好的明天！
>
> **3）刀子：下刀子，大胆自黑，拉近与听众的情感距离**
> 各位亲爱的同事们，我得承认，我这个演讲家也不是万能的。我也曾在工作中迷失方向，感到焦虑和内耗。但正是这些经历，让我更加深刻地理解了学习和调整心态的重要性。所以，今天我不只是来传授知识的，更是来和你们分享我的失败与成功，一起成长，一起进步！
>
> **4）锯（具）子：用道具，用实物强化演讲主题**
> （拿起一本书）大家看，这是我最喜欢的一本书，它陪伴我度过了许多困惑和低谷时期。今天，我将以它为引，与大家探讨如何在工作中不断学习，调整心态。这本书不仅是我的导师，也将成为我们共同成长的见证。
>
> **5）盘子：端盘子，亮出价值，激发听众的期待**
> 各位朋友，今天我要给大家端上一盘"精神大餐"！在这里，你们将收获在工作中持续学习的秘诀，学会如何调整心态以应对各种挑战，以及如何珍惜公司提供的宝贵平台。相信我，这盘"大餐"绝对值得你们期待和品尝！
>
> 由文心大模型4.0生成

图 4-12　运用开场工具箱分别设计演讲开场

得到 AI 的回答后，从中选一个你喜欢的开场方式，然后不断调整指令词，让 AI 的回答越来越接近你想要的。比如你觉得第四种道具开场不错，不过你不想用"一本书"，想用另外一种道具。那就可以继续和 AI 对话，如图 4-13 所示。

> 我觉得第四种道具开场不错，不过我不想用"一本书"，想用另外一种道具。

> 当然可以，这次我选择用"种子"作为道具来开场。
>
> （手心捧着一颗小小的种子）大家看，我手中的这颗种子，看似微不足道，但它却蕴含着巨大的生命力。只要给予它适当的土壤、水分和阳光，它就会破土而出，茁壮成长。同样，我们每一个人，都像这颗种子一样，拥有无限的潜力和可能。今天，我要和大家分享的，就是如何在工作中不断学习，调整心态，像这颗种子一样，汲取营养，不断成长，最终绽放出属于我们自己的光彩。让我们一起开始这场关于成长与蜕变的旅程吧！
>
> 这样的开场，用种子作为道具和比喻，形象地表达了个人成长和学习的潜力，同时也为后续的演讲内容做了铺垫。
>
> 由文心大模型4.0生成

图 4-13　继续追问

最后，别忘了对选定的开场进行细致润色和修改，以确保它完全符合你的演讲风格。记住，虽然 AI 能为我们提供灵感和工具，但演讲的真正魅力和灵魂始终源于我们自己。

4.2　结尾"END"三步曲：AI 神助攻，让你的演讲意犹未尽

大家有没有发现，一首动人的歌曲往往不会在激昂的高潮处戛然而止，而会在音符轻柔的渐弱中收尾，留给听众无尽的遐想。演讲亦然，这完全符合心理学上的"峰终定律"——人们会对最后结尾的感觉印象很深。

以宜家为例，这家公司的购物体验便深谙"峰终定律"的精髓。初入宜家，顾客可能会觉得人多嘈杂、路线曲折，但这一路上精心布置的精美且性价比高的商品，很快就会让人忘却这些不便。而当购物结束，准备结账时，宜家更是贴心提供仅需 1 元的冰激凌。这份小小的甜点，瞬间消解了购物的疲惫，让顾客觉得此行物超所值。

同理，在演讲的尾声，我们应避免堆砌过多新信息，因为此时的听众往往已经心不在焉，准备离场了。我们更应该做的，是触动他们的内心，引发共鸣，就像宜家一样提供一个冰激凌，为听众送上一道"甜点"。

那么，如何精妙地设计这样一个结尾呢？这里，我向大家推荐"END"模型，如图 4-14 所示。

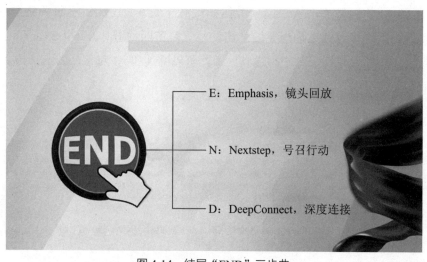

图 4-14　结尾"END"三步曲

E（Emphasis）：镜头回放，总结演讲要点，加深听众记忆。

N（NextStep）：号召行动，让听众跃跃欲试。

D（DeepConnect）：深度连接，巧用歌曲、金句结尾，让听众沉醉其中。

4.2.1 E：镜头回放，总结演讲要点，加深听众记忆

演讲与阅读不同，听众无法像翻阅文章那样回顾前文。因此，在演讲的结尾进行要点回顾至关重要，这有助于加深听众的记忆。我通常会采用以下三种方法：

1. 复述法

这是我经常使用的方法。在课程结束时，我会说："让我们回顾一下今天学到的内容。"然后，我会逐一复述要点，帮助听众形成完整的认识。

2. 思维导图法

在课程的最后，我会展示一张思维导图，总结整堂课的核心内容。例如，本书中提供的《AI演讲地图》就是这种方法的体现，将演讲内容高度概括，便于回顾和传播。

3. 口诀法

就是把演讲的主要内容或经验技巧编写成一段口诀或一首打油诗，不仅能让人读起来朗朗上口，而且形象生动、容易记忆。在编写口诀时要注意：

● 每句都要押韵，这样读起来才能朗朗上口、容易记忆。

● 整段口诀不要超过6句，因为句子太多不容易记忆。

这种口诀式的总结特别适合知识分享类演讲。例如，全国"我是好讲师"大赛冠军周柯在讲解如何赞美他人时，就采用了口诀法作为结尾，如图4-15所示。

例如你演讲的主题是《如何成为演讲大师》，你已经讲述了成为演讲大师的四个进阶路径，希望用口诀法结束演讲。不过口诀法用起来确实有难度，但是我们有AI啊。此刻，呼唤AI，亮剑！

🖋 Who（**身份**）：你需要扮演一个经验丰富演讲家。

🖋 What（**任务**）：我需要你用"口诀法"帮我设计一个演讲的结尾。

🖋 Why（**背景**）：我需要做一场题为《如何成为演讲大师》的演讲，我讲了要成为演讲大师的四个进阶路径：

1）模仿别人的演讲。

2）拆解别人的演讲结构，学习逻辑框架和语言风格。

3）尝试用经典结构设计自己的演讲。

4）形成自己独特的风格。

✐How（要求）：我希望你能为此进阶路径编一个口诀，最好第一个字连起来是一个成语，需要朗朗上口，好记忆。

图 4-15　赞美模型口诀

根据你的要求，AI 生成内容如图 4-16 所示。

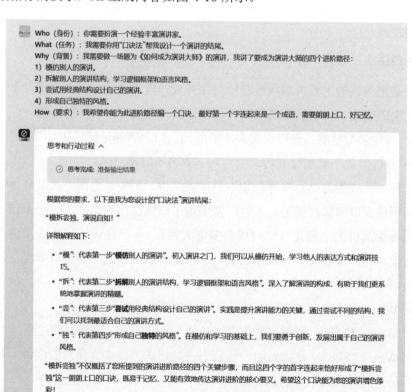

图 4-16　运用"口诀法"设计演讲结尾

AI生成的不是一个四字成语，你可以点击"重新生成"，不断尝试新的方案，直至找到满意的答案。

4.2.2　N：号召行动，让听众跃跃欲试

为实现演讲目标，演讲者常需向受众发出行动号召，敦促他们改变观念、解决问题或做出决策。这样的号召能有效激发观众的情感波动，赋予他们一种积极向上的力量。

例如，毕淑敏在《开讲啦》节目中做了一场"别给人生留遗憾"的演讲，演讲的结尾是这样的。

如果你有愿望，并且有力量去执行它，那么就请即刻出发去实现它，去完成自己的愿望，让自己不留遗憾！人生是一个漫长的过程，年轻是真的好，但是你要记得，当你不懂的时候，你年轻；当你懂得了以后，你已年老。那么，不要让我们的理想变成化石，让我们现在就行动起来，去实现我们的理想，让我们的人生少收遗憾。

在我的课堂上，我进行过一个互动演示：

我手持一根燃烧的蜡烛，告诉学生们我学会了一种用意念移动蜡烛的神功，并问他们是否相信。在一片好奇和怀疑声中，我让大家闭上眼睛，承诺10秒后展示奇迹。10秒后，蜡烛依旧在我手中，我也没有移动，课堂上爆发出笑声。

随后，我展示了最后一张PPT，上面写着我的核心观点："世界上最远的距离不是天与地，而是知与行。"要让蜡烛移动，只能行动！

我是在鼓励学生们学以致用，实现知行合一。

此外，短视频是观察和学习号召行动技巧的优秀素材。如下是一个读书财富训练营直播的结尾：

如果你是职场人，可以加入财富读书会提升职业竞争力。

如果你热爱投资，可以加入财富读书会助你把握市场机遇。

如果你想创业，可以加入财富读书会增长创业智慧。

渴望进步的你，快来加入吧！

许多销售话术都采用"如果……可以……"来引导行动，简称"如果法"。我们可以将这种方法教给AI，让AI帮助生成具有行动号召力的演讲结尾。

例如为了号召更多的人学习演讲，可以写一段号召式结尾。此刻，呼唤AI，亮剑！

✐ Who（身份）：你需要扮演一个经验丰富演讲家。

✐ What（任务）：我需要你写一个号召式的演讲结尾。

✐ Why（背景）：我需要号召更多的人学习演讲这项技能。

✐ How（要求）：请针对大学生、职场人士、企业高管、创业公司老板、斜杠青年和老师等不同人群，采用"如果法"设计演讲的结尾。"如果法"的结构为"如果……可以……"。请分段输出，不超过100字。

示例：

如果你是职场人，可以加入财富读书会提升职业竞争力。

如果你热爱投资，可以加入财富读书会助你把握市场机遇。

如果你想创业，可以加入财富读书会增长创业智慧。

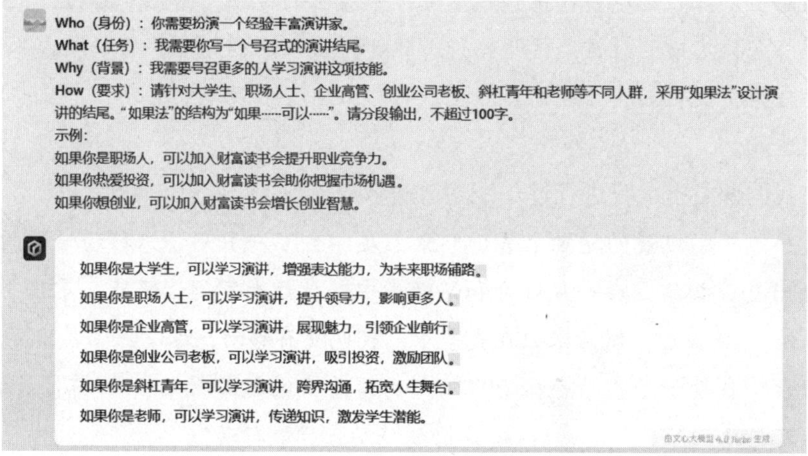

图4-17 运用"号召法"设计演讲结尾

根据AI的启发，结合自己的语言习惯进行修改，就可以作为直播的开场了。

4.2.3 D：深度连接，巧用歌曲、金句结尾，让听众沉醉其中

根据艾宾浩斯遗忘曲线，我们了解到观众对演讲内容的记忆会随着时间迅速衰减。然而，演讲所带来的情感体验和身心感受却能够长久留存。一句富有深意的话语或一首感人至深的歌曲，能够在听众心中激起共鸣，留下深刻印象。这种情感的触动不仅让听众难以忘怀，而且能够深入听众的心灵深处。

以罗振宇的2023年跨年演讲为例，他以这样的话语结束演讲，如图4-18所示。

新的一年，咱们约定好了，如果遇到困难和阻碍——咱们就把窗户推开，用

尽全身力气喊一句：世界是个草台班子，但！我！不！是！

图 4-18 罗振宇跨年演讲金句

在我的"AI 赋能演讲"课程中，我经常以"人是万物的尺度"作为结尾，提醒听众 AI 只是辅助工具，无须过度焦虑。我们应该积极拥抱 AI，将其应用于生活和工作中，以提升我们的幸福感。

关于如何设计金句，将在第 4.3.1 节详细介绍。

除了金句，歌曲也是演讲结尾的绝佳选择。例如，龙兄老师在他的演讲课程结束时，用《约定》这首歌作为结尾，让全场 100 多人共同唱响，许多人在歌声中感动落泪，依依不舍。如图 4-19 所示。

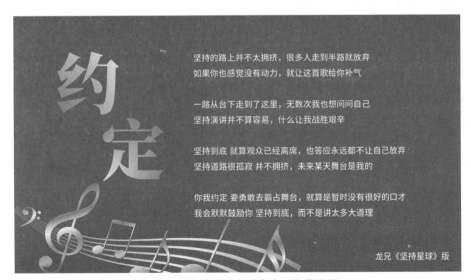

图 4-19 龙兄课程用《约定》歌曲结尾

至于创作一首歌曲，AI 可以助你一臂之力。SUNO 软件是一款 AI 歌曲创作工具，只需输入几个关键词，便能生成一首歌曲。

以我的 AI 课程为例，我输入了以下内容：

AI 在职场办公中发挥了很重要的作用，特别是文字内容创作和 PPT 设计，节约了大量的时间,提升了职场幸福感。AI用得好,天天下班早。

SUNO根据我提供的内容,生成了歌词(如图4-20所示):

(Verse 1)
在繁忙的办公间,键盘敲击声不停歇,
AI悄然降临,智慧的光芒照亮每个角落。
文字如泉水涌,创意在屏幕上跳跃,
PPT设计精妙,每一页都是艺术的展现。

(Chorus)
AI在职场,助力我们飞翔,
文字内容创作,灵感不再流浪。
PPT设计,美轮美奂,
节约了时间,提升了幸福感。
AI用得好,天天下班早,
让工作更高效,生活更美好。

(Verse 2)
曾经烦琐的任务,现在轻松完成,
AI的智慧,让每个想法都变得可能。
数据分析精准,报告撰写无误,
AI的辅助,让我们的工作更加出色。

(Bridge)
在AI的陪伴下,我们不再孤单,
它理解我们的需求,提供解决方案。
从早到晚,它与我们并肩作战,
AI的力量,让职场生活更加灿烂。

(Chorus)
AI在职场,助力我们飞翔,
文字内容创作,灵感不再流浪。

PPT 设计，美轮美奂，
节约了时间，提升了幸福感。
AI 用得好，天天下班早，
让工作更高效，生活更美好。

(Outro)
AI 在职场，是我们的好伙伴，
用智慧和效率，书写未来的篇章。
AI 用得好，天天下班早，
让我们享受生活，迎接每一个晨曦。

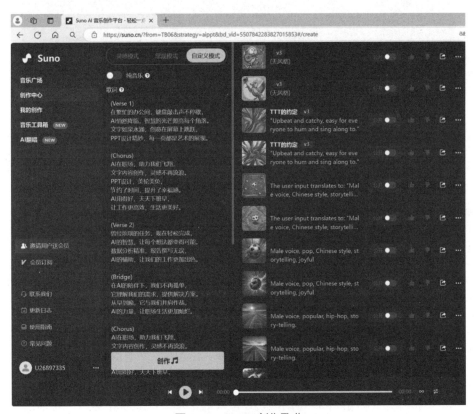

图 4-20　SUNO 创作歌曲

在 SUNO 创作界面，点击"创作"就可以生成歌曲，还可以选择不同的风格，例如流行、摇滚、日韩、20 世纪 90 年代等。

用歌曲结尾，可以再次将课程推向高潮，而且会给听众留下深刻的记忆。

4.3 "三金"点睛：AI助力，让你的演讲熠熠生辉

演讲的力量，在于触动人心。回想一下，我们是不是经常被一句有力量的话所打动，被一个深刻的故事所吸引，或是被一张视觉震撼的PPT海报所折服？这些瞬间，我们愿意停下脚步，甚至拿出手机记录，这就是演讲中的亮点。我们将其简称为"三金"——金句子，金隐喻，金PPT，如图4-21所示，它们是演讲中的魔法元素，也是让听众记住并传播的点石成金之笔。

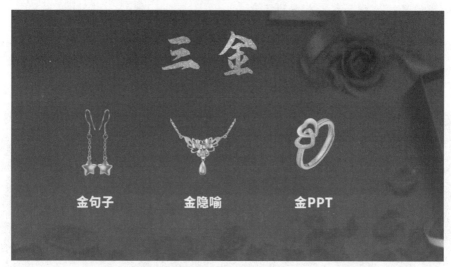

图4-21 "三金"法

接下来，让我们一起探索如何运用AI的力量，将"三金"融入演讲中，让每一次表达都充满力量和魅力。

4.3.1 金句子：让思想疯狂传播

何为金句？金句就是像金子一样有价值的句子，把你希望听众记住的一句话，像子弹一样射进他们的大脑。大家回想一下，听完一场演讲或者看完一场电影后，如果想要发朋友圈，你会发什么内容呢？绝大部分人发的都是金句。

比如我看到罗振宇2023年的演讲，就在我的朋友圈就发了这么两句话：

世界是个草台子，我不是！

发大愿，迈小步，走远路，磕长头，不停顿，不着急。

在励志演讲中，金句能给人正能量；在情感演讲中，金句让人豁然开朗；在亲子演讲中，有金句让人感觉更深情。

金句对于广告文案也很重要，很多产品就是凭借一个广告金句而火爆起来的，例如"今年过节不送礼，送礼只送脑白金"，妥妥的洗脑神句！

为什么金句会有如此大的杀伤力呢？首先，金句表达的观点比较深刻，能够戳中要害，很容易引起大众的共鸣；另外，金句简短有力，利于传播。

那么金句该如何写呢？教大家五种方法，如下：

（1）镜像法：AB/BA 结构互换，形成哲理。

（2）押韵法：制造节奏感，朗朗上口。

（3）对比法：创造落差感，加强感知。

（4）排比法：让句子充满韵律，如诗歌、散文也常用此法。

（5）类比法：找到一个共同属性，用以连接两个不同的事物。

假如父亲节将至，我计划以"父爱如山"为主题，进行一场深情的演讲。我希望在演讲中嵌入几句金句，作为演讲的点睛之笔。此刻，呼唤 AI，亮剑！

🗡 Who（身份）：你是一名金句文案创作者。

🗡 What（任务）：我需要你帮我写富有文采和哲理的演讲金句。

🗡 Why（背景）：父亲节当天，我要以"父爱如山"为主题做一场演讲。

🗡 How（要求）：请你用"镜像法、押韵法、对比法、排比法、类比法"五种写金句的方法，各写 1 个金句，每句不超过 15 个字。

示例：

1）镜像法：AB/BA 结构互换，形成哲理

例：当你凝视深渊，深渊也在凝视你。

2）押韵法：制造节奏感，朗朗上口

例：前半生不吃苦，后半生就吃土。

3）对比法：创造落差感，加强感知

例：懦夫在挑战面前退缩，勇者却在其中得到成长。

4）排比法：让句子充满韵律，如诗歌、散文常用此法

例：勇气是夜里的灯塔，决心是航行的帆，信念是抵达彼岸的船。

5）类比法：找到一个共同属性，用以连接两个不同的事物

例：我爱你，就像老鼠爱大米。

根据你的要求，AI 生成内容如图 4-22 所示。

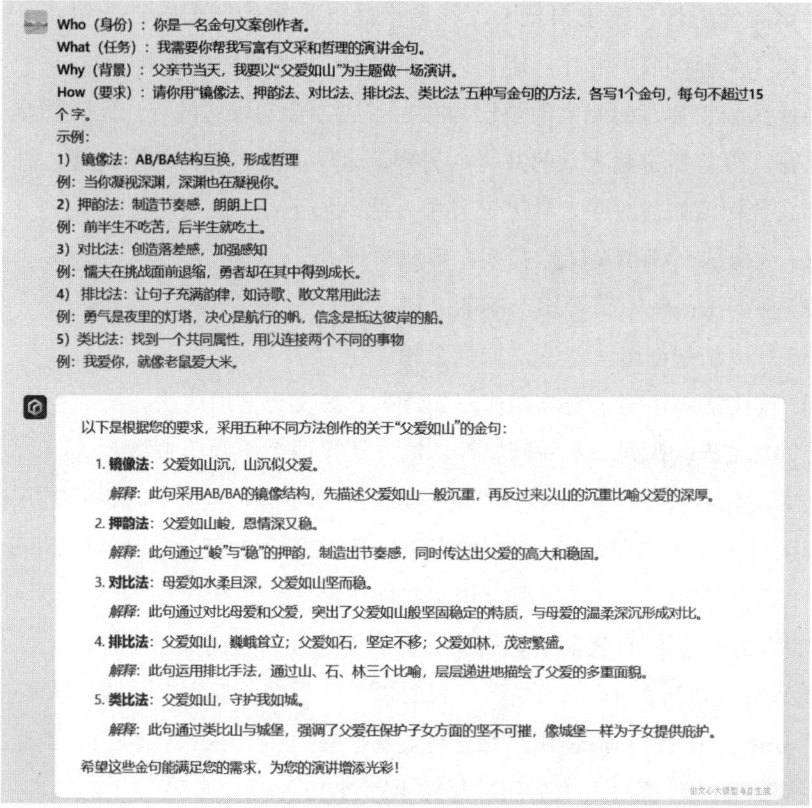

```
Who（身份）：你是一名金句文案创作者。
What（任务）：我需要你帮我写富有文采和哲理的演讲金句。
Why（背景）：父亲节当天，我要以"父爱如山"为主题做一场演讲。
How（要求）：请你用"镜像法、押韵法、对比法、排比法、类比法"五种写金句的方法，各写1个金句，每句不超过15个字。

示例：
1) 镜像法：AB/BA结构互换，形成哲理
   例：当你凝视深渊，深渊也在凝视你。
2) 押韵法：制造节奏感，朗朗上口
   例：前半生不吃苦，后半生就吃土。
3) 对比法：创造落差感，加强感知
   例：懦夫在挑战面前退缩，勇者却在其中得到成长。
4) 排比法：让句子充满韵律，如诗歌、散文常用此法
   例：勇气是夜里的灯塔，决心是航行的帆，信念是抵达彼岸的船。
5) 类比法：找到一个共同属性，用它连接两个不同的事物
   例：我爱你，就像老鼠爱大米。
```

以下是根据您的要求，采用五种不同方法创作的关于"父爱如山"的金句：

1. **镜像法**：父爱如山沉，山沉似父爱。
   解释：此句采用AB/BA的镜像结构，先描述父爱如山一般沉重，再反过来以山的沉重比喻父爱的深厚。

2. **押韵法**：父爱如山峻，恩情深又稳。
   解释：此句通过"峻"与"稳"的押韵，制造出节奏感，同时传达出父爱的高大和稳固。

3. **对比法**：母爱如水柔且深，父爱如山坚而硬。
   解释：此句通过对比母爱与父爱，突出了父爱如山般坚固稳定的特质，与母爱的温柔深沉形成对比。

4. **排比法**：父爱如山，巍峨耸立；父爱如石，坚定不移；父爱如林，茂密繁盛。
   解释：此句运用排比手法，通过山、石、林三个比喻，层层递进地描绘了父爱的多重面貌。

5. **类比法**：父爱如山，守护我如城。
   解释：此句通过类比山与城堡，强调了父爱在保护子女方面的坚不可摧，像城堡一样为子女提供庇护。

希望这些金句能满足您的需求，为您的演讲增添光彩！

图4-22 金句创作

正所谓重要的事情讲三遍，我们可以从AI的启发中选择有触动的金句，最好是在演讲的不同阶段重复三遍金句，这样就可以有效地强化主题，给听众留下深刻的印象。

4.3.2 金隐喻：以喻动人，心领神会

隐喻，作为比喻的一种形式，也被称作暗喻，它将一种事物与另一种事物相比较，以隐晦的方式传达深层含义。在演讲中，恰当的隐喻不仅能够启迪听众，还能提升演讲的主题深度。

乔布斯是运用隐喻的大师。当被问及为何在团队中制造冲突和紧张时，他以一个生动的隐喻做出回应。

在我小时候，街上住着一个鳏夫。我和他还算认识。有一天，他邀请我去他家车库，他拿出一台满是灰尘的石头打磨机。这台老旧的机器有一个马达和一个容器。我们从后院找了一些破旧又丑陋的石头，放到机器的容器中，加了一点液

体和粉末，然后打开了电机。第二天我再去的时候，我们从容器里拿出了抛光后的极其漂亮的石头。放进去的普普通通的石头，经过相互碰撞，产生了一点点摩擦和一点点噪声，结果打磨出了抛光后的漂亮石头。

乔布斯用这个故事想要表达的是：一个普通人，只要找对了环境，来对了地方，就能变成人才；一个团队，即便大家有争论、有摩擦，会产生一些噪声，但只要目标一致，心往一处想、劲往一处使，最后一定能想出好的创意。

还有一个隐喻的故事叫《苏东坡和佛印坐禅》。

一天，苏东坡和佛印坐禅。苏东坡问佛印："你看我像什么？"佛印毫不犹豫地回答："学士像一尊佛。"接着他反问苏东坡："你觉得老僧像什么？"苏东坡看佛印穿着黑色僧袍，人长得又胖，盘腿往那里一坐，黑乎乎一大块，就开玩笑说："禅师像牛粪。"佛印听了既没有生气，也没有说话，怡然自得地闭目养起神来。

苏东坡非常高兴，跑回家扬扬得意地和苏小妹谈起此事。苏小妹听了，不屑道："哥哥今天输得很惨啊。佛印说你像佛，说明心中有佛。而你说他像牛粪，想想你心中有什么吧？"

这个故事揭示了一个心理现象：一个人如何看待他人，实际上反映了自己的内心世界。张德芬说："你眼中的你不是你，别人眼中的你也不是你，而你眼中的别人恰恰是你自己。"

假如你现在要做一场题为《知识就是力量》的演讲，如果干巴巴地讲，会很没有意思，若是用一个隐喻的故事，让听众从中受到启发，明白知识有多么的重要，效果会好很多。你可以讲这样的故事：

有一艘游轮，经过很多天航行，在一个港口停泊，要做一些补给，买一些淡水、食品。完成补给之后，船要离开这个港口的时候，船长发现游轮启动不了了，发动机不管怎样都启动不了。机械师和维修人员检查、修理了一天，游轮始终发动不起来，他们只得向当地人求助。当地人就给游轮船长推荐了一位经验很丰富的老师傅。老师傅来到了船上，只见他干干瘦瘦，穿着一身洗得发白的绿色军装，腰上挎了一个绿色的军包。

老师傅到船上之后，从包里拿出一把小锤子，在发动机上东敲敲、西敲敲，然后在某一个位置停了下来，认真敲了几下，又把耳朵贴上去听了听，从包里拿出一个配件，把这个配件轻轻拧在这个位置。他跟船长说："你可以试着启动一下了。"船长赶紧让手下启动发动机，只听发动机轰的一声就启动了。

船长特别开心地问:"老师傅,您想要多少报酬啊?"老师傅伸出两根手指。

船长说:"20美元吗?"老师傅摇了摇头。

船长说:"难道是200美元?"那个老师傅又摇了摇头。船长说:"你不是想朝我们要2000美元吧?"老师傅点了点头。

船长怒道:"你就花了三五分钟,拿着小锤敲了敲,安了这么小一个配件,凭什么朝我们要2000美元?"

老师傅说:"其实这个配件只值5美元,而知道用锤子在哪里敲,却值1995美元。"

此外,禅诗也是优秀的隐喻素材。比如《禅诗·嗅梅》中的"归来笑拈梅花嗅,春在枝头已十分",隐喻我们在追求真理时,往往因急于求成而忽略了真理其实就在平凡的生活中。

再如,你想告诉别人那些看似云淡风轻的背后其实是付出了很多努力的,此刻可以用"鸭子"来做隐喻:

我们看到鸭子在水面上悠闲安逸地游动,但潜入水下后,我们会发现原来它的鸭掌一直都在拼命地滑动着,没有一刻停歇。

鸭子效应给我们的启示是,安逸需要底气,悠闲需要实力。那些漫不经心的轻松与自在都是假象,真相是水下一刻不曾停歇的努力。优秀的人,表面上云淡风轻,暗地里与自己死磕到底。

恰当运用隐喻,不仅能够丰富演讲内容,还能激发听众的思考,达到教育和启发的目的。

假如你现在要给公司基层领导干部讲"责任"这门课,需要讲一个含有隐喻的故事,让大家明白责任是与生俱来的本能,只需要将这项本能发挥到最大限度就可以了。此刻,呼唤AI,亮剑!

✎Who(身份):你是一名写隐喻故事的高手。

✎What(任务):我需要你帮我写个关于"责任"的隐喻故事。

✎Why(背景):我作为公司讲师,需要给基层领导干部讲"责任"这门课,让大家明白责任是与生俱来的本能,只需要将这项本能发挥到最大限度就可以了。

✎How(要求):请帮我找一个隐喻故事,不超过500字,需要标明出处。请确保故事具有隐喻性,能够引发听众的共鸣,并强调责任的重要性。

根据你的要求，AI 生成内容如图 4-23 所示。

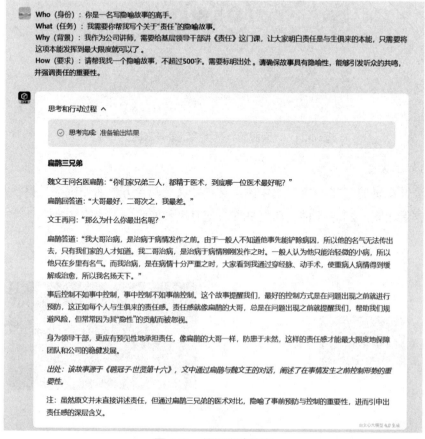

图 4-23　编写隐喻故事

4.3.3　金 PPT：视觉盛宴，PPT 助力演讲更出彩

经过前面慧讲、能讲以及巧讲的准备，演讲稿已经写得差不多了，是时候准备一份精美的 PPT 去演讲了。PPT 在演讲中分为公开演讲型及工作汇报型两类，公开演讲型 PPT 侧重于图片和金句的设计，而工作汇报型 PPT 则偏重于内容逻辑图的设计。在这里我介绍两个特别实用的模型——"大眼萌"和"转换器"，分别完成这两类常见 PPT 的设计。

1."大眼萌"三步搞定公开演讲型 PPT

"大眼萌"指的是公开演讲的 PPT 要用大的图片、言之有物，同时用蒙版让金句更突出，如图 4-24 所示。

图 4-24　"大眼萌"三步搞定公开演讲型 PPT

1）用大图

公开演讲的 PPT 一定要用大图，这样才会气场全开，否则就会显得很小气。大家来看如图 4-25 所示的这两页 PPT，一对比就能明白大图的重要性。

Before　　　　　　　　　　　　After

图 4-25　用大图和用小图的对比

高清大图去哪里找呢？请大家记住千万不要去百度找图，一方面是图片清晰度没那么高，另一方面是可能存在侵权风险。给大家推荐三个图库：

- Pixabay：这是一个国外的网站，国内登录会稍微有点慢，但是图片质量很好，而且是免费可商用的。
- 摄图网：这是我特别喜欢的一个图片网站，要收年费，大家可以根据需要考虑是否付费使用。
- 觅元素：这个网站的特点是有大量的 PNG 素材，而且每天可以免费下载一些图片。

2）言之有物

我们经常会听老板说，这份 PPT 不够大气。"大气"具体是什么要求呢？再比如说，年终总结时你需要表达"团队、成长、争做一流企业"意象的图片，又该怎么办呢？不怕，咱有 AI 啊。此刻，呼唤 AI，亮剑！

✏ Who（身份）：你是一名资深 PPT 设计师。

✏ What（任务）：我需要你帮我提供搜图的关键词，要用具象化的场景/事务/人物等。

✏ Why（背景）：我要做一份年终总结 PPT，需要用图片表达"大气、团队、成长、争做一流企业"的感觉。

✏ How（要求）：请为"大气、团队、成长、争做一流企业"分别提供 3 个具象化的搜图关键词。

根据你的要求，AI 生成内容如图 4-26 所示。

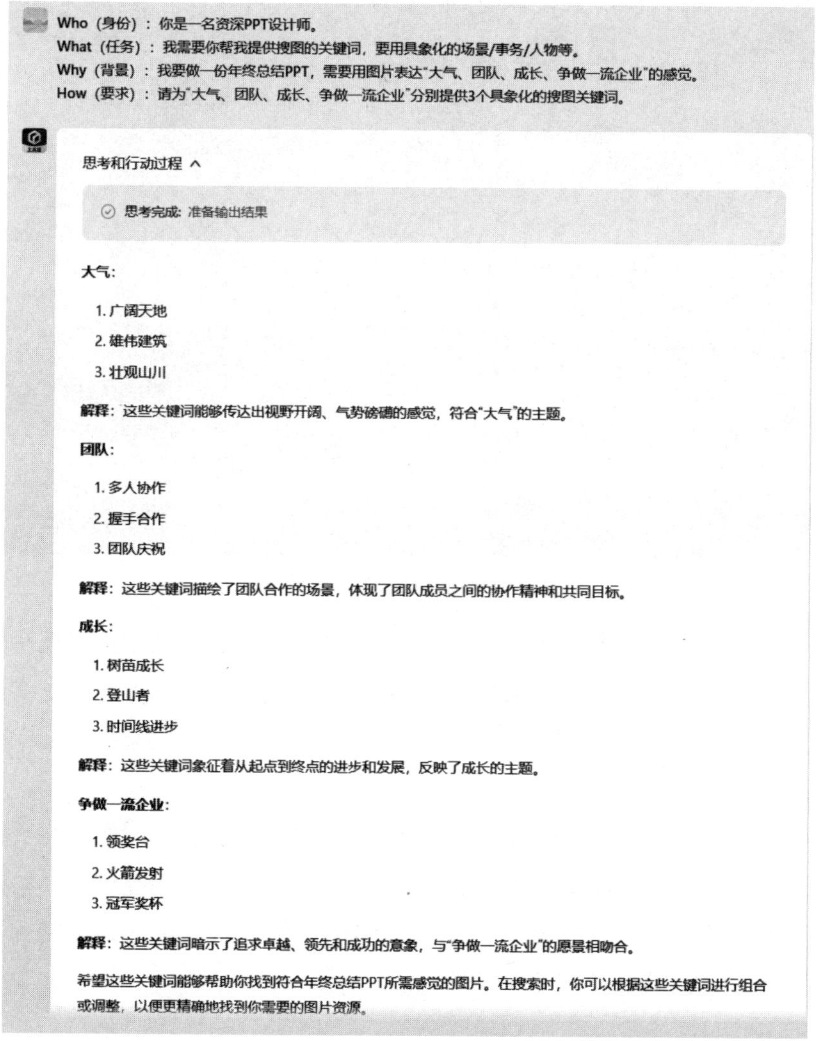

图 4-26　关键词搜图法

如果你对网上找的图片都不满意,也可以用 VEGA AI 画图,网址:https://poc.rightbrainai.cn/text2Image。只需在对话框输入画面描述,即可生成图片,并且根据需要可以不断调整提示词。

需要注意的是,提示词需要包含三个部分——主体+环境+风格,描述画面的主体、主体所处的环境,以及画风的要求。例如:(主体)一个美丽的女孩;(环境)坐在公园的湖边,阳光洒在她的身上;(风格)真实风。图 4-27 为 Vega AI 的操作界面。

图 4-27　VEGA-AI 绘图软件

要生成一张优质图片,提供精准的提示词至关重要。即便掌握了编写提示词的技巧,有时仍难以达到理想效果,这时该如何是好?向大家推荐一款实用的工具——讯飞星火的 AI 智能体"秋叶 AI 绘画提示词大师",网址:https://xinghuo.xfyun.cn。

比如,你想要创作一幅商务人士的图片,只需在对话框中输入"商务人士","秋叶 AI 绘画提示词大师"便会为你生成一系列精准的提示词(如图 4-28 所示)。你可以根据实际需求进行调整,然后将优化后的提示词复制到 VEGA 中,即可轻松生成满意的图片。

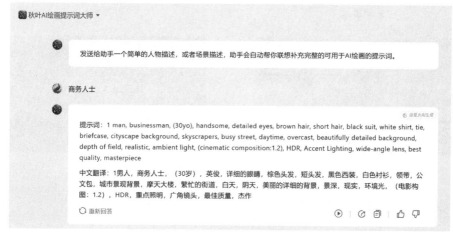

图 4-28　秋叶 AI 绘画提示词大师

3）用蒙版

为什么要用蒙版呢？因为演讲的金句放在图片上可能会看不清，这个时候就需要用蒙版降低图片的亮度和清晰度，然后凸显文字。

什么叫蒙版？蒙版就是给图片蒙上一层纱，降低图片的亮度，让文字看起来更清楚，如图 4-29 所示。

图 4-29　蒙版拆解图

比如说下图（图 4-30），左边的设计金句放在图片上，会有干扰，看不清。右边加上一个蓝色透明蒙版后，文字就凸显出来了。

图 4-30　用蒙版的效果图

2. AI "转换器"三步搞定职场工作汇报型 PPT

在职场当中，我们在 AI 的协助下完成了工作汇报材料，这个时候领导让打印一份 PPT 他要提前看一下。大家注意，这个时候的 PPT 其实就是阅读型 PPT，需要内容翔实，可以说基本上就是把报告上的内容进行 word 搬家了，相当于设计画册。其实际上就是个转换器，如图 4-31 所示。

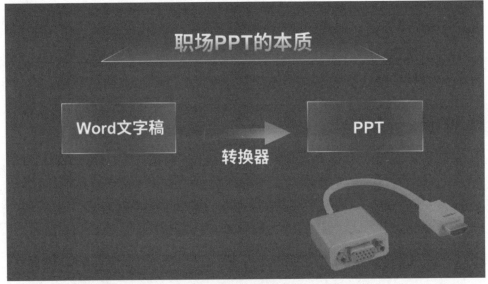

图 4-31　职场 PPT 的本质是文字的"转换器"

在这里给大家介绍一个 AI "转换器"，三步走，1 分钟内就能完成万字文稿转换 PPT 的任务，如图 4-32 所示。

图 4-32　转换器法

1）转：一键将万字文稿转换为 PPT

首先打开 WPS 的演示软件，点击"新建幻灯片"，从文字大纲导入，这样文字就一键进入 PPT，形成一份白纸黑字的 PPT，如图 4-33 所示。

图 4-33　转：一键将万字文稿转换为 PPT

2）换：一键换公司模板

点击"设计"—母版—导入模板，找到公司的模板，这样就一键做成了公司的 PPT，然后点击"版式"把每一页换成相应的封面、目录、转场页、结尾页，如图 4-34 所示。

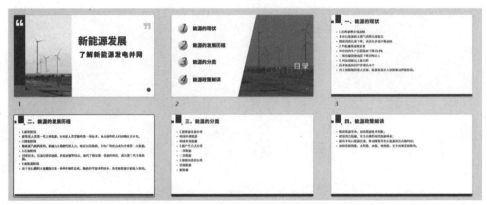

图 4-34　换：一键换公司模板

3）器：神器一键生成逻辑图

选中内容页的内容，点击"文本工具"——转智能图形，即可生成相应的逻辑图，如图 4-35 所示。

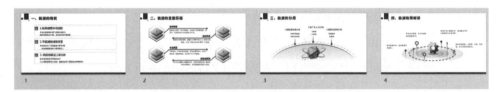

图 4-35　器：神器一键生成逻辑图

3. AI-PPT 工具推荐

我们写好工作总结后，就可以用"讯飞智文"的"智能 PPT 生成"一键完成 PPT 设计，如图 4-36 所示。

图 4-36　讯飞智文 PPT

也可以用 WPS 内置的 WPS AI 一键生成 PPT。这些 AI 工具都可以自动识别大纲和内容，并且根据实际情况都可以进行调整，如图 4-37 所示。

图 4-37　WPS—PPT

还有两个 AI 生成 PPT 的网站，非常值得推荐，生成的 PPT 质量很高，但是需要付费，大家可以根据实际情况选用：

1）AIPPT：https://www.aippt.cn/

2）比格 PPT：https://bigesj.com/ai-ppt

第 5 章
敢讲——像明星一样进行舞台呈现

> 你能面对多少人,未来就有多大的成就。　　　　　　　——丘吉尔

在经历了前几章的精心准备之后,你终于迎来了登台演讲的时刻。随着主持人的介绍,台下响起了热烈的掌声,你迎着掌声踏上舞台。尽管强烈的舞台灯光让你难以看清台下的听众,但你仍能感受到那密集的人群带给你的压力。此刻,你仿佛置身于一个不真实的梦境之中,身体的每一个细胞都在叫嚣着逃离。你的双腿不受控制地颤抖,仿佛在跳着某种狂乱的舞步,而你的双手也仿佛受伤般本能地缩回了口袋。你竭尽全力将它们抽出,紧张地握住了话筒。在这一刹那,你的大脑一片空白,甚至连自己的名字都记不起来。

这听起来是不是像你的噩梦?是不是一想到在一大群人面前发言,你就感到紧张焦虑?别担心,你并不孤单,许多人都曾有过类似的恐惧。

然而,明星们总能在舞台上焕发光彩,成为全场的焦点。你是否渴望像明星一样,在舞台上散发自信,成为众人瞩目的中心?可是如果舞台上出现意外,你该如何巧妙应对?

接下来,带你逐个击破这些棘手的问题,让你成为舞台上最亮的星。你准备好迎接挑战了吗?

5.1 自信登台:克服紧张,从怯场到控场

马克·吐温说过,世界上的演讲者分为两种:紧张的和假装不紧张的。哈佛大学在 2012 年对 815 名大学生进行的一项调查研究表明,公开演讲竟是他们最大的恐惧,其恐惧程度甚至超过了蛇、深水,乃至死亡。

主持人窦海涛曾分享过他第一次上台时的紧张经历,他紧张到直接尿裤子。同样,樊登老师也坦诚地表示,尽管他经历了无数次演讲,但每次登台前仍会感到一丝紧张。2007 年的央视黑色 3 分钟更是一个典型的例子,几位主持人在高压环境下出现了背错台词、抢话、忘词等口误。由此可见,紧张是大多数人在公

共场合表达时都会遇到的问题。为了克服这一难题，我们首先需要深入了解紧张的根源。

5.1.1 紧张从何而来

为什么我们在演讲的时候看到底下坐了很多人，就会觉得很紧张呢？这种紧张感源自我们远古时期的生存本能。想象一下，在原始社会，如果晚上突然有很多双眼睛盯着你看，那很可能意味着你正被一群狼包围，这无疑是一种让人极度恐惧的体验。因此，在演讲时，面对众多目光，我们的本能反应可能是攻击或逃跑。

此外，紧张还会导致我们的大脑一片空白。这背后的生物学机制是什么？在我们的大脑中，有两个微小的、形状像杏仁的神经组织叫"杏仁体"，它的主要功能不是帮助思考，而是保持警觉。它们是人类早期预警系统的关键，总是在不断扫描周围环境，寻找潜在的威胁。

当你站在讲台上，你的 DNA 会触发一种古老的反应：如果感觉到黑暗中有数百双眼睛盯着你，你的大脑会立刻意识到这可能意味着危险。接着，肾上腺素开始分泌，注入你的身体系统。你开始出汗，手变得湿滑，难以抓握。你心跳加速，为可能的行动做准备；你的目光变得锐利，身体做好了战斗或逃跑的准备。你的呼吸变得急促，以增加血液中的氧气，以更好地支持你的行动，这也是为什么有些人在紧张时会发抖。

不幸的是，这种生理反应也会影响到大脑中处理语言的前额叶。当血液从前额叶流走时，你精心准备的演讲内容也会随之消失，导致你在那一刻感到大脑一片空白。实际上，你的智商并没有下降，你只是暂时处于一种被称为"杏仁核劫持"的状态。

紧张是人类进化过程中的自然产物，每个人都会经历，只是程度不同。

5.1.2 缓解紧张的药方，与紧张谈个恋爱吧

克服紧张的关键不在于解除生理问题，而在于解除对危险的感知。如何解除自己对危险的感知呢？我们回到演讲的场景中来，在演讲中，我们的紧张情绪主要源于三个因素：对听众的陌生感，对可能遗忘内容的担忧，以及对新环境的恐惧。

为了更有效地帮助你应对这种紧张情绪，我给你开了一剂药方，那就是与紧

张谈个"恋爱"。如图 5-1 所示。

图 5-1　缓解紧张的药方——"谈恋爱"法

用"找对象"的策略来亲近听众，用"送礼物"的方式来增强对内容的自信，用"看房子"的心态来减轻对环境的畏惧。这样一来，紧张将如同恋爱中的小羞涩，变得可控而有趣。

1. 找对象：在听众中寻找亲切面孔

想一下，你和家人、朋友聊天会紧张吗？不会吧，因为是熟人。你一上台就紧张，是因为一下子见到很多陌生的面孔。

这个时候缓解紧张的方法就是"找对象"，找那些面带微笑、面目和善的受众，以及让你觉得有亲切感的人，然后面向他们进行演讲，这样可以有效缓解你的紧张感。

还有就是进行心理暗示，暗示自己台下坐的都是自己的哥们儿、朋友、邻居、亲人。比如我在陌生的地方讲课，特别是主办方不断地强调这个课规格很高，会来很多人听课，还有不少高层，我会这样开场缓解紧张："今天来的人不少啊，天南海北的都来了，有来自深圳的朋友吗？举一下手，噢，在那边。有来自西安的吗？也不少。上海的呢？……"这个开场，也是积极的自我暗示，因为我是西安人，生活在深圳，也在上海待过一段时间，所以积极暗示自己，来的都是熟人。

2. 送礼物：演讲就是送礼物

我在《高效演讲》这本书中学到了一个很好的理念——演讲就是送礼物。你看演讲的英文拼写为 presentation，它的词根 present 就是礼物的意思。

想一下，如果你回老家带了一些特产分享给大家，给大家介绍特产的时候，你会紧张吗？再比如说公司年会上，让你上台给大家发钱，请问你会紧张吗？

人类沟通的一项神秘法则是：当你给予的时候，你会变得更有趣更自信，恐惧感也就消失了。要突破紧张，需要转换观念，今天你给大家送什么礼物呢？

当你精心准备，给听众呈现你的演讲内容时，内心一定是淡定的、踏实的、充满热情和利他的，紧张感自然就飘散了。这时候你的焦点和专注力就从关注自身的恐惧和焦虑转移到内容本身，你会去思考你的演讲内容和结构。

这时你可能会担心万一忘记演讲内容怎么办？其实即使是演讲高手，也有记不住稿件的时候。为了防止上场忘词，做手卡是非常有效的方式之一，很多主持人也用这种方式，显得大方、得体。

手卡以明信片大小为宜，用 A4 纸对折再对折就可以（即 A6 大小）。手卡上只能写关键词或演讲框架的思维导图，最糟糕的方式是企图把自己要说的每一句话都写在手卡上。

接下来就是反复练习，并且至少完成一次试讲录音或者录像。有条件的话，提前到现场预讲一遍，并录像。

罗振宇在跨年演讲前会进行多次模拟演练，熟悉自己的内容，调整姿态、语调和表情，确保每一个细节都做到最好。罗永浩曾经在一次直播中分享过自己的秘诀："做一场 1 小时的正式演讲，准备时长大概 100 小时！"在台上能说会道的人，往往都是做了大量准备工作的，只是我们不知道而已。

因此，请专注于你演讲的内容，不断练习，这样便可以更加自信地面对演讲，减少不必要的紧张。

3. 看房子：提前熟悉环境，心里更踏实

高考前，大家都知道要去考场踩点，演讲也一样，需要提前去看看会场，在这里我们可以称之为"看房子"。

雷军会提前两天包下场地练习演讲；乔布斯在每次大型演讲前，都会提前两周把会场包下来，带着团队进驻，反复练习，打磨每个细节，包括舞台灯光、音响、每个幻灯片翻页带来的现场感觉。

我们普通演讲者，更有必要提前"看房子"。到场后，首先，你要到演讲台上走一走、站一站，说几句话，感受一下在台上的感觉；了解舞台位置、听众位

置、嘉宾位置，明确自己在活动中什么时候上场。其次，测试现场的幻灯片播放效果，包括检查电脑、投影、接线、翻页器。这样的好处是，整个环境对你来说就不再是陌生的。对设备、演讲顺序的提前确认，也可以减少意外状况，让你心里更踏实。

总的来说，与紧张"谈恋爱"就是一种转变心态、积极应对紧张情绪的方法。通过找对象、送礼物、看房子的方法，我们可以将紧张感转化为一种可控且有趣的体验，与紧张和平共处。

5.2　气场全开：精准掌控肢体语言和语音语调

在任何形式的公共演讲或表达中，气场的展现至关重要。一个人的气场不仅体现在他们的话语中，更深刻地反映在他们的肢体语言和语音语调上。根据艾伯特·梅拉比安的研究，在人际交流中，非言语信息占据了 55% 的重要性，语音语调占 38%，语言内容本身只占 7%。这表明，掌握肢体语言和语音语调的艺术，对于有效沟通至关重要。

5.2.1　用好"三法"肢体语言，彰显你的舞台魅力

在美剧 *Lie to Me* 中，我们见证了一个母亲谎报孩子失踪的案例。她的声音充满了沉痛，赢得了众人的同情。然而，当心理学家卡尔·莱曼博士将声音剥离，我们发现，没有了声音的辅助，她的悲伤似乎变得空洞，更像是在背诵台词。这揭示了一个真理：肢体语言本身就是一种强大的非言语沟通工具。

那么，在演讲中，我们应该如何运用肢体语言呢？许多人一上台就手足无措，表情僵硬，目光呆滞。为了改善这一状况，接下来我们将通过身法、手法和眼法这三种方法，来指导你如何在舞台上恰当地运用肢体语言。

1. 身法：站出自信，塑造开放的站姿

在舞台上，频繁移动或左右摇摆会分散观众的注意力，影响演讲效果。理想的站姿应该是稳定而自信的——身体面向观众，肩膀打开，双脚保持平衡，注重眼神交流，避免低头看地板或四处张望，这样才能展现出演讲者的专业度。

2. 手法：利用手势的力量，增强表达力度

手势在演讲中起着至关重要的作用。有效的手势能够扩大身体语言的影响

力，形成强大的气场。可是很多演讲者上场之后恨不得把手剁了，实在是不知道自己的手该放在哪里。在这里教大家三种手势（常规式、开放式和强调式），帮助你解决手势的问题。

1）常规式

当你不知道手应该放在哪里的时候，你可以双手五指指尖相碰，放在胸前，这个动作在职场当中都会显得比较自信而且专业。这个动作还有另外一个名字，叫塔式，就是举起来有点像一个宝塔。

2）开放式

开放式手势充满活力，它要求双手自然展开，呈现出开放与包容的姿态。乔布斯的经典"V"形手势便是其中的佼佼者，它不仅传达了坚定与自信，更彰显了演讲者的开放思维。在演讲过程中，应避免使用封闭或拘谨的手势，诸如抱胸、插手袋或双手紧握等。

3）强调式

我在讲"高效工作汇报"课时，会说："不汇报＝没工作！"这句的时候做一个动作：一只手模拟刀切，另一只手作为砧板，形象地"切下"这一观点。或者，我也可能会握紧拳头，重重地击在另一只手掌上，以强调这一观点的分量。

此外，在强调具体要点时，可以用手指计数；在描述特定场景时，如"接到了一个重要电话"，可以边叙述边用手模拟打电话的动作；在表达深思熟虑的方案时，可以边说边用手指在太阳穴旁绕圈，形象地展示思考过程。

3. 眼法：眼神交流，与观众建立深层次的连接

据说拿破仑在每次向士兵讲话之前，会先用眼神扫视全场，像机关枪扫射一样。他这样做是为了树立威信。

这一行为强调了眼神在演讲中的重要性。眼神交流是演讲中与观众建立联系的关键。演讲者应将观众席划分为几个区域，并在演讲过程中逐个区域进行眼神交流，以覆盖全场。这样做不仅能够满足观众对眼神交流的期待，还能够增强演讲的吸引力和感染力。

同时，演讲者在与具体观众进行眼神交流时，停留时间不宜过长，通常不超过五秒钟为好。在演讲的大部分时间里，演讲者可以将眼神停留在相对中间区域稍远处的一个点上，以找到自己的对象感并降低紧张感。

5.2.2　掌握语音语调，把握说话的节奏感

前中央电视台主持人、帆书讲书人李蕾在她的演讲《如何讲话更有气质》中讲到如何让语言更具魅力时说，必须要有气质，也就是迷人的语言，而迷人的语言就是不应急躁或慌乱。

控制语速的秘诀在于提前录制并计算语速。例如，马云的中文演讲语速大约为每分钟 200 字，罗振宇和罗永浩的演讲语速也在这个舒适区间内。

在演讲中，为了调动听众情绪，适时变换语调至关重要。例如：

我要告诉你们一个绝对惊人的事实……

有一个重要的信息，我想分享给在座的每位……

有一点，我觉得大家一定要牢记在心……

接下来的内容，我从没有在公开场合讲过……

在这些句子中，你可以将重音放在最核心的词语上，以便听众能迅速抓住要点。

此外，停顿的使用也能让一句话产生不同的效果。例如撒贝宁的脱口秀，很经典的那句：北上广爱来不来。这句话按不同的方式表达有不同的效果：

北上广，爱，来？不来！——这是已经放弃了。

北上广，爱，来不？来！——这是坚定的信心。

北上广，爱，来不来？——这是薛定谔的猫，你只有在打开盒子那一瞬间才知道答案。

因此，在演讲中善于运用停顿也是非常重要的技巧。

5.3　用好"五要"互动神技，让你的演讲嗨翻全场

在演讲过程中，很多演讲者都很有热情和激情，观众听得也很过瘾，可是如果你一直是这样一个状态，观众也会疲惫，注意力下降，进而无法与后面的演讲产生共鸣。正确的做法是什么呢？有句话叫"把猴子丢给观众"，意思就是互动，一定要互动起来，自己先燃起来，再把观众点燃，观众这把大火又能把你烧得更旺，这样才可以让自己的演讲嗨起来。

5.3.1　要掌声

要掌声分为明要和暗要两种。明要，就是在演讲中觉得自己讲得还不错，可

以直言:"我觉得此处可以有掌声。"或者开场就以幽默化解紧张,"我今天有点紧张,能否以掌声助我一臂之力?"又或者在新地方演讲时,以轻松的语气说:"我听说×××的观众们,最喜欢鼓掌了。"

而"暗要",则是通过停顿和调侃来实现。比如讲完一个励志或幽默的故事后,不要急于结束,稍作停顿,给观众反应的时间。或者以自嘲的方式开场:"感谢大家稀稀拉拉的掌声,感谢大家一点都没有欢呼的尖叫声。"再如,可以说"要鼓掌就好好鼓嘛,别像充话费送的"。

5.3.2 要举手

举手的互动,应该是演讲或者讲课中最常见的技巧,一般惯用的做法是给出提示语:同意的请举手;同时,演讲者也要举手,起一个引导作用。

还有一种玩法,比如说我讲即兴演讲课的时候,问大家:你们都害怕做即兴演讲吗?如果让你们用从0到10的手势来作答,10代表特别害怕,0代表完全不害怕,甚至享受,来,举手示意一下,我看看大家对于即兴演讲的反应。这样一来,就很有意思了,不再是单纯的举手,还有一些趣味性在里面,学员会很愿意参与其中。

也可以竖起大拇指与听众互动。比如说我在讲课过程中对学员说:在听课过程中,愿意动脑子去想问题的,请竖起你的大拇指朝上;不喜欢思考的,请竖起你的大拇指向下。这是一种比举手更有意思的操作。类似的做法还有眨眼睛。

5.3.3 要体验

假如在整场演讲中,大家都是听演讲者在讲,完全是灌输性的,估计能记住的寥寥无几;如果让大家参与其中,一起领悟一个道理,那就不一样了。

比如说在讲婚姻关系的课堂中,老师让大家两个人一组,一个人扮演老公,另一个人扮演老婆,老公背着老婆,绕桌子走十圈,结果有人走了两圈就走不动了;如果两人手挽手一起走,走二十圈,也不会觉得累。为什么呢?如果一个家庭中,总让一个人负重,慢慢地他也会承受不起,但如果两个人共同分担,就有了一起奋斗的那份甜蜜和力量。

有的演讲会增加一个环节,叫单手劈木板,就是让大家用尽全身力气,用手劈开一块木板,获得成就感。由此告诉大家一个道理,是否能做成一件事,往往取决于你有多想做成这件事。就像劈木板一样,只要你一心想劈断它,用尽力气就可以做到。这样的互动环节会突破舒适区,获得新的能量,让自己对未来充满信心。

5.3.4 要下联

在演讲中巧妙运用金句,先说出上半句,然后邀请观众接出下半句。这种方式能极大地提升观众的参与感和现场氛围。就像演唱会中歌手与观众的合唱环节一样,满满的参与感能让现场氛围达到高潮。

5.3.5 要托儿

如果你担心自己的演讲无法引起观众的注意,可以自行带托儿,这里指的不是傻乎乎的回答问题那种,而是笑点比较低的那种,在现场帮你烘托气氛,带动观众情绪。你带的托儿回答完你的问题,你也可以直接大方地说:"这是我的托儿,下课找我要红包哈。"这样的一个小调侃,很容易引起观众的好感,对你的演讲印象深刻。

5.4 危机应对:从容不迫,化解挑战

在面对突发状况时,保持冷静是关键。然而,仅仅冷静还不够,我们需要更进一步,通过智慧和策略来应对挑战。接下来,我们将探讨在演讲现场遇到的具体挑战,以及如何运用幽默这一万能钥匙巧妙地化解尴尬,让危机转变为转机。

演讲过程都是现场直播,如果出现问题,可不能随时叫停。如何化解尴尬呢?万能的化解尴尬法是幽默。在这里教大家几个方法:

1. 忘词怎么办?

当你在台上忘词了,你在台上显得非常惊恐,观众会安静下来看你出丑,最后你承认自己忘词了,一般大家都会哄堂大笑。多好啊,这一下就达到了全场气氛的高潮。当然你也可以幽默一下,说:"我忘词了,我上幼儿园的时候拿着铅笔戳鼻孔,戳得太深,伤到脑子了。"相信我,大家会笑到岔气,无比喜欢你。正式的场合可以轻调侃一下:"我忘词了,大家稍微等等,让我重启一下大脑。"

2. 话筒突然没声怎么办?

这种情况还真是比较常见,如果话筒没声了,或者突然间有很大的杂音,可

以选择不用话筒。放心，工作人员会马上处理。这个时候你也不能干站着，你可以说："我实在是太有魅力了，连话筒都看不下去了，直接给断了。"估计会场又是一阵笑声。然后你可以抬高音量继续讲。

3. PPT 播不出来怎么办？

PPT 播不出来，你可以说："感谢 PPT，让你们有机会可以专注地看我。"

4. 摔倒怎么办？

有时候因为紧张，上台一不小心就摔倒了。有人会这样说："你们看到了吧，我是经历了怎样的坎坷，才站到了今天的舞台上。"也可以说："谢谢啊，为你们的热情倾倒了。"类似的情况，比如百度 CEO 李彦宏被泼了一瓶矿泉水，他说："我们在前进的路上，会有各种各样不可预测的事情发生，但是解决问题的初心不会变。"台下一片掌声。

5. 停电怎么办？

停电在演讲现场也会比较容易发生，黑乎乎的，你看不见我，我也看不见你，容易引起骚动，怎么办呢？演唱会大家都知道吧，可以借用过来，比如说，邀请听众拿出手机，打开手电筒，照亮全场，想想这样的情景，还挺浪漫的。

5.5 国际范：AI 助力翻译挑战

如果你即将登上国际演讲比赛的舞台，却对自己的英文水平不够自信，需要对整篇中文演讲稿进行精准翻译，该怎么办呢？咱有 AI。此刻，呼唤 AI，亮剑！

🖊 Who（身份）：你是一名专业的英语翻译。

🖊 What（任务）：我需要你帮我翻译一篇演讲稿。

🖊 Why（背景）：我要代表演讲俱乐部参加国际演讲比赛，主题是《科技与未来》。

🖊 How（要求）：请用口语化的短句输出。以下为演讲稿内容：科技与未来紧密相连，科技的不断进步正塑造着我们的未来世界。从人工智能到大数据，从云计算到物联网，科技的飞速发展正在改变我们的生活方式。智能家居让我们的生活更加便捷，无人驾驶技术将重新定义出行方式，而虚拟现实技术则为我们打开了全新的感官世界。科技的力量是无穷的，它将带领我们走向一个更加美好的未来。

根据你的要求，AI生成内容如图5-2所示。

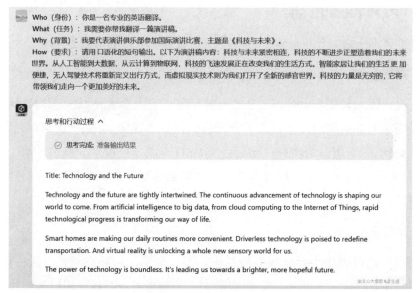

图5-2　翻译演讲稿

这只是一个简单的示范，大家可以根据实际演讲稿进行整篇翻译，也可以分段翻译，不断和AI磨合，拿到你想要的结果。

学而时习之,不亦说乎?——论语

孔子曰:"学而时习之,不亦说乎?"正如孔子所言,学习之后,适时地复习与实践,不仅能巩固所学,更能带来内心的满足与愉悦。演讲也是如此,它不仅是一种技巧的学习和展示,更是一种实践与体验的过程,一种将所学转化为实际影响力的方式。

在上一章中,我们从慧讲、能讲、巧讲、敢讲四个维度深入剖析了演讲的基本技巧与内涵。本章我们将这些技巧付诸实践,借助 AI 的力量,通过刻意练习来应对各种具体场景中的演讲挑战。

无论是站在聚光灯下的激情演讲,还是一对一的深入交流,我们都将以实战为导向,让演讲技巧在实践中得到提升,展现出自己独特的风采。

演讲其实就是搭积木，需要我们根据不同的场景，巧妙地重新排列组合之前学到的技巧，打造适合各种场合的演讲。本章将列出最常见的八大演讲场景，针对每个场景，都会从一系列演讲的"积木"（如下表所示）中精心挑选组合以及创新延展，让你的演讲在任何场合都精彩。

演讲积木表

标题		有趣	□ 提问	□ 反常识	□ 画面感
		有料	□ 新知	□ 数据	□ 金句
		有用	□ 干货	□ 痛点	□ 用户价值
开头		钩子	□ 提问	□ 悬念	□ 想象
		锥子	□ 语言锥	□ 沉默锥	
		刀子	□ 自黑		
		锯（具）子	□ 道具		
		盘子	□ 承诺价值		
结构	逻辑结构	菜鸟级"三点式"	□ 时间	□ 空间	□ 重要性
		高手级"三点式"	□ 关键词	□ 同字压缩	
			□ 拆词语/拆字/拆甲骨文/拆英文单词		
		大神级"三点式"	□ 道法术	□ 灰指甲	□ 问元芳
	故事结构	菜鸟级"三幕式"	□ STAR 模型	□ 对钩（√）模型	
		高手级"三幕式"	□ "黄金手指 STORY"模型		
		大神级"三幕式"	□ 英雄之旅		
故事技巧			□ 幽默感	□ 画面感	□ 类比感
三金点睛			□ 金句子	□ 金隐喻	□ 金 PPT
结尾			□ E：镜头回放	□ N：下一步行动	□ D：深度连接

第 6 章

工作汇报：AI 助力，轻松解决三类常见汇报难题

在职场的快节奏中，汇报工作往往成为一项让人头疼的任务。你是否有过这样的经历：汇报时几句话就匆匆结束，给人留下工作量不足的印象；或者在汇报中被领导打断，要求你直接切入重点。

现在，让我们借助 AI 的神助攻，逐一解决这些职场汇报的难题：

编写：解决不知从何讲起的问题，实现从 0 到 1 的突破。

扩写：解决写不长的问题，实现从 1 到优的提升。

改写：优化汇报中逻辑混乱的问题，实现从平淡到出色的转变。

6.1 编写：AI 引领，流畅表达，实现从 0 到 1 的突破

这部分主要解决工作汇报不知从何讲起的问题，在这里介绍一个操作流程，如图 6-1 所示。

图 6-1 编写——工作汇报操作流程

1）第一步：确定框架

工作汇报从哪几个维度进行呢？自己想，很容易遗漏，可以让 AI 直接帮你写好大纲。假如你要汇报 5 月的月度工作，你只需要向 AI 发送指令：

我需要向领导汇报 5 月的个人工作，请给我一个工作汇报框架。

不到 5 秒，AI 就能为你生成一个完整且清晰的汇报框架，如图 6-2 所示。

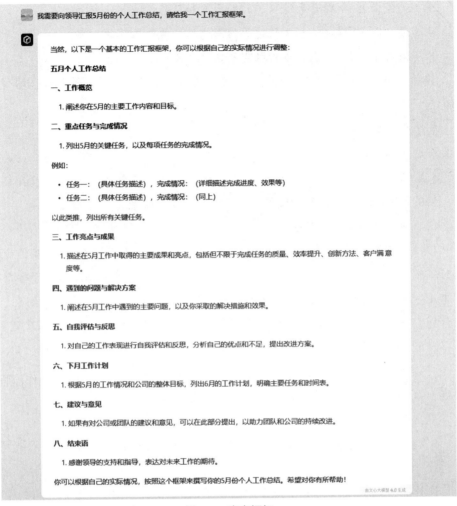

图 6-2　确定框架

2）第二步：提供关键信息

AI 生成的大纲涵盖了工作概览、重点任务与完成情况、工作亮点与成果、遇到的问题和解决方案、自我评估与反思、下月工作计划、建议与意见等多个方面，可谓面面俱到。然而，考虑到会议时间和领导的关注重点，你可能需要对内容进行精简。假设你决定只保留工作概览、重点任务与完成情况，以及下个月的工作计划这几个部分。

接下来，你需要为这些保留的部分填充关键信息。这一步必须由你自己来完成，因为 AI 无法了解你具体的工作细节。在填写"重点任务与完成情况"时，可以采用第三章大神级"三点式"玩法的"道法术"结构来组织信息：

道（为什么）：解释开展这项工作的原因和目的。

法（怎么做）：描述你和团队是如何围绕目标展开工作的。

术（做成了什么）：展示你们取得的具体成果。

我举一个学员在国企讲课的例子，该学员是做团青工作的，他是这样填写这部分信息的。

5月月会工作汇报

一、工作概览

5月完成了员工生日会、协会比赛计划表、技能竞赛启动会、五四表彰大会、520青年联谊活动、团费收缴、召开团委日常会议等。

二、重点任务与完成情况

1. 技能竞赛启动会：（道）为提升员工工作能力，以赛促效，（法）我们小组进行了充分的准备，本月组织开展了技能竞赛启动会，参赛队伍均来自于各个业务单元。根据前期的准备，启动会上由各队长现场汇报选题方向、选题思路、研究计划、课题组成员等。（术）参加会议的领导对本次活动的策划给予高度赞赏。

2. 520联谊活动：（道）为扩大员工朋友圈，促进交流，（法）本月我们公司联合兄弟公司一起组织单身青年员工30多人联谊，开展剧本杀等活动，大家玩得很开心。（术）为单身青年搭建了良好的交友平台。

三、下月工作计划

6月主要完成篮球、足球协会比赛及青年员工演讲比赛初赛活动。

3）第三步：一键扩写

你补充了具体工作内容，接下来就交给AI吧，让AI根据你提供的工作进行扩写。此刻，呼唤AI，亮剑！

✏ Who（身份）：你是一名资深的公文和演讲专家。

✏ What（任务）：请指导我完成工作报告。

✏ Why（背景）：我是一名国企的团青经理，如下是我5月的工作汇报，需要你帮我扩写和润色。

✏ How（要求）：字数不超过1000，符合国企风格，沉稳大气。

根据你的要求，AI生成内容如图6-3所示。

如果你需要对其中一部分进行更深入的汇报，可以让AI继续扩写。例如：请就"投研技能竞赛"内容深度扩写，体现出团委为金融业务赋能。

根据你的要求，AI生成内容如图6-4所示。

> Who（身份）：你是一名资深的公文和演讲专家。
> What（任务）：请指导我完成工作报告。
> Why（背景）：我是一名国企的团青经理，如下是我5月份的工作汇报，需要你帮我扩写和润色。
> How（要求）：字数不超过1000，符合国企风格，沉稳大气。
>
> 五月月会工作汇报
> 一、工作概览
> 5月完成了员工生日会、协会比赛计划表、技能竞赛启动会、五四表彰大会、520青年联谊活动、团费收取、召开团委日常会议等。
> 二、重点任务与完成情况
> 1.技能竞赛启动会：为提升员工工作能力，以赛促效，我们小组进行了充分的准备，本月组织开展了技能竞赛启动会，参赛队伍均来自于各个业务单元。根据前期的准备，启动会上由各队长现场汇报选题方向、选题思路、研究计划、课题组成员等。后期安排8月份做中期汇报，11月份完成线下PPT路演比赛。
> 2.520联谊活动：为扩大员工朋友圈，促进交流，本月我们公司联合兄弟公司一起组织单身青年员工30多人联谊，开展剧本杀等活动，大家玩得很开心，为单身青年搭建了良好的交友平台。
> 三、下月工作计划
> 6月主要完成篮球、足球协会比赛及青年员工演讲比赛初赛活动。

五月月会工作汇报

一、工作概览

在刚刚过去的五月，我作为团青经理，秉持着"服务青年、促进成长"的宗旨，积极组织和参与了多项重要活动与工作，有效推动了团队凝聚力和青年员工个人能力的双重提升。具体完成了员工生日会、协会比赛计划表的制订与执行，技能竞赛启动会的成功举办，五四表彰大会的顺利召开，520青年联谊活动的创新开展，团费的及时收缴，以及团委日常会议的定期召开等工作。通过这些活动，不仅丰富了员工的业余生活，也进一步激发了大家的工作热情和创造力。

二、重点任务与完成情况

1. 技能竞赛启动会：为积极响应公司"以赛促学、以赛促效"的号召，提升员工专业技能和团队协作能力，本月我们精心策划并成功举办了技能竞赛启动会。此次竞赛吸引了来自不同业务单元的多支参赛队伍，展示了广泛的参与度和高度的积极性。启动会上，各队长围绕选题方向、选题思路、研究计划及课题组成员等方面进行了详实而生动的汇报，展现了严谨的态度和创新的思维。后续，我已规划于8月份进行中期汇报，11月份则将迎来线下PPT路演比赛的精彩对决，期待各队伍能持续展现风采，共创佳绩。

2. 520联谊活动：鉴于青年员工社交需求的日益增长，本月我们联合兄弟公司，共同策划了一场别开生面的520单身青年联谊活动。活动吸引了30余名单身青年的热情参与，通过剧本杀互动性强、趣味性高的游戏形式，有效促进了跨公司青年之间的交流与合作，为大家搭建了一个轻松愉快的交友平台，收获了广泛好评。

三、下月工作计划

展望六月，我们将继续秉持服务青年的初心，重点推进篮球、足球协会比赛的顺利进行，以及青年员工演讲比赛初赛活动的筹备与实施。通过这些丰富多彩的活动，我们旨在进一步激发青年员工的活力与创造力，为公司文化的繁荣与发展贡献青春力量。同时，也将持续关注青年员工的需求与成长，不断优化服务内容，努力打造更加和谐、进取的团队氛围。

图 6-3　一键扩写

> 请就"投研技能竞赛"内容深度扩写，体现出团委为金融业务赋能。

投研技能竞赛：团委赋能金融业务，共创专业新高度

为积极响应公司"业务与金融深度融合，共同推动企业发展"的战略目标，团委精心策划并成功举办了投研技能竞赛。此次竞赛不仅是一次技能的较量，更是团委为金融业务赋能、推动青年员工专业成长的重要实践。

在竞赛的筹备过程中，团委深入各业务单元，广泛征集意见和建议，确保竞赛内容紧贴业务实际，能够真实反映青年员工在金融投研方面的能力和需求。同时，团委还积极协调资源，邀请了多位行业内的资深专家和学者，为参赛队伍提供专业的指导和培训，帮助他们更好地掌握金融投研的核心技能和方法。

竞赛过程中，各参赛队伍围绕金融市场的热点问题、投资策略、风险管理等关键领域，展开了深入的分析和研究。他们运用所学的金融理论和业务知识，结合实际情况，提出了许多具有创新性和实用性的观点和方案。这些成果不仅展示了青年员工在金融投研方面的才华和潜力，也为公司的业务发展提供了新的思路和方向。

通过此次投研技能竞赛，团委成功地为金融业务赋能，推动了青年员工在金融投研领域的专业成长。同时，竞赛也进一步激发了青年员工对金融业务的兴趣和热情，为公司的金融业务发展注入了新的活力和动力。未来，团委将继续发挥自身优势，积极搭建更多类似的平台和机会，为青年员工的成长和公司的发展贡献更大的力量。

图 6-4　继续扩写

4)第四步：反馈迭代

针对前三步生成的内容，如果你觉得还需要优化，例如"下月工作计划"部分，你希望按照第三章高手级"三点式"的同字压缩法生成计划，可以继续向 AI 发送指令：

关于"下月工作计划"，我想要一个更有条理的行动方案，能否帮我按照"时、事、实、势"来生成计划。

- 时：截止时间
- 事：具体事项
- 实：实际负责人
- 势：需要什么帮助

根据你的要求，AI 生成内容如图 6-5 所示。

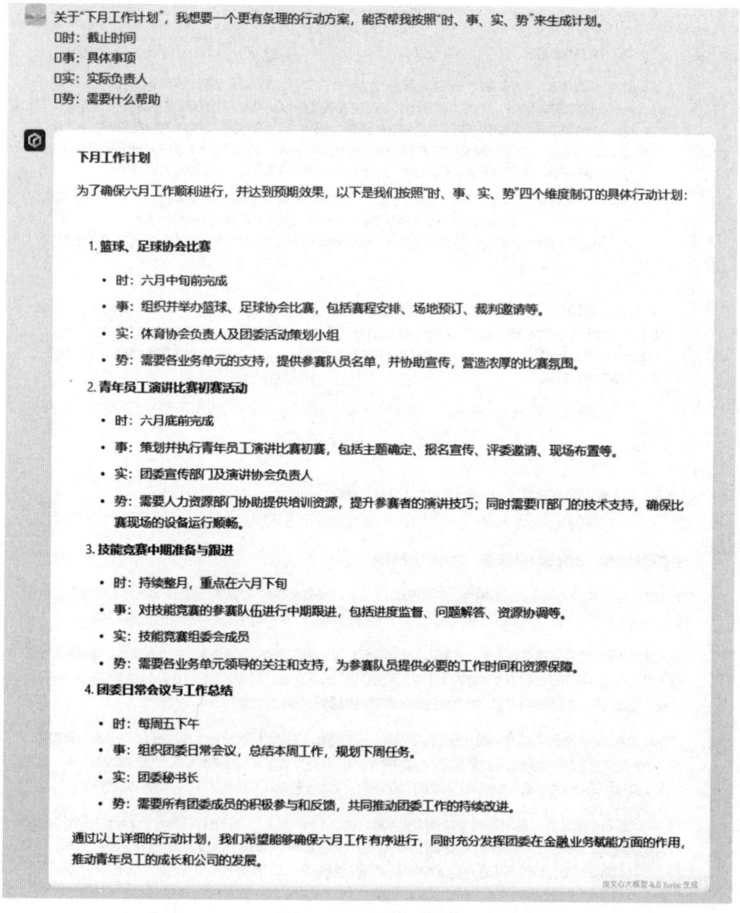

图 6-5　反馈迭代

通过如上四步法，一份结构完整、逻辑清晰的工作汇报便能迅速完成，实现从 0 到 1 的突破。

6.2 扩写：AI 助力，有理有据，实现从 1 到优的提升

你是否曾面临这样的困境：辛勤工作了许久，但在汇报时，寥寥数语便草草结束，给人一种工作量不足的印象，尽管实际上你已经付出了很多努力。怎么汇报呢？此刻，呼唤 AI，亮剑！

假如你上周刚刚组织完一场行业展会，业内评价不错，就此事向老板进行汇报。

🖊 Who（身份）：你是我的周报助手，负责帮我扩写周报。

🖊 What（任务）：我会给你发一份我写的周报，请按照 PREP 格式帮我扩写，至少写三条理由。

- Point（观点）：直截了当地提出主题或中心论点。
- Reason（理由）：详尽阐述该主题或论点的重要性，并提供充足的论据支持。
- Example（例证）：通过生动具体的实例来进一步印证和加强前述的论点。
- Point（重申观点）：最后再次强调主题或论点，确保信息传达的准确性和深刻性。

🖊 Why（背景）：我是公司市场部的负责人，上周组织了一场行业展会，业内评价不错。

🖊 How（要求）：300 字左右。

需要扩写的周报：上周，作为市场部负责人，我成功组织了一场行业展会，活动受到业内广泛好评，有效提升了公司品牌影响力。

根据你的要求，AI 生成内容如图 6-6 所示。

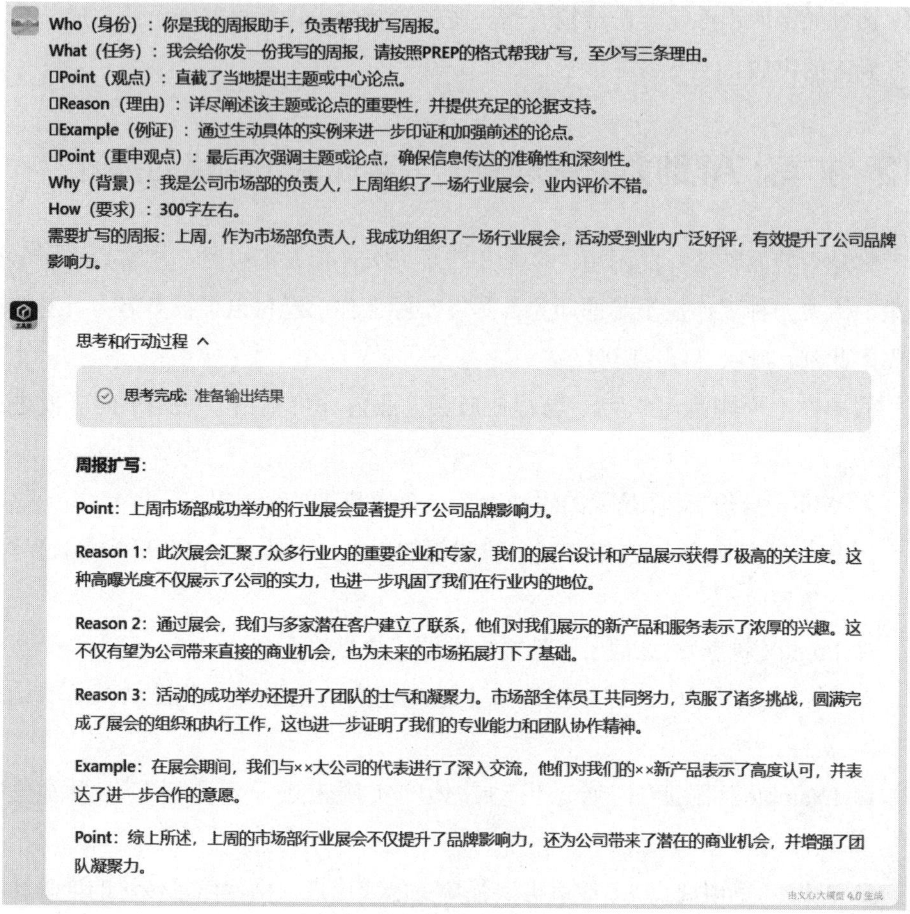

图 6-6 用 PREP 格式扩写

这样一份有理有据的工作汇报就生成了,你根据实际情况进行调整,就可以用来汇报,展现出你的工作成果和专业能力。

6.3 改写:AI 加持,逻辑清晰,实现从平淡到出色的转变

有时候,在工作汇报过程中,你可能滔滔不绝地讲述了很多内容,却突然被老板打断,要求你讲重点。这时,如果把你的讲稿写下来,会发现它就像流水账一样,条理不清,如下:

这个星期我们做了很多工作,嗯,首先是那个客户项目,我们已经完成了大部分,但是还有些小问题,就是那个数据对接的部分,总是出错,我们试了好几种方法,还是没能完全解决。另外,我们也开始准备下个月的市场推广计划,

想要推出一些新产品，不过具体的策略还没有确定，可能需要做更多的市场调研。哦，对了，我们还进行了一次团队培训，我觉得挺有收获的，学到了不少新知识。还有，我们的网站也进行了一次更新，增加了几个新功能，用户反馈还不错。但是，服务器的负载有点高，可能需要优化一下。啊，还有，我们也需要关注竞争对手的动态，最近他们好像也在做一些新的尝试，我们不能落后。总之，这个星期虽然很忙，但是大家都挺有干劲的，希望能继续保持这种势头，把接下来的工作做得更好。

如何进行内容优化呢？呼唤 AI，亮剑！

🗡Who（身份）：你是我的周报助手，负责帮我把周报改写得有结构、有逻辑。

🗡What（任务）：我会给你发一份我写的周报，请按照已完成事项、未完成事项及原因、需要的帮助、待办事项四个模块进行改写。

🗡Why（背景）：我是一家科技公司的综合业务经理，负责项目管理、市场推广计划的制订、网站的更新与维护等工作。

🗡How（要求）：300 字左右。

如果你明白了，请回答："明白了，请发周报。"

根据你的要求，AI 生成内容如图 6-7 所示。

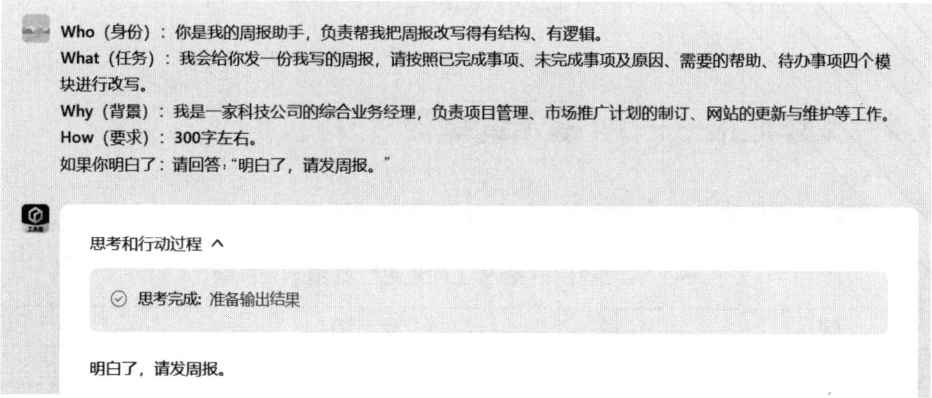

Who（身份）：你是我的周报助手，负责帮我把周报改写得有结构、有逻辑。
What（任务）：我会给你发一份我写的周报，请按照已完成事项、未完成事项及原因、需要的帮助、待办事项四个模块进行改写。
Why（背景）：我是一家科技公司的综合业务经理，负责项目管理、市场推广计划的制订、网站的更新与维护等工作。
How（要求）：300字左右。
如果你明白了，请回答："明白了，请发周报。"

思考和行动过程 ∧

✓ 思考完成：准备输出结果

明白了，请发周报。

图 6-7　改写

你看，这样很快就可以把一份逻辑混乱的工作汇报整理得条理清晰。按照整理后的内容，运用演讲中的"金字塔原理"去汇报，先提出结论，再逐步展开论据，就会更加精准且高效，提升汇报效果。

```
思考和行动过程 ∧

  ⊙ 思考完成：准备输出结果

周报总结
已完成事项：
  1. 客户项目：完成了大部分工作，目前处于收尾阶段。
  2. 团队培训：成功进行了一次团队培训，提升了团队能力和知识水平。
  3. 网站更新：网站新增了几个功能，得到了用户的积极反馈。

未完成事项及原因：
  1. 客户项目数据对接：数据对接部分存在错误，尝试多种方法后仍未完全解决。原因可能是技术难题或数据传
     输中的不稳定因素。
  2. 市场推广计划：具体的推广策略尚未确定。需要进行更多的市场调研来制订有效的推广方案。

需要的帮助：
  1. 需要技术支持团队协助解决数据对接问题，确保项目顺利完成。
  2. 需要市场调研团队提供支持，为市场推广策略的制定提供数据支撑。

待办事项：
  1. 继续优化服务器性能，降低负载，提升用户体验。
  2. 密切关注竞争对手的动态，及时调整我们的市场策略，确保保持竞争优势。
  3. 完成客户项目的剩余部分，特别是数据对接工作。
  4. 制订并执行下个月的市场推广计划，推出新产品。

                                                       由文心大模型 4.0 生成
```

图 6-7 改写（续）

6.4 工作汇报——AI 提示词模板

"编写——日常工作汇报"AI 提示词模板见表 6-1。

表 6-1 "编写——日常工作汇报"AI 提示词模板

步　　骤	提　示　词
定框架	我需要向领导汇报（具体工作）工作总结，请给我一个工作汇报框架。
提供关键信息	人工：采用大神级"三点式"玩法的"道法术"结构来组织工作信息。
一键扩写	✏ Who（身份）：你是一名资深的公文和演讲专家，我是（真实身份）。 ✏ What（任务）：请指导我完成工作报告。 ✏ Why（背景）：如下是我（具体工作）的工作汇报，需要你帮我扩写和润色。 ✏ How（要求）：字数不超过 1000，符合（企业类型）风格，沉稳大气。
反馈迭代	关于"×××"（生成内容中的某一点），我想要（具体要求），能否帮我按照（具体要求或具体模型）生成。

"扩写——日常工作汇报" AI 提示词模板

✏ Who（身份）：你是我的周报助手，负责帮我扩写周报。

✏ What（任务）：我会给你发一份我写的周报，请按照 PREP 格式帮我扩写，至少写三条理由。

- Point（观点）：直截了当地提出主题或中心论点。
- Reason（理由）：详尽阐述该主题或论点的重要性，并提供充足的论据支持。
- Example（例证）：通过生动具体的实例来进一步印证和加强前述的论点。
- Point（重申观点）：最后再次强调主题或论点，确保信息传达的准确性和深刻性。

✏ Why（背景）：我是（真实身份），组织了（具体工作）。

✏ How（要求）：300 字左右。

需要扩写的周报：××××××。

"改写——日常工作汇报" 提示词模板

✏ Who（身份）：你是我的周报助手，负责帮我把周报改写得有结构、有逻辑。

✏ What（任务）：我会给你发一份我写的周报，请按照已完成事项、未完成事项及原因、需要的帮助、待办事项四个模块进行改写。

✏ Why（背景）：我是（具体身份），负责（具体工作内容）工作。

✏ How（要求）：300 字左右。

如果你明白了，请回答："明白了，请发周报。"

第 7 章

工作计划：AI 赋能，"四步法"让领导频频点头

工作计划是一种谋划能力，在职场上是不可或缺的重要能力。尤其是在年初精心制订的全年工作计划，不仅能为你的工作带来节奏感，更能让领导一目了然地看到你的全局思维、组织才能与策划能力。然而，怎么搭建框架，才能让你的汇报更出色呢？

7.1 AI 生成工作计划"四步法"

在这里分享一套实用的操作流程，共四步，可以高效完成工作计划，如图 7-1 所示。

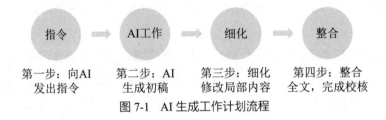

图 7-1 AI 生成工作计划流程

1. 指令：向 AI 发出指令

假如你是一名有 10 年医疗行业从业经验的销售经理，需要向老板汇报今年的渠道开发计划，该怎么汇报呢？此刻，呼唤 AI，亮剑！

✒ Who（身份）：你是一名有 10 年医疗行业从业经验的销售经理。

✒ What（任务）：需要向老板汇报今年的销售渠道开发计划。

✒ Why（背景）：今年医疗市场竞争非常厉害，需要开发新的渠道，增加销售额。

✒ How（要求）：工作计划需要包含工作目标、区域市场分析、渠道选择标准和实施计划；必须有详细的内容与数据支撑；3000 字左右。

根据你的要求，AI 生成内容如图 7-2 所示。

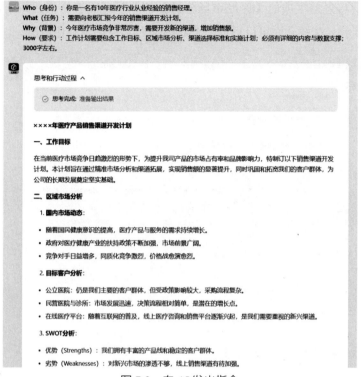

图 7-2　向 AI 发出指令

2. AI 工作：AI 生成初稿

使用文心一言 4.0 等 AI 工具时，需注意其一次输出的字数限制（如 2000 字）。在 AI 生成内容的过程中，若因字数限制或网络稳定性影响导致输出中断，只需输入"继续"，AI 便会继续生成后续内容，如图 7-3 所示。

图 7-3　AI 生成初稿

3. 细节：细化修改局部内容

如果你认为"区域市场分析"部分用表格表达更为直观清晰，可以向 AI 发出指令"请将之前生成的【区域市场分析】部分整理成表格形式重新提供给我,如图 7-4 所示。这样,你可以根据需要对局部内容进行精细化修改。

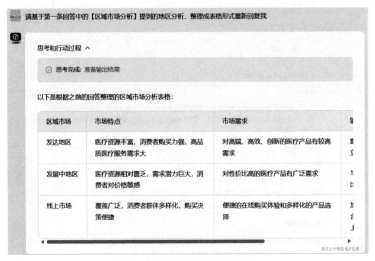

图 7-4　细化修改局部内容

4. 整合:整合全文,完成校核

接下来向 AI 继续发出指令:请根据调整后的表格,重新生成整个工作计划,如图 7-5 所示。

图 7-5　生成全文

在 AI 生成全文后，你需要仔细校核数据的准确性，并调整语言风格以符合你的表达习惯。通过"四步法"，你不仅能高效地完成工作计划，还能在汇报时展现出你的专业素养和策划能力，让领导频频点头称赞。

7.2 工作计划——AI 提示词模板

🖊 Who（身份）：你是一名（AI 扮演的角色）。

🖊 What（任务）：需要向老板汇报（工作主题）的工作计划。

🖊 Why（背景）:（工作背景）。

🖊 How（要求）：

1）工作计划需要包含工作目标、（核心内容）、实施计划。

2）必须有详细的内容与数据支撑。

3）3000 字左右。

第 8 章

年终述职：AI 携手"天龙八步"模型，轻松搞定年终述职

年终述职不同于常规的工作汇报，它直接关系到你能拿多少年终奖，甚至对你来年升职加薪产生重要影响。与你一同进行述职汇报的还有小强、小王、小周等人，他们都是你的竞争对手。据听说，他们都准备得十分充分，想在今年的述职汇报中超越你。面对这样的情境，你该如何准备述职汇报，才能脱颖而出、获得领导的赏识呢？说实话，这确实是个挑战。不过别担心，AI 来帮你。

8.1 AI 助力年终述职的流程

设想一下，如果有一位经验丰富的记者，他通过提问引导你深入挖掘自己的工作经历，并会据此撰写一篇引人入胜的述职报告，那该多好啊。现在，AI 技术就能实现这一梦想。接下来，为大家介绍一个利用 AI 进行操作的具体流程，如图 8-1 所示。

图 8-1 AI 生成年终述职流程

1. 问题：让 AI 列出 10 个问题

假如你是一名初创科技公司的项目经理，团队专注于开发一款创新的健康管理应用。年底你需要向老板汇报这一年的工作成果及下一年的工作计划，这可咋办？你焦头烂额，不知道怎么下笔。此刻，呼唤 AI，亮剑！

✏ Who（身份）：你是一名商务演讲专家，我是初创科技公司的项目经理，你是我的演讲教练。

✏ **What（任务）**：我需要你围绕年终总结工作汇报的主题提出 10 个问题，帮助我厘清年终总结的内容。

✏ **Why（背景）**：我带领的团队专注于开发一款创新的健康管理应用。

✏ **How（要求）**：问题逐项输出，我回答完，才可以输出下一个问题，不需要润色我的回答。

根据你的要求，AI 生成内容如图 8-2 所示。

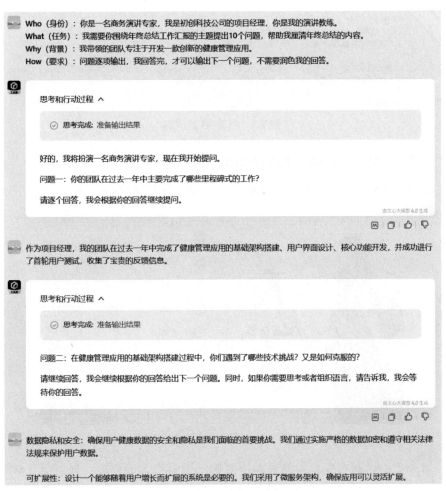

图 8-2　让 AI 列出 10 个问题

2. 回答：按照 AI 的提问，逐项回答

按照 AI 提出的 10 个问题，逐项回答。

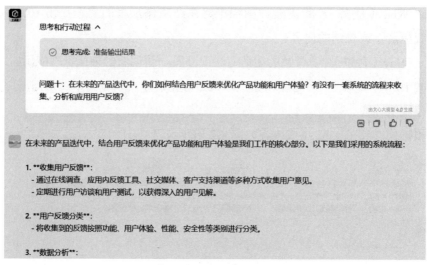

图 8-3　回答 AI 的问题

3. 梳理：用"天龙八步"模型进行内容梳理

做年终述职有一个特别棒的结构叫"天龙八步"，如图 8-4 所示。

图 8-4　"天龙八步"模型

第一步：标题要亮。年终述职需要起一个吸引人的标题，根据第 2 章的内容，按照"桃子三有"法则起标题。

第二步：介绍要有。根据第 3 章的内容，使用 MTV 法则（Me，Thing，Value）来介绍自己。

第三步：逻辑要清。凡事讲三点，把所有工作归纳为三个方面进行汇报，根据第 3 章的内容，可采用关键词法等技巧来提炼和组织你的汇报点。

第四步：工作要详。按照老板关心的程度由高到低梳理你的工作内容。

第五步：成绩要显。根据第3章的内容，运用"黄金手指STORY"模型讲你在工作中取得的成绩或经历的故事。

第六步：不足要有。根据第3章的内容，按照"灰指甲"模型反思工作中的不足。

第七步：计划要细。根据第3章的内容，按照同字压缩法"事实时势"做下一年工作计划。

第八步：感谢要高。在报告的结尾，表达对团队的感激之情。强调团队合作的重要性，感谢每一位团队成员的贡献，体现领导力和团队精神。

你学会了吗？学会了，请回答："学会了。"

现在只需要把"天龙八步"模型发给AI，让AI学习此结构（如图8-5所示），然后根据"天龙八步"每一步的要求，结合已经回答的10个问题的答案，逐项输出内容。

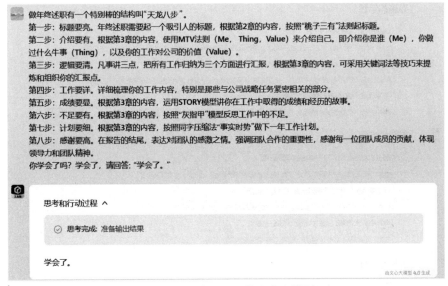

图8-5　AI学习"天龙八步"模型

1）第一步：标题要亮。

以防AI忘记前面10个问题的答案，可以先把10个问题和相应的答案整理成一份文档，作为附件上传给AI，然后发出指令（如图8-6所示）。

> **关于年终述职的提问+回答**
>
> 接下来你需要根据附件整理的10个问题的答案,按照"天龙八步"每一步的具体要求,逐条输出内容。
> 现在请先完成第一步:标题要亮。也就是需要给你结合附件内容为年终述职报告起个标题。
>
> 有一个特别棒起标题的方法叫"桃子三有"法则,分别是:
> 1) 有趣:给到听众情绪价值,让他感觉到快乐
> 2) 有料:给到听众新知,让他获得思维启发
> 3) 有用:给到听众方法,让他解决难题
> 我给你一些示例,供你学习:
> 1) 有趣
> ▢提问——标题为《人为什么活着》
> ▢利用反常识——标题为《梦境与现实:我们的大脑是如何欺骗我们的?》
> ▢营造画面感——标题为《如何开一场让用户排队的产品发布会》
> 2) 有料
> ▢分享新知——标题为《用AI三步搞定职场办公》
> ▢引入数据——标题为《如何在30天内成为高效学习者?尝试这7个步骤》
> ▢金句——标题为《成功不是偶然,而是必然的选择》
> 3) 有用
> ▢提供干货——标题为《高效能人士的七个习惯》
> ▢戳痛点——标题为《人到中年,职场半坡》
> ▢突出用户价值——标题为《××资料免费送》
>
> 请请根据"桃子三有"法则起标题的方法,分别从有趣、有料、有用三个方面给年终述职报告分别起三个标题,总计9个标题。标题要简短易记,语言亲民,避免过于高大上的词汇,让听众一听就觉得亲切且接地气。

根据您的要求和提供的文档内容,我为您的年终述职报告起了以下9个标题,分别涵盖有趣、有料和有用三个方面:

有趣的标题

1. "健康小跑:我们的一年'健'步如飞"

    创意:利用"健步如飞"这一形象的描述,展示团队过去一年中在健康管理应用方面的快速发展。

2. "码农日常:从bug到健康应用的华丽转身"

    创意:通过"华丽转身"这一表达,突出团队从解决bug到开发出优秀健康管理应用的转变。

3. "跨界挑战:健康与技术的甜蜜碰撞"

    创意:强调健康与技术结合的创新性,用"甜蜜碰撞"形容这种跨界合作的乐趣和挑战。

有料的标题

1. "数据背后的秘密:守护健康的隐形防线"

    创意:揭示团队如何利用数据分析来优化健康管理应用,形成一道"隐形防线"。

2. "技术攻克记:那些让我们头疼又兴奋的难题"

    创意:分享团队在技术开发过程中遇到的难题和攻克它们的成就感。

3. "用户心声大揭秘:他们的反馈,我们的改变"

    创意:展示团队如何重视用户反馈,并根据反馈做出改进。

有用的标题

1. "实用攻略:如何打造让用户爱不释手的应用"

    创意:提供实用的建议,分享如何开发出受用户喜爱的健康管理应用。

2. "成果看得见:健康应用的成长日记"

    创意:通过"成长日记"的形式,展示健康管理应用从开发到成熟的过程。

3. "未来可期:我们的'健康梦',你来见证"

    创意:邀请听众共同见证团队对健康应用的未来规划和期望。

这些标题旨在吸引听众的注意力,突出团队的工作成果和亮点,希望对您有所帮助。

图 8-6 生成标题

2）第二步：介绍要有。

继续向 AI 发出指令（如图 8-7 所示）：

"天龙八步"第二步为介绍要有，请根据 MTV 法则介绍自己：

- M：me，我是谁。
- T：thing，做过什么牛事。
- V：value，你的工作对公司的价值。

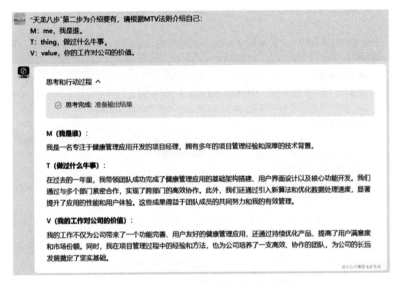

图 8-7　用 MTV 模型生成自我介绍

3）第三步：逻辑要清。

继续向 AI 发出指令（如图 8-8 所示）：

请将所有工作归纳为三个方面进行汇报，并起三个小标题，每个不超过 7 个字。

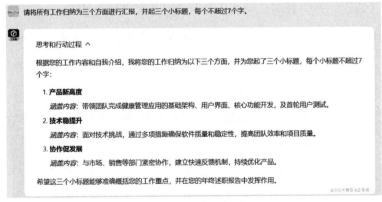

图 8-8　提炼小标题

4）第四步：工作要详。

继续向 AI 发出指令（如图 8-9 所示）：

请将如上三方面的工作，按照老板关心的程度由高到低进行梳理。

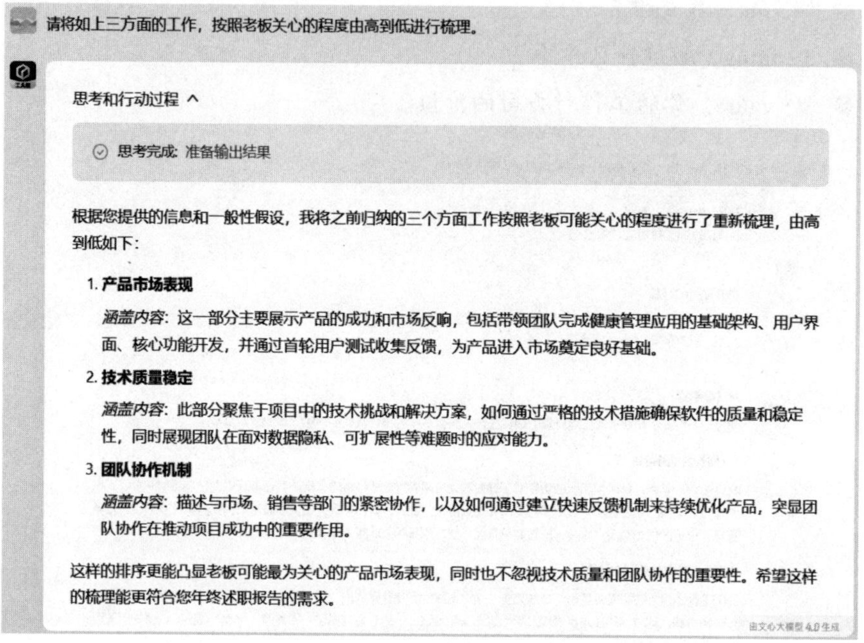

图 8-9 按照重要性给工作排序

5）第五步：成绩要显。

继续向 AI 发出指令（如图 8-10 所示）：

请用"黄金手指 STORY"模型，讲一个在工作中取得的成绩或经历的故事。

🖐 S（Situation）——**背景：**故事发生在何种环境或情境之中。

🖐 T（Task）——**任务：**明确你的核心任务或目标是什么。

🖐 O（Oops）——**意外：**在执行任务过程中，遭遇了哪些意外、冲突和障碍。

🖐 R（Reverse）——**一波三折：**面对阻力，你不断努力，却一再遭遇新的挑战和挫折，但你不忘初心，持续奋斗。

🖐 Y（Yes-moment）——**结果：**经过一系列努力和挑战，最终取得了什么样的成果。

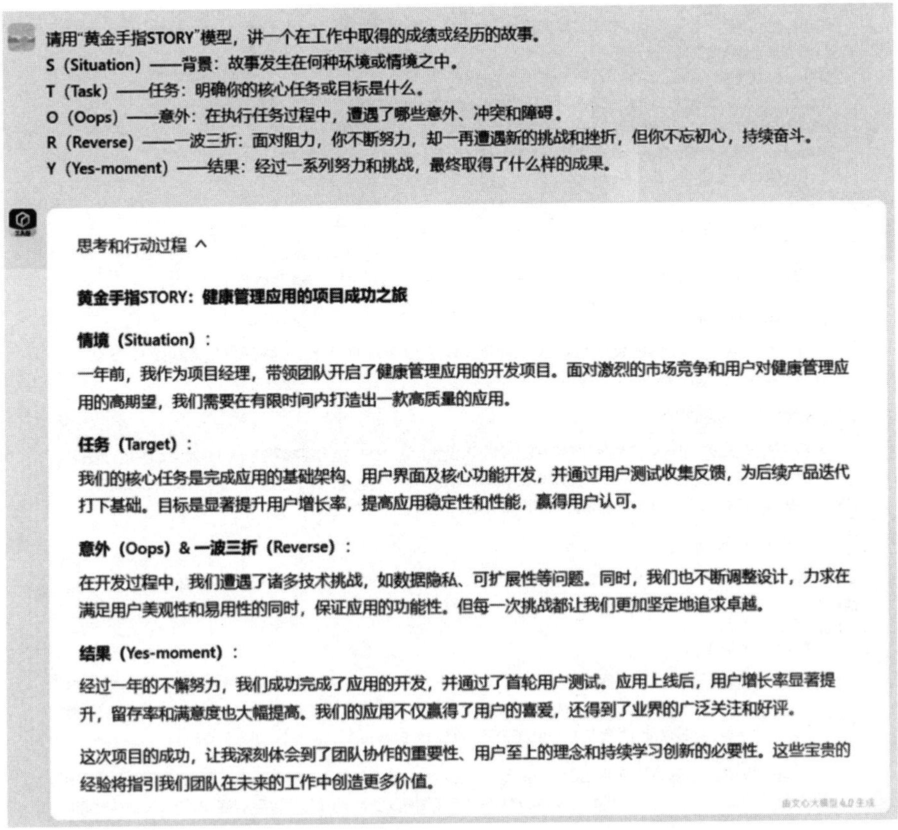

请用"黄金手指STORY"模型，讲一个在工作中取得的成绩或经历的故事。
S (Situation) ——背景：故事发生在何种环境或情境之中。
T (Task) ——任务：明确你的核心任务或目标是什么。
O (Oops) ——意外：在执行任务过程中，遭遇了哪些意外、冲突和障碍。
R (Reverse) ——一波三折：面对阻力，你不断努力，却一再遭遇新的挑战和挫折，但你不忘初心，持续奋斗。
Y (Yes-moment) ——结果：经过一系列努力和挑战，最终取得了什么样的成果。

思考和行动过程 ∧

黄金手指STORY：健康管理应用的项目成功之旅

情境 (Situation)：
一年前，我作为项目经理，带领团队开启了健康管理应用的开发项目。面对激烈的市场竞争和用户对健康管理应用的高期望，我们需要在有限时间内打造出一款高质量的应用。

任务 (Target)：
我们的核心任务是完成应用的基础架构、用户界面及核心功能开发，并通过用户测试收集反馈，为后续产品迭代打下基础。目标是显著提升用户增长率，提高应用稳定性和性能，赢得用户认可。

意外 (Oops) & 一波三折 (Reverse)：
在开发过程中，我们遭遇了诸多技术挑战，如数据隐私、可扩展性等问题。同时，我们也不断调整设计，力求在满足用户美观性和易用性的同时，保证应用的功能性。但每一次挑战都让我们更加坚定地追求卓越。

结果 (Yes-moment)：
经过一年的不懈努力，我们成功完成了应用的开发，并通过了首轮用户测试。应用上线后，用户增长率显著提升，留存率和满意度也大幅提高。我们的应用不仅赢得了用户的喜爱，还得到了业界的广泛关注和好评。

这次项目的成功，让我深刻体会到了团队协作的重要性、用户至上的理念和持续学习创新的必要性。这些宝贵的经验将指引我们团队在未来的工作中创造更多价值。

图 8-10　用"黄金手指 STORY"模型讲故事

6）第六步：不足要有。

继续向 AI 发出指令（如图 8-11 所示）：

请用"灰指甲"模型反思工作中的不足，"灰指甲"模型其实就是 SCQA，只是为了便于形象的记忆，才称为"灰指甲"模型。请按照 SCQA 逐项输出工作不足：

- Situation（情境）：设定背景，让听众了解当前的情况。
- Complication（复杂性）：提出问题或挑战，说明情境中的困难或问题。
- Question（问题）：基于复杂性，提出一个引导性的问题，激发听众的好奇心。
- Answer（答案）：提供解决方案或答案，解决提出的问题。

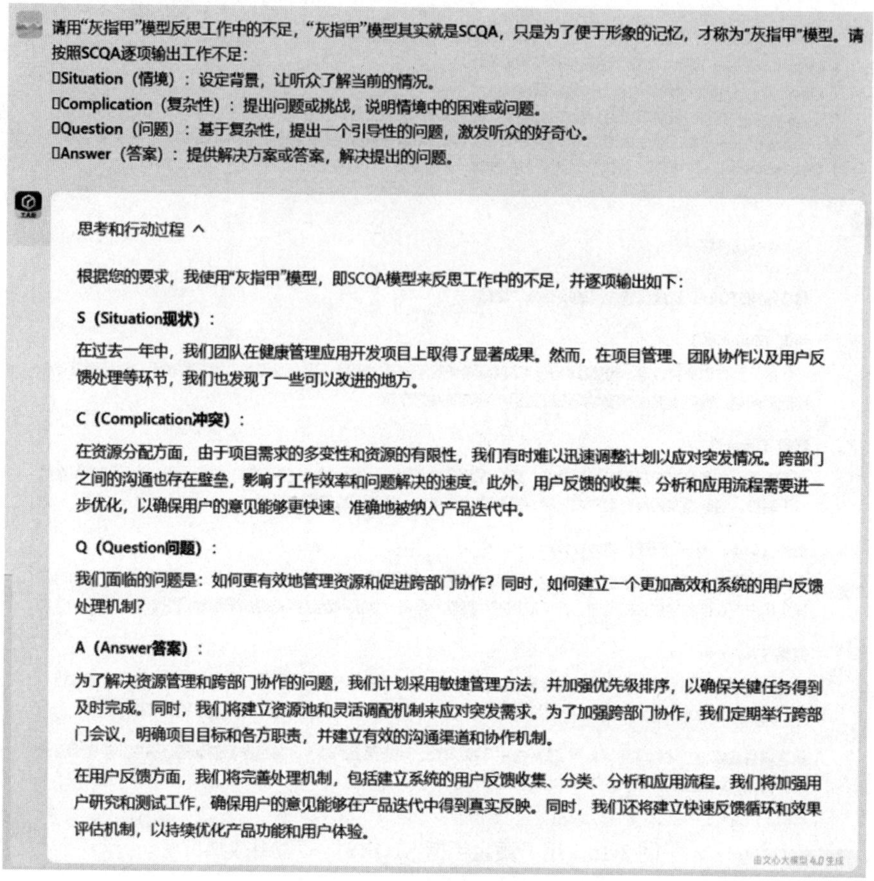

请用"灰指甲"模型反思工作中的不足,"灰指甲"模型其实就是SCQA,只是为了便于形象的记忆,才称为"灰指甲"模型。请按照SCQA逐项输出工作不足:
□Situation(情境):设定背景,让听众了解当前的情况。
□Complication(复杂性):提出问题或挑战,说明情境中的困难或问题。
□Question(问题):基于复杂性,提出一个引导性的问题,激发听众的好奇心。
□Answer(答案):提供解决方案或答案,解决提出的问题。

思考和行动过程 ∧

根据您的要求,我使用"灰指甲"模型,即SCQA模型来反思工作中的不足,并逐项输出如下:

S(Situation现状)
在过去一年中,我们团队在健康管理应用开发项目上取得了显著成果。然而,在项目管理、团队协作以及用户反馈处理等环节,我们也发现了一些可以改进的地方。

C(Complication冲突):
在资源分配方面,由于项目需求的多变性和资源的有限性,我们有时难以迅速调整计划以应对突发情况。跨部门之间的沟通也存在壁垒,影响了工作效率和问题解决的速度。此外,用户反馈的收集、分析和应用流程需要进一步优化,以确保用户的意见能够更快速、准确地被纳入产品迭代中。

Q(Question问题):
我们面临的问题是:如何更有效地管理资源和促进跨部门协作?同时,如何建立一个更加高效和系统的用户反馈处理机制?

A(Answer答案):
为了解决资源管理和跨部门协作的问题,我们计划采用敏捷管理方法,并加强优先级排序,以确保关键任务得到及时完成。同时,我们将建立资源池和灵活调配机制来应对突发需求。为了加强跨部门协作,我们将定期举行跨部门会议,明确项目目标和各方职责,并建立有效的沟通渠道和协作机制。

在用户反馈方面,我们将完善处理机制,包括建立系统的用户反馈收集、分类、分析和应用流程。我们将加强用户研究和测试工作,确保用户的意见能够在产品迭代中得到真实反映。同时,我们还将建立快速反馈循环和效果评估机制,以持续优化产品功能和用户体验。

由文心大模型4.0生成

图8-11 用"灰指甲"模型讲工作不足

7)第七步:计划要细。

继续向AI发出指令(如图8-12所示):

按照同字压缩法"事实时势"做下一年工作计划:

● 事:具体事情或具体项目。
● 实:实际负责人。
● 时:截止时间。
● 势:借助势能,需要支持的人、财、物。

8)第八步:感谢要高。

继续向AI发出指令(如图8-13所示):

"天龙八步"的最后一步了,请写一段年终述职结束的感谢语,表达对团队的感激之情,强调团队合作的重要性,感谢每一位团队成员的贡献。

按照同字压缩法"事实时势"做下一年工作计划：
□事：具体事情或具体项目；
□实：实际负责人；
□时：截止时间；
□势：借助势能，需要支持的人、财、物。

思考和行动过程 ∧

根据您提供的"事实时势"模型，我为您制定了下一年的工作计划，具体内容如下：

事（具体事情或项目）：

1. 加强技术研发，特别是在数据处理和智能化推荐方面取得突破。
2. 优化用户体验，通过用户调研和数据分析，深入了解用户需求和行为习惯。
3. 拓展市场布局，加强与医疗机构的合作，提高品牌知名度和市场占有率。
4. 加强团队建设，提升团队整体素质和专业技能水平。

实（实际负责人）：

- 技术研发：由研发部门负责，我将提供必要的支持和协调。
- 用户体验优化：由产品团队主导，我将参与并提供建议。
- 市场布局拓展：由市场部门负责，我将协助与医疗机构的合作洽谈。
- 团队建设：由人力资源部门和我共同负责，确保团队素质和技能的提升。

时（截止时间）：

- 技术研发：预计在年底前完成关键技术的突破。
- 用户体验优化：持续进行，每季度进行一次用户调研和数据分析。
- 市场布局拓展：在年中前完成与至少两家医疗机构的合作签约。
- 团队建设：全年持续进行，每季度进行一次团队培训和提升。

势（借助势能，需要支持的人、财、物）：

- 技术研发：需要研发团队的全力投入，以及必要的研发设备和资金支持。
- 用户体验优化：需要产品团队、设计团队和研发团队的紧密合作。
- 市场布局拓展：需要市场部门的全力推进，以及与合作医疗机构的良好沟通。
- 团队建设：需要人力资源部门的支持，以及团队成员的积极参与和配合。

通过以上工作计划的实施，我们期望在新的一年中取得更加优异的成绩，推动公司在健康科技领域的持续发展和创新。

图 8-12　生成工作计划

"天龙八步"的最后一步了，请写一段年终述职结束的感谢语，表达对团队的感激之情，强调团队合作的重要性，感谢每一位团队成员的贡献。

思考和行动过程 ∧

✓ 思考完成 准备输出结果

在此，我要向我的团队表达最深切的感谢。这一年里，我们共同经历了许多挑战与困难，但正是每一位团队成员的辛勤付出和无私奉献，让我们能够一次次攻克难关，取得今天的成绩。团队合作的力量是无穷的，正是因为大家的齐心协力，我们才能不断进步，不断创新。感谢每一位团队成员为项目的成功做出的巨大贡献，你们的努力和智慧是我们团队最宝贵的财富。让我们携手并进，共创更加辉煌的未来！

图 8-13　生成感谢语

4. 组稿：整合，完成校核

按照"天龙八步"的内容进行组稿，整合到一个文档中，按照自己的语言风格进行调整和校核，一份年终述职报告就完成了。

5. PPT 制作：AI 一键完成专业 PPT

对于职场人士来说，制作专业的汇报 PPT 是必不可少的技能。借助 AI 工具，我们可以更加高效地完成这一任务。特别推荐三款 AI 工具——AIPPT、比格 PPT、WPS-AI 和讯飞智文，它们能够帮助你一键生成专业的职场汇报 PPT，优劣势如表 8-1 所示。

表 8-1　AI 生成 PPT 的工具优劣势分析

工具	网址	优势	劣势
AIPPT	https://www.aippt.cn	内置模版很优质	收费软件
比格 PPT	https://bigesj.com/ai-ppt/?hmmd=aibot	内置模版很优质	收费软件
WPS-AI	WPS 会员自带	内置模版不错	1. 收费软件 2. 模版数量有限
讯飞智文	https://zhiwen.xfyun.cn/	免费	内置模版一般

操作很简单，打开网址或 WPS，直接把文稿粘贴到对话框中，或直接上传文档就可以一键生成 PPT。具体操作参见第 4.3.3 节。

8.2　年终述职——AI 提示词模板

年终述职——AI 提示词模板见表 8-2。

表 8-2　年终述职——AI 提示词模板

步骤	要求	提示词
问题	让 AI 列出 10 个问题	✏ Who（身份）：你是一名商务演讲专家，我是（真实身份），你是我的演讲教练。 ✏ What（任务）：我需要你围绕年终总结工作汇报的主题提出 10 个问题，帮助我厘清年终总结的内容。 ✏ Why（背景）：我带领的团队专注于（具体工作内容）。 ✏ How（要求）：问题逐项输出，我回答完，才可以输出下一个问题，不需要润色我的回答。
回答	按照 AI 提出的 10 个问题，逐项回答	人工

续表

步骤	要求	提示词
梳理	用"天龙八步"模型进行内容梳理	做年终述职有一个特别棒的结构叫"天龙八步"。 第一步：标题要亮。年终述职需要起一个吸引人的标题，按照"桃子三有"法则起标题。 第二步：介绍要有。使用 MTV 法则（Me，Thing，Value）来介绍自己。 第三步：逻辑要清。凡事讲三点，把所有工作归纳为三个方面进行汇报，可采用关键词法等技巧来提炼和组织你的汇报点。 第四步：工作要详。按照老板关心的程度由高到低梳理你的工作内容。 第五步：成绩要显。运用"黄金手指 STORY"模型讲你在工作中取得的成绩或经历的故事。 第六步：不足要有。按照"灰指甲"模型反思工作中的不足。 第七步：计划要细。按照同字压缩法"事实时势"做下一年工作计划。 第八步：感谢要高。在报告的结尾，表达对团队的感激之情。强调团队合作的重要性，感谢每一位团队成员的贡献，体现领导力和团队精神。 你学会了吗？学会了，请回答："学会了"
	第一步：标题要亮	接下来你需要根据附件整理的 10 个问题的答案，按照"天龙八步"每一步的具体要求，逐条输出内容。 现在请先完成第一步：标题要亮。也就是需要你结合附件内容为年终述职报告起个标题。 有一个特别棒起标题的方法叫"桃子三有"法则，分别是： ● 有趣：给到听众情绪价值，让他感觉到快乐。 ● 有料：给到听众新知，让他获得思维启发。 ● 有用：给到听众方法，让他解决难题。
	第二步：介绍要有	"天龙八步"第二步为介绍要有，请根据 MTV 法则介绍自己： M：me，我是谁；T：thing，做过什么牛事；V：value，你的工作对公司的价值
	第三步：逻辑要清	请将所有工作归纳为三个方面进行汇报，并起三个小标题，每个不超过 7 个字
	第四步：工作要详	请将如上三方面的工作，按照老板关心的程度由高到低进行梳理
	第五步：成绩要亮	请用"黄金手指 STORY"模型，讲一个在工作中取得的成绩或经历的故事。 🖐 S（Situation）——**背景**：故事发生在何种环境或情境之中。 🖐 T（Task）——**任务**：明确你的核心任务或目标是什么

续表

步骤	要求	提 示 词
梳理	第五步：成绩要亮	👋 O（Oops）——**意外**：在执行任务过程中，遭遇了哪些意外、冲突和障碍。 👋 R（Reverse）——**一波三折**：面对阻力，你不断努力，却一再遭遇新的挑战和挫折，但你不忘初心，持续奋斗。 👋 Y（Yes-moment）——**结果**：经过一系列努力和挑战，最终取得了什么样的成果
	第六步：不足要有	请用"灰指甲"模型反思工作中的不足，"灰指甲"模型其实就是 SCQA，只是为了便于形象的记忆，才称为"灰指甲"模型。请按照 SCQA 逐项输出工作不足： ● Situation（情境）：设定背景，让听众了解当前的情况。 ● Complication（复杂性）：提出问题或挑战，说明情境中的困难或问题。 ● Question（问题）：基于复杂性，提出一个引导性的问题，激发听众的好奇心。 ● Answer（答案）：提供解决方案或答案，解决提出的问题
	第七步：计划要细	按照同字压缩法"事实时势"做下一年工作计划： ● 事：具体事情或具体项目。 ● 实：实际负责人。 ● 时：截止时间。 ● 势：借助势能，需要支持的人、财、物
	第八步：感谢要高	"天龙八步"的最后一步了，请写一段年终述职结束的感谢语，表达对团队的感激之情，强调团队合作的重要性，感谢每一位团队成员的贡献
组稿	整合、校核	人工

第 9 章

竞聘演讲：AI 与"三凭"模型共舞，助你脱颖而出

当你站在职场的关键节点，想要通过竞聘演讲赢得晋升的机会时，如何才能让自己脱颖而出呢？竞聘演讲，其实就是一道"人岗匹配"的证明题，你需要向评委证明，你就是他们心目中的理想人选。田俊国老师在《赋能领导力：指数时代领导力转型的关键》一书中提出的"三凭"模型，为我们提供了很好的指导，同样也是一个同字压缩的好模型。在竞聘中，你要清晰地回答好以下三个"凭"：

- 凭：凭什么组织要用你？这时，你要充分展示自己创造业绩、提升成果的能力。
- 凭：凭什么员工要跟你？这里，你要让评委看到你激发员工潜能、带给员工满足感和成就感的本领。
- 凭：凭什么你能稳坐这个职位？此刻，你要展现自己的持续学习能力和不断进步的态度。

9.1 围绕"三凭"，AI 助你打造完美竞聘演讲稿

想象一下，你所在的科技公司，正处于业务拓展和管理升级的关键时刻，部门经理的岗位空缺。这个岗位不仅负责技术或业务部门的全面管理，还要带领团队推动项目，确保目标达成。你准备好迎接挑战了吗？你想去竞聘，可是怎么写演讲稿呢？此刻，呼唤 AI，亮剑！

🖊 Who（身份）：你是一名商务演讲专家，我是企业员工，你是我的演讲教练。

🖊 What（任务）：我需要你帮我写一份竞聘演讲稿。

🖊 Why（背景）：我们公司是一家科技有限公司，专注于软件开发与信息技术服务的创新型企业，现因业务拓展和管理升级的需要，特设立部门经理岗位，并面向公司内部进行公开竞聘。部门经理将负责公司某一技术或业务部门的全面

管理和运营工作,带领团队推动项目进展,确保部门目标的实现,同时协同其他部门,共同促进公司整体战略的发展。岗位要求如下:

1)工作经验:在软件开发、IT服务或相关领域有至少三年的工作经验,其中至少一年以上团队管理经验,对软件开发流程、项目管理有深入理解。

2)技术能力:具备一定的编程基础,了解当前流行的编程语言和框架。熟悉敏捷开发、DevOps等现代软件开发方法。

3)领导能力:能够有效地组织和激励团队,推动项目按时完成并达到预期质量;具备人才培养和团队建设的经验。

4)沟通协调能力:优秀的沟通技巧,能够与团队成员、其他部门以及客户进行有效沟通;能够处理团队内部的冲突,促进团队合作。

我现在这家企业工作5年,一直从事软件开发与信息技术服务工作。

✏ How(要求):

1)请按照"三凭"模型输出演讲稿的主要内容:

● 凭:组织凭什么用我?这里要展示的是我拿结果、提升业绩的能力。

● 凭:员工凭什么跟我?这里展示的是我能够激发员工的潜能,让员工获得满足感和成就感的能力。

● 凭:我凭什么可以一直坐在这个位置上?这里展示的是我的持续学习能力。

2)内容上要做到主旨突出、层次清晰,字数1000左右。

根据你的要求,AI生成内容如图9-1所示。

图9-1 运用"三凭"模型生成竞聘演讲稿

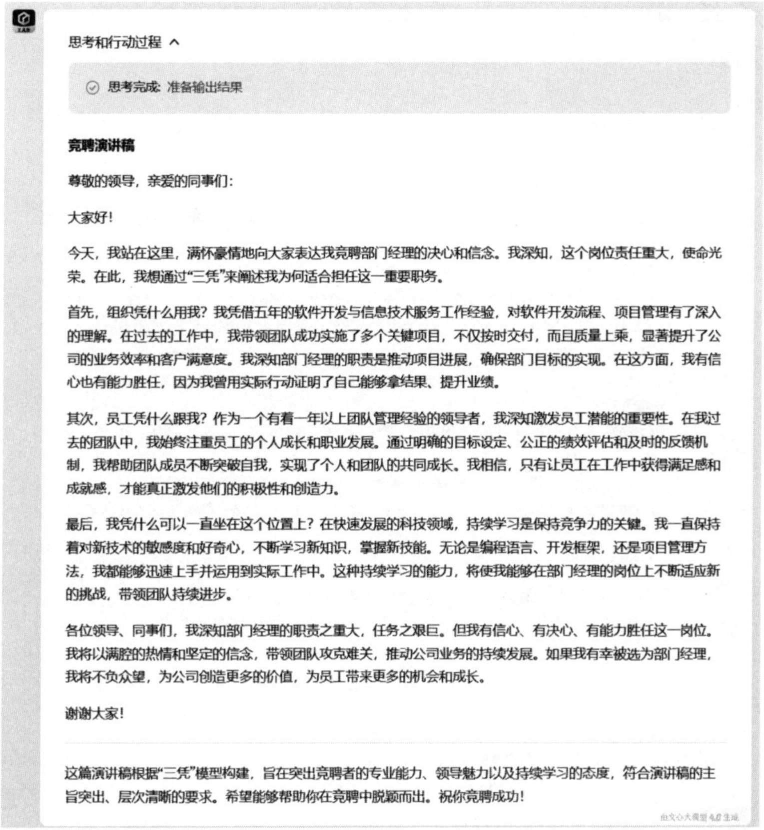

思考和行动过程 ^

思考完成：准备输出结果

竞聘演讲稿

尊敬的领导，亲爱的同事们：

大家好！

今天，我站在这里，满怀豪情地向大家表达我竞聘部门经理的决心和信念。我深知，这个岗位责任重大，使命光荣。在此，我想通过“三凭”来阐述我为何适合担任这一重要职务。

首先，组织凭什么用我？我凭借五年的软件开发与信息技术服务工作经验，对软件开发流程、项目管理有了深入的理解。在过去的工作中，我带领团队成功实施了多个关键项目，不仅按时交付，而且质量上乘，显著提升了公司的业务效率和客户满意度。我深知部门经理的职责是推动项目进展，确保部门目标的实现。在这方面，我有信心也有能力胜任，因为我曾用实际行动证明了自己能够拿结果、提升业绩。

其次，员工凭什么跟我？作为一个有着一年以上团队管理经验的领导者，我深知激发员工潜能的重要性。在我过去的团队中，我始终注重员工的个人成长和职业发展。通过明确的目标设定、公正的绩效评估和及时的反馈机制，我帮助团队成员不断突破自我，实现了个人和团队的共同成长。我相信，只有让员工在工作中获得满足感和成就感，才能真正激发他们的积极性和创造力。

最后，我凭什么可以一直坐在这个位置上？在快速发展的科技领域，持续学习是保持竞争力的关键。我一直保持着对新技术的敏感度和好奇心，不断学习新知识，掌握新技能。无论是编程语言、开发框架，还是项目管理方法，我都能够迅速上手并运用到实际工作中。这种持续学习的能力，将使我能够在部门经理的岗位上不断适应新的挑战，带领团队持续进步。

各位领导、同事们，我深知部门经理的职责之重大，任务之艰巨。但我有信心、有决心、有能力胜任这一岗位。我将以满腔的热情和坚定的信念，带领团队攻克难关，推动公司业务的持续发展。如果我有幸被选为部门经理，我将不负众望，为公司创造更多的价值，为员工带来更多的机会和成长。

谢谢大家！

这篇演讲稿根据“三凭”模型构建，旨在突出竞聘者的专业能力、领导魅力以及持续学习的态度，符合演讲稿的主旨突出、层次清晰的要求。希望能够帮助你在竞聘中脱颖而出。祝你竞聘成功！

由文心大模型生成

图 9-1　运用“三凭”模型生成竞聘演讲稿（续）

接下来根据实际情况进行内容调整，符合自身语言习惯，结合第 4.3.3 节，你可以开始设计你的竞聘 PPT 了。

9.2　AI 智能助理：助你游刃有余应对评委提问

竞聘演讲中，除了精彩的演讲稿和 PPT 外，如何应对评委的提问也是至关重要的一环。这不仅能展现你的综合实力，还能体现你的临场应变能力。别担心，AI 会帮你准备好应对之策。向 AI 发出指令（如图 9-2 所示）：

你来扮担任竞聘此管理岗的评委，对我们进行提问。请给我出 10 道题目。

根据 AI 提供的问题列表，认真思考并准备答案。之后，你可以将答案反馈给 AI 进行点评和辅导，以便在问答环节中更加从容不迫。向 AI 发出指令（如图 9-3 所示）：

请根据我如上的回答，进行点评，帮我更好地应对评委提问环节。

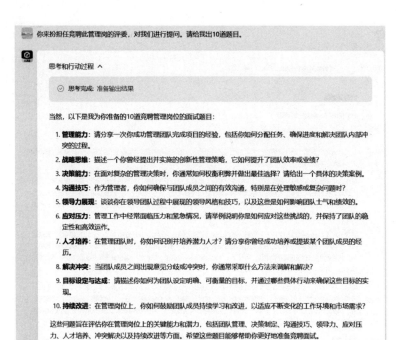

图 9-2　AI 模拟评委提问

图 9-3　AI 完善竞聘者的答案

借助"三凭"模型精心准备演讲稿，在 AI 的协助下设计专业的 PPT，再通过 AI 模拟提问环节进行充分准备，你的竞聘演讲已经万事俱备。相信在这样的充分准备下，你定能在竞聘演讲中脱颖而出，实现职场的新跨越！

9.3 竞聘演讲——AI 提示词模板

✎ Who（身份）：你是一名商务演讲专家，我是企业员工，你是我的演讲教练。

✎ What（任务）：我需要你帮我写一份竞聘演讲稿。

✎ Why（背景）：我们公司是公司（公司类型），专注于×××××××（公司主营业务），现因需要，特设岗位，并面向公司内部进行公开竞聘。（竞聘的岗位）将负责公司（岗位整体介绍）。岗位要求如下：（根据实际情况填写）

1) 工作经验：××××××。

2) 技术能力：××××××。

3) 领导能力：××××××。

4) 沟通协调能力：××××××。

我现在这家企业工作年，一直从事工作（个人工作背景介绍）。

✎ How（要求）：

1) 请按照"三凭"模型输出演讲稿的主要内容：

- 凭：组织凭什么用我？这里要展示的是我拿结果、提升业绩的能力。
- 凭：员工凭什么跟我？这里展示的是我能够激发员工的潜能，让员工获得满足感和成就感的能力。
- 凭：我凭什么可以一直坐在这个位置上？这里展示的是我的持续学习能力。

2) 内容上要做到主旨突出、层次清晰，字数 1000 左右。

第 10 章

培训师授课：AI 赋能课程开发与教学创新

在培训领域，培训师们一直是知识的灯塔，引领着学员们探索未知的领域。可在实际教学过程中，培训师们也面临着诸多痛点：如何精准把握学员需求？如何设计出让学员感兴趣的课程？如何编写案例？如何在教学过程中持续吸引学员的注意力？有了 AI，这些痛点就有了新的解决方案。

10.1 线下授课革新

在线下课中，通过 AI 技术，可以更深入地了解学员需求，个性化定制课程内容，提升教学互动性与趣味性，从而打造更加高效、吸引人的线下授课体验。

10.1.1 AI 智能生成：课前调研问卷新体验

我们始终强调，演讲者必须深入了解受众，进行受众分析是至关重要的一步。在培训领域，我们可以通过问卷调查来掌握学员的基本情况，这是一种非常有效的方法。比如说我们正筹备一场关于"AI 高效办公"的培训，为了更精准地把握学员需求，需要制作一份详尽的调研问卷。可是如何设计问卷内容呢？此刻，呼唤 AI，亮剑！

🖊 Who（身份）：你是一名资深的培训部经理。

🖊 What（任务）：现在你要组织一场 AI 高效办公的培训，需要设计一份调研问卷了解学员的背景和需求。

🖊 Why（背景）：AI 技术正以前所未有的速度发展，为企业和个人带来了提质增效的巨大机遇。然而，如何有效利用 AI 工具进行高效办公仍是一大挑战。

🖊 How（要求）：问卷的具体内容和要求：

1）收集参与者的基本信息，如姓名、部门等。

2）问卷应包含一段引人入胜的导语，不超过 50 字。

3）问卷应包含最多 10 个问题，主要采用选择题形式，尽量减少填空题和问答题，以简化填写过程。

4）以表格的形式呈现。

根据你的要求，AI 生成内容如图 10-1 所示。

Who（身份）：你是一名资深的培训部经理。
What（任务）：现在你要组织一场AI高效办公的培训，需要设计一份调研问卷了解学员的背景和需求。
Why（背景）：AI技术正以前所未有的速度发展，为企业和个人带来了提质增效的巨大机遇。然而，如何有效利用AI工具进行高效办公是一大挑战。
How（要求）：问卷具体内容和要求：
1）收集参与者的基本信息，如姓名、部门等。
2）问卷应包含一段引人入胜的导语，不超过50字。
3）问卷应包含最多10个问题，主要采用选择题形式，尽量减少填空题和问答题，以简化填写过程。
4）以表格的形式呈现。

AI高效办公培训调研问卷

导语：AI技术迅猛发展，为企业和个人带来巨大机遇。如何高效利用AI工具？我们诚邀您参与调研，共筑高效办公未来！

问卷内容：

序号	问题	选项
1	您的姓名：	_____
2	您所在的部门：	_____
3	您目前对AI技术的了解程度如何？	A. 非常了解 B. 略有了解 C. 完全不了解
4	您在工作中最常使用的办公软件或工具是哪些？（单选）	A. Word/Excel B. PPT C. 邮件 D. 其他
5	您是否使用过AI工具进行办公？（单选）	A. 是 B. 否
6	您认为在工作中引入AI技术最大的挑战是什么？（单选）	A. 缺乏相关技能 B. 数据安全顾虑 C. 缺乏合适工具
7	您希望通过本次培训学习哪些AI工具或技能？（多选）	A. 智能文档处理 B. 自动化数据分析 C. AI沟通助手
8	您期望的培训时长是多久？（单选）	A. 半天 B. 一天 C. 两天 D. 更长时间
9	您更倾向于哪种培训时间安排？（单选）	A. 工作日白天 B. 工作日晚上 C. 周末全天

图 10-1　AI 生成调研问卷

接下来，你可以将生成的问卷以邮件形式发送给员工，或者使用问卷星生成二维码，便于员工参与调研。如果选择通过邮件收集培训需求，你可以将所有收集到的问卷数据发送给 AI，由 AI 完成数据分析工作，并据此给出相应的培训建议。

10.1.2　AI 助力升级：让课程高潮迭起，精彩不断

在培训师授课过程中，如何有效吸引学员的注意力以及确保课程内容紧密贴合客户需求，一直是课程开发的难点。然而，随着 AI 的引入，这一局面将彻底改观。从激发学员兴趣的课程开场设计、改写贴近实际的课程案例，到构思引人入胜的课程金句、策划令人印象深刻的课程结尾口诀或定制专属课程歌曲，以及制作精美的 PPT，所有这些环节均可借助 AI 技术来实现，使得课程高潮迭起，学员被讲师深深吸引，沉浸其中。

1. 开场

激发学员兴趣，其实就是演讲的开场，可以采用第 4 章中提到的开场"五子"工具箱：钩子、锥子、刀子、锯（具）子、盘子。比如说你要为课程"AI 职场加速器"设计一个开场，呼唤 AI，亮剑！

✏ Who（身份）：你需要扮演一个经验丰富的培训师。

✏ What（任务）：我需要你帮我设计一个激发学员兴趣的开场。

✏ Why（背景）：此演讲针对的人群是企业青年员工，主要是讲 AI 在职场中的应用，比如常见公文编写、论文写作、行业分析报告、图片设计、视频制作等。

✏ How（要求）：期待得到五个不同风格的讲课开场，每种类型的开场字数不超过 300。这五种风格分别为：

1）钩子：抛钩子，钩住听众注意力，例如提问法、悬念法、想象法。

2）锥子：刺锥子，直戳痛点，引起听众共鸣。

3）刀子：下刀子，大胆自黑，拉近与听众的情感距离。

4）锯（具）子：用道具，用实物强化演讲主题。

5）盘子：端盘子，亮出价值，激发听众的期待。

根据你的要求，AI 生成内容如图 10-2 所示。

现在你可以选择合适的开场激发学员兴趣，根据自己的语言风格和表达习惯进行调整，使其更贴合你的个人特色，从而更自然地引导学员进入学习状态。

> **Who（身份）**：你需要扮演一个经验丰富培训师。
> **What（任务）**：我需要你帮我设计一个激发学员兴趣的开场。
> **Why（背景）**：此演讲针对的人群是企业青年员工，主要是讲AI在职场中的应用，比如常见公文编写、论文写作、行业分析报告、图片设计、视频制作等。
> **How（要求）**：期待得到五个不同风格的讲课开场，每种类型的开场字数不超过300。这五种风格分别为：
> 1）钩子：抛钩子，钩住听众注意力，例如提问法、悬念法、想象法。
> 2）锥子：刺锥子，直戳痛点，引起听众共鸣。
> 3）刀子：下刀子，大胆自黑，拉近与听众的情感距离。
> 4）锯（具）子：用道具，用实物强化演讲主题。
> 5）盘子：端盘子，亮出价值，激发听众的期待。

> 思考和行动过程 ∧
>
> ⊙ 思考完成：准备输出结果
>
> 以下是根据您的要求设计的五个不同风格的讲课开场：
>
> **1. 钩子（提问法）：**
> "大家好，在座的各位有多少人在工作中遇到过重复性的文书工作让你头疼不已？有多少人曾因为数据分析报告而熬夜加班？今天，我要给大家带来一个好消息：AI技术正是解决这些问题的利器！你们想知道AI如何帮助我们轻松应对公文编写、论文写作乃至行业报告吗？让我们一起探索AI在职场中的无限可能吧！"
>
> **2. 锥子（直戳痛点）：**
> "各位同仁，是不是觉得职场中的文案工作繁琐而无趣？是不是曾在图片设计和视频制作上耗费了大量时间却效果不佳？别担心，AI技术正是你们的救星！今天，我们就来聊聊如何利用AI提升工作效率，让你们从重复性劳动中解脱出来，专注于更有价值的工作内容！"
>
> **3. 刀子（大胆自黑）：**
> "各位，我承认，我曾经也是那个为了一份报告熬夜到凌晨三点的人。每次想到那些无尽的修改和优化，我就感到头大。但自从我掌握了AI技术后，一切都变了。想知道我是怎么摆脱这些烦恼的吗？今天，我就和大家分享我的秘诀，让我们一起迎接高效的未来！"
>
> **4. 锯（具）子（用道具）：**（举起一部智能手机）
> "大家看，我手里拿的这部手机，它不仅仅是一个通讯工具，更是一个强大的AI助手。通过它，我们可以轻松完成公文编写、图片设计和视频剪辑等工作。接下来，我将向大家展示如何利用这些智能工具，提升我们的工作效率。"
>
> **5. 盘子（亮出价值）：**
> "各位，想象一下，如果你们的文案工作、数据分析、图片设计和视频制作都能在短时间内高质量完成，那将是怎样的体验？今天，我就给大家带来这样一套解决方案——利用AI技术，我们将大幅提升工作效率！接下来，我会详细解读AI如何在职场中发光发热，让我们一起期待这场技术盛宴吧！"
>
> _{由文心大模型4.0生成}

图 10-2　运用开场"五子"生成培训师课程开场

2. 改写案例

比如你在讲"高效工作汇报"这门课，由于它是一门从国外引进的课程，其中的案例并不完全适用于乡镇政府公职人员（你的受众）的工作场景。为了让学员有代入感，你需要改写案例，这似乎颇具挑战性。不过，别担心，此时正是AI大显身手的机会，呼唤AI，亮剑！

✒ **Who（身份）**：你是一位编写课程案例的专家。

✒ **What（任务）**：我需要你帮我改写一个课程案例。

✏ Why（背景）：由于《高效工作汇报》的案例是老外的工作场景，不符合乡镇政府的工作场景，需要按照乡镇政府的教学场景进行修改。

✏ How（要求）：改写后的案例字数不超过300。

需要改写的案例如下：

Alex，一位热情的市场部经理，向Jack企业高管汇报市场推广活动。他兴奋地讲述了市场调研、活动策划、执行细节等，但Jack的脸色逐渐变得不悦。Jack打断他说："Alex，我很抱歉，但我真的听不懂你在说什么。请直接讲重点。"

根据你的要求，AI生成内容如图10-3所示。

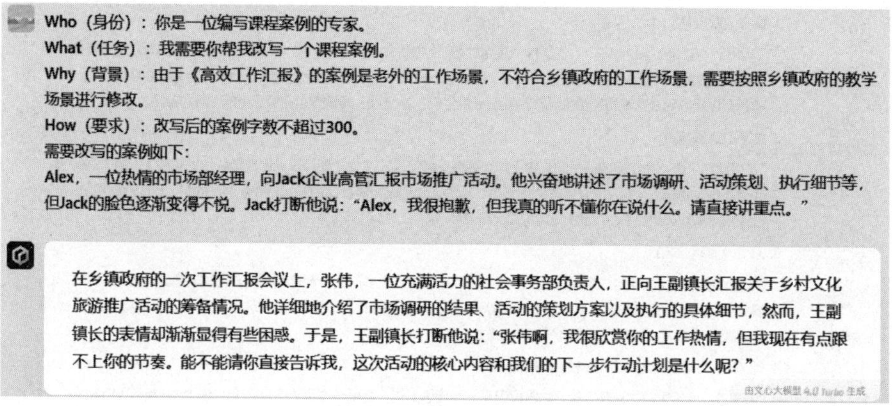

图10-3 改写课程案例

可以采用这样的方式修改课程案例，让课程更贴合客户的需求，让学员有代入感。

3. 金句

尽管课堂上的知识点可能会被学员们很快忘记，但课程所带来的深刻体验却令他们难以忘记。其中，"金句"的力量不容忽视，一个个金句就如同智慧的火花，能瞬间点亮学员的思维，令人豁然开朗，记忆深刻。那么，针对一门课程，我们该如何设计"金句"呢？此刻，呼唤AI，亮剑！

✏ Who（身份）：你是一名金句文案创作者。

✏ What（任务）：我需要你帮我写富有文采和哲理的演讲金句。

✏ Why（背景）：我在国企给学员讲"AI职场加速器"这门课，课程内容主要有常见公文编写、论文写作、行业分析报告、图片设计、视频制作等。

✏️ How（要求）：请你用镜像法、押韵法、对比法、排比法、类比法五种写金句的方法各写 1 个金句，不超过 15 个字。

示例：

1）镜像法：AB/BA 结构互换，形成哲理。

例：当你凝视深渊，深渊也在凝视你。

2）押韵法：制造节奏感，朗朗上口。

例：前半生不吃苦，后半生就吃土。

3）对比法：创造落差感，加强感知。

例：懦夫在挑战面前退缩，勇者却在其中获得成长。

4）排比法：让句子充满韵律，如诗歌、散文常用此法。

例：勇气是夜里的灯塔，决心是航行的帆，信念是抵达彼岸的船。

5）类比法：找到一个共同属性，用以连接两个不同的事物。

例：我爱你，就像老鼠爱大米。

根据你的要求，AI 生成内容如图 10-4 所示。

> Who（身份）：你是一名金句文案创作者。
> What（任务）：我需要你帮我写富有文采和哲理的演讲金句。
> Why（背景）：我在国企给学员讲《AI 职场加速器》这门课，课程内容主要有常见公文编写、论文写作、行业分析报告、图片设计、视频制作等。
> How（要求）：请你用"镜像法、押韵法、对比法、排比法、类比法"五种写金句的方法各写 1 个金句，不超过 15 个字。
> 示例：
> 1）镜像法：AB/BA 结构互换，形成哲理。
> 例：当你凝视深渊，深渊也在凝视你。
> 2）押韵法：制造节奏感，朗朗上口。
> 例：前半生不吃苦，后半生就吃土。
> 3）对比法：创造落差感，加强感知。
> 例：懦夫在挑战面前退缩，勇者却在其中获得成长。
> 4）排比法：让句子充满韵律，如诗歌、散文常用此法。
> 例：勇气是夜里的灯塔，决心是航行的帆，信念是抵达彼岸的船。
> 5）类比法：找到一个共同属性，用以连接两个不同的事物。
> 例：我爱你，就像老鼠爱大米。
>
> 1）镜像法：学 AI 如磨镜，镜成学亦精。
> 2）押韵法：学技不压身，AI 助飞腾。
> 3）对比法：不学 AI 者退，善学者进。
> 4）排比法：公文笔如剑，论文思如泉，报告析如炬。
> 5）类比法：AI 如钥匙，开职场大门。
>
> 由文心大模型 4.0 Turbo 生成

图 10-4　生成课程金句

4. 结尾

根据峰终定律，课程的结尾至关重要，可以按照第 4.2.3 节的结尾 END 三部曲进行设计。在我的教学中，最常用的就是歌曲结尾，我会根据课程内容，用《约定》的旋律让 AI 写一首歌，在课程结尾的时候和学员们一起唱，效果不错，大家可以试一下。

10.2 线上直播新风尚

当前，培训模式已经发生了深刻变革。培训师们不仅需要在线下现场授课，还需积极投身线上培训领域。线上直播为培训师们带来了前所未有的机遇，利用这一新兴平台，以更灵活、便捷的方式传递知识，与学员进行实时互动。

10.2.1 培训师秒变带货达人

尤其是面向广大 C 端客户的培训师们，更需要精心策划引流课程，以吸引更多人涌入直播间，激发受众的购买意愿，促使他们下单并参与深入学习。这个能力其实很有挑战，要在线上环境中抓住人心并非易事，毕竟干扰因素繁多，怎么办呢？我们有 AI。此刻，呼唤 AI，亮剑！

🖊Who（身份）：你是一名直播内容营销专家，专门负责撰写爆款的短视频文案。

🖊What（任务）：我需要你帮我设计直播话术。

🖊Why（背景）：我下周在抖音直播间卖线上课《AI 职场加速器》，请你帮我设计开场话术、产品话术、互动话术、促单话术。

🖊How（要求）：所有话术需采用亲切、自然的口语风格，确保信息传达通俗易懂，能够迅速拉近与观众的距离，提升销售转化率。

根据你的要求，AI 生成内容如图 10-5 所示。

通过这样的方法，培训师轻松解决直播带货所面临的难题，线上教学不仅可以帮助更多的人，而且可以增加财富。

> **Who**（身份）：你是一名直播内容营销专家，专门负责撰写爆款的短视频文案。
> **What**（任务）：我需要你帮我设计直播话术。
> **Why**（背景）：我下周在抖音直播间卖线上课《AI职场加速器》，请你帮我设计开场话术、产品话术、互动话术、促单话术。
> **How**（要求）：所有话术需采用亲切、自然的口语风格，确保信息传达通俗易懂，能够迅速拉近与观众的距离，提升销售转化率。

思考和行动过程 ∧

思考完成：准备输出结果

开场话术：

大家好，欢迎来到今天的直播间！我是×××，非常开心能和大家相聚在这里。今天，我给大家带来了一个非常特别且实用的线上课程——《AI职场加速器》！你是否感觉自己在工作中总是慢人一步？是否想要借助AI的力量，提升工作效率，走在职场前沿？那就千万不要错过接下来的内容哦！

产品话术：

《AI职场加速器》这门课程，不仅仅是一门普通的线上课，它更是你职场晋升的利器！在这个AI日新月异的时代，掌握AI技能，就相当于握住了一把通往成功的金钥匙。课程中，我们会深入浅出地讲解AI在职场中的实际应用，如何通过AI提高工作效率，如何在数据分析、项目管理等方面运用AI思维。而且，我们的课程内容丰富多样，包含实战案例、操作技巧，让你在学习的同时，也能马上上手操作。

互动话术：

亲爱的家人们，你们有没有在工作中遇到过一些棘手的问题，感觉时间好像不够用，或者工作效率提不上来？来，现在在直播间的家人们，可以在弹幕里分享一下你们的经历和想法哦！我们一起来讨论讨论，看看《AI职场加速器》这门课程能不能帮到大家。同时，如果你们对课程有任何疑问或者想要了解的内容，都可以在弹幕或者评论区留言，我会尽量回复大家的问题。

促单话术：

好啦，亲爱的家人们，现在是最后的抢购时机！《AI职场加速器》这门课程，原价XX元，现在在直播间，只要XX元！是的，你没有听错，就是这么实惠！而且，前XX名购买的家人们，还有机会获得我们精心准备的特别礼包哦！快来下单吧，机会难得，千万不要错过！记住，投资自己，永远是最值得的事情！快来和我们一起，开启你的AI职场加速之旅吧！

_{由文心大模型4.0生成}

图 10-5　设计直播文案

10.2.2　培训师 AI 数字人

通过先进的数字人技术，培训师可以将自己的形象、声音、教学方式等数字化，创建一个与真实无异的虚拟形象，或者用 AI 自带的模板来设计。这个 AI 数字人可以在任何时间、任何地点直播授课，不受物理空间的限制。同时，也可以根据学员的学习情况和反馈，智能调整教学内容和方式，实现更加个性化的教学。

目前最常见的做 AI 数字人的平台有闪剪和腾讯智影，其中闪剪只有一次免费使用机会，腾讯智影有一些金币可以多试几次。如果有大量需求，可以开通会员。

操作流程基本是一样的，也很简单：把需要录制的文案放到相应的区域，然后选择一个素材模板，再选择一个合适的声音，调整语言的快慢和情绪等，即可生成 AI 数字人。也可以上传自己的形象制作 AI 数字人。如图 10-6 为腾讯智影的操作界面。

图 10-6　腾讯智影 AI 数字人操作界面

10.3　培训师授课——AI 提示词模板

培训师授课——AI 提示词模板见表 10-1。

表 10-1　培训师授课——AI 提示词模板

类型	场　　景	提　示　词
线下授课	课前调研问卷	✏Who（身份）：你是一名资深的培训部经理。 ✏What（任务）：现在你要组织一场（课程名称）的培训，需要设计一份调研问卷了解学员的背景和需求。 ✏Why（背景）：（为什么要组织这门课）。 ✏How（要求）：问卷的具体内容和要求： 1）收集参与者的基本信息，如姓名、部门等。 2）问卷应包含一段引人入胜的导语，不超过 ××× 字。 3）问卷应包含最多个问题，主要采用选择题形式，尽量减少填空题和问答题，以简化填写过程。 4）以表格的形式呈现

续表

类型	场景		提示词
线下授课	课程高潮设计	开场	✏️Who（身份）：你需要扮演一个经验丰富的培训师。 ✏️What（任务）：我需要你帮我设计一个激发学员兴趣的开场。 ✏️Why（背景）：此演讲针对的人群是××××（培训对象），主要是讲××××（培训内容）。 ✏️How（要求）：期待得到五个不同风格的讲课开场，每种类型的开场字数不超过 300。这五种风格分别为： ● 钩子：抛钩子，钩住听众注意力，例如提问法、悬念法、想象法。 ● 锥子：刺锥子，直戳痛点，引起听众共鸣。 ● 刀子：下刀子，大胆自黑，拉近与听众的情感距离。 ● 锯（具）子：用道具，用实物强化演讲主题。 ● 盘子：端盘子，亮出价值，激发听众的期待
		案例	✏️Who（身份）：你是一位编写课程案例的专家。 ✏️What（任务）：我需要你帮我改写一个课程案例。 ✏️Why（背景）：由于××××××（目前案例的名称）案例不符合××××××（授课客户）的风格，需要按照××××××（授课客户）教学场景进行修改。 ✏️How（要求）：改写后的案例字数不超过 300。 需要改写的案例如下：××××××
		金句	✏️Who（身份）：你是一名金句文案创作者。 ✏️What（任务）：我需要你帮我写富有文采和哲理的演讲金句。 ✏️Why（背景）：我在××××××（企业类型）给学员讲××××××（课程名称）这门课，课程内容主要有××××××。 ✏️How（要求）：请你用镜像法、押韵法、对比法、排比法、类比法五种写金句的方法各写 1 个金句，不超过 15 个字
		结尾	在 SUNO 网站 https://suno.cn 根据我提供的内容××××××（课程介绍），写出歌词，并生成具体的歌曲
线上直播	直播带货		✏️Who（身份）：你是一名直播内容营销专家，专门负责撰写爆款的短视频文案。 ✏️What（任务）：我需要你帮我设计直播话术。 ✏️Why（背景）：我下周在××××××（短视频平台名称）直播间卖线上课××××××（课程名称），请你帮我设计开场话术、产品话术、互动话术、促单话术。 ✏️How（要求）：所有话术需采用亲切、自然的口语风格，确保信息传达通俗易懂，能够迅速拉近与观众的距离，提升销售转化率

第 11 章

演讲比赛：6 步成就演讲冠军

站在演讲比赛的舞台上，每一位选手都渴望成为冠军。但成为冠军并非易事，它需要精心的准备和策略。接下来我们将探索如何通过 6 个步骤来成就演讲冠军。这 6 步法不仅是技巧，更是艺术，将帮助你在众多选手中脱颖而出，赢得评委和观众的心。

11.1 演讲比赛 6 步法

五四青年节之际，集团举办了一场以"梦想与奋斗"为主题的演讲比赛，你荣幸地被分公司推选为代表，前往集团参赛。面对这样的重任，你感到心理压力巨大：如何构建有力的演讲结构？如何编织一个触动人心的故事？如何牢牢抓住听众的注意力？你心里不禁一阵阵地紧张起来，反复念叨着："怎么办？怎么办？"别担心，咱有 AI。此刻，呼唤 AI，亮剑！

1. 确定题目

🖊 Who（身份）：你是资深演讲培训师，我是企业员工，你是我的演讲顾问。

🖊 What（任务）：我现在正准备参加一场主题为"梦想与奋斗"的演讲比赛，但还没有一个合适的题目，需要你帮我设计。

🖊 Why（背景）：我是分公司的一名青年员工，代表公司参加集团青年员工演讲比赛。

🖊 How（要求）：

1）请根据"桃子三有"法则，从有趣、有料、有用三个方面给"梦想与奋斗"这个演讲主题分别起 3 个标题，总计 9 个标题，不需要写理由。

2）标题要简短易记，语言亲民，避免使用过于高大上的词汇，要让听众一听就觉得亲切且接地气。

根据你的要求，AI 生成内容如图 11-1 所示。

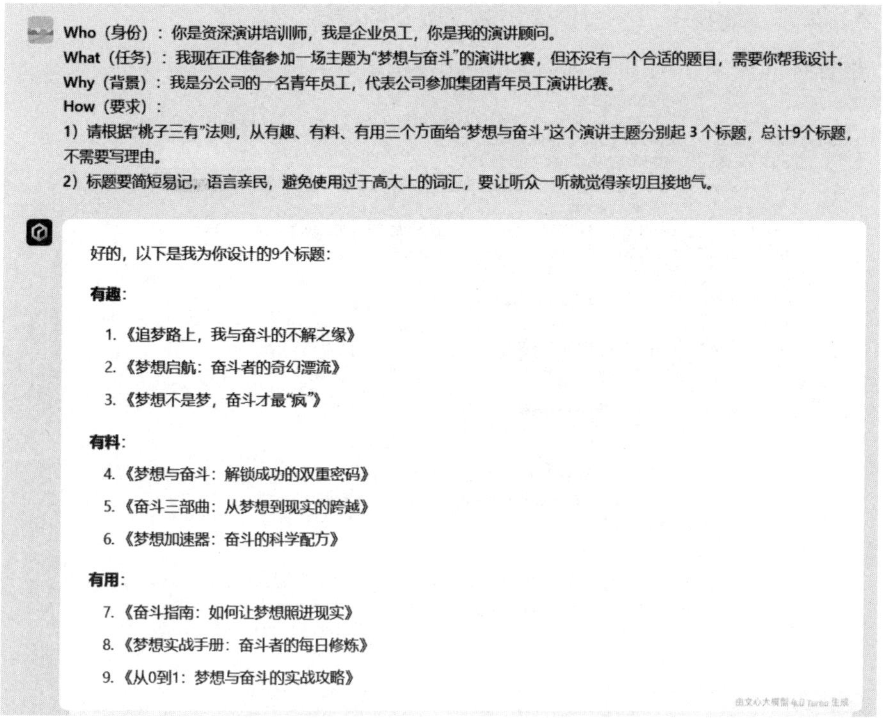

> **Who（身份）**：你是资深演讲培训师，我是企业员工，你是我的演讲顾问。
> **What（任务）**：我现在正准备参加一场主题为"梦想与奋斗"的演讲比赛，但还没有一个合适的题目，需要你帮我设计。
> **Why（背景）**：我是分公司的一名青年员工，代表公司参加集团青年员工演讲比赛。
> **How（要求）**：
> 1）请根据"桃子三有"法则，从有趣、有料、有用三个方面给"梦想与奋斗"这个演讲主题分别起 3 个标题，总计9个标题，不需要写理由。
> 2）标题要简短易记，语言亲民，避免使用过于高大上的词汇，要让听众一听就觉得亲切且接地气。

好的，以下是我为你设计的9个标题：

有趣：

1. 《追梦路上，我与奋斗的不解之缘》
2. 《梦想启航：奋斗者的奇幻漂流》
3. 《梦想不是梦，奋斗才最"疯"》

有料：

4. 《梦想与奋斗：解锁成功的双重密码》
5. 《奋斗三部曲：从梦想到现实的跨越》
6. 《梦想加速器：奋斗的科学配方》

有用：

7. 《奋斗指南：如何让梦想照进现实》
8. 《梦想实战手册：奋斗者的每日修炼》
9. 《从0到1：梦想与奋斗的实战攻略》

_{由文心大模型4.0 Turbo 生成}

图 11-1　运用"桃子三有"法则起标题

2. 设计开场

假如你选择了第五个标题《奋斗三部曲：从梦想到现实的跨越》，那么接下来就要设计一个吸引听众的开场，这一步依然可以请 AI 来帮忙。

🖊 Who（**身份**）：你需要扮演一位经验丰富的培训师。

🖊 What（**任务**）：我需要你帮我设计一个吸引听众的开场。

🖊 Why（**背景**）：我是分公司的一名青年员工，需要代表分公司到集团总部参加"梦想与奋斗"主题演讲比赛，演讲题目是《奋斗三部曲：从梦想到现实的跨越》。

🖊 How（**要求**）：我期待得到五个不同风格的演讲开场，每种类型的开场不超过 200 字。这五种风格分别为：

1）钩子：抛钩子，钩住听众注意力，例如提问法、悬念法、想象法。

2）锥子：刺锥子，直戳痛点，引起听众共鸣。

3）刀子：下刀子，大胆自黑，拉近与听众的情感距离。

4）锯（具）子：用道具，实物强化演讲主题。

5）盘子：端盘子，亮出价值，激发听众的期待。

根据你的要求，AI 生成内容如图 11-2 所示。

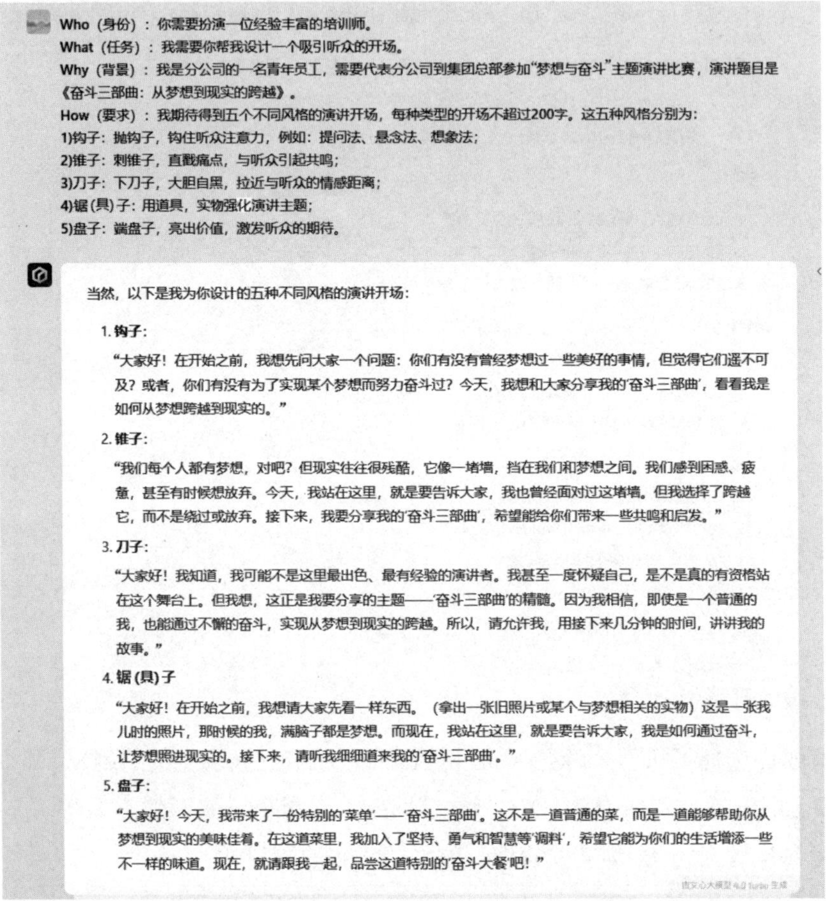

> Who（身份）：你需要扮演一位经验丰富的培训师。
> What（任务）：我需要你帮我设计一个吸引听众的开场。
> Why（背景）：我是分公司的一名青年员工，需要代表分公司到集团总部参加"梦想与奋斗"主题演讲比赛，演讲题目是《奋斗三部曲：从梦想到现实的跨越》。
> How（要求）：我期待得到五个不同风格的演讲开场，每种类型的开场不超过200字。这五种风格分别为：
> 1）钩子：抛钩子，钩住听众注意力，例如：提问法、悬念法、想象法；
> 2）锥子：刺锥子，直戳痛点，与听众引起共鸣；
> 3）刀子：下刀子，大胆自黑，拉近与听众的情感距离；
> 4）锯(具)子：用道具，实物强化演讲主题；
> 5）盘子：端盘子，亮出价值，激发听众的期待。

当然，以下是我为你设计的五种不同风格的演讲开场：

1. 钩子：
"大家好！在开始之前，我想先问大家一个问题：你们有没有曾经梦想过一些美好的事情，但觉得它们遥不可及？或者，你们有没有为了实现某个梦想而努力奋斗过？今天，我想和大家分享我的'奋斗三部曲'，看看我是如何从梦想跨越到现实的。"

2. 锥子：
"我们每个人都有梦想，对吧？但现实往往很残酷，它像一堵墙，挡在我们和梦想之间。我们感到困惑、疲惫，甚至有时候想放弃。今天，我站在这里，就是要告诉大家，我也曾经面对过这堵墙。但我选择了跨越它，而不是绕过或放弃。接下来，我要分享我的'奋斗三部曲'，希望能给你们带来一些共鸣和启发。"

3. 刀子：
"大家好！我知道，我可能不是这里最出色、最有经验的演讲者。我甚至一度怀疑自己，是不是真的有资格站在这个舞台上。但我想，这正是我要分享的主题——'奋斗三部曲'的精髓。因为我相信，即使是一个普通的我，也能通过不懈的奋斗，实现从梦想到现实的跨越。所以，请允许我，用接下来几分钟的时间，讲讲我的故事。"

4. 锯(具)子：
"大家好！在开始之前，我想请大家先看一样东西。（拿出一张旧照片或某个与梦想相关的实物）这是一张我儿时的照片，那时候的我，满脑子都是梦想。而现在，我站在这里，就是要告诉大家，我是如何通过奋斗，让梦想照进现实的。接下来，请听我细细道来我的'奋斗三部曲'。"

5. 盘子：
"大家好！今天，我带来了一份特别的'菜单'——'奋斗三部曲'。这不是一道普通的菜，而是一道能够帮助你从梦想到现实的美味佳肴。在这道菜里，我加入了坚持、勇气和智慧等'调料'，希望它能为你们的生活增添一些不一样的味道。现在，就请跟我一起，品尝这道特别的'奋斗大餐'吧！"

图 11-2　运用"开场五子法"设计演讲比赛开场

根据自己的演讲风格选择其中的一种开场，并且可以向 AI 继续追问，就选中的开场进行优化。

3. 搭建逻辑

第 3 章中讲到，讲三点是演讲的黄金结构，《奋斗三部曲：从梦想到现实的跨越》该讲哪三点呢？此刻，呼唤 AI，亮剑！

🖊 Who（身份）：你是一名资深的演讲教练。

🖊 What（任务）：关于这个演讲，我打算讲三点，请你根据受众的情况来提供。

✎ Why（背景）：我是分公司的一名青年员工，需要代表分公司到集团总部参加"梦想与奋斗"主题演讲比赛，演讲题目是《奋斗三部曲：从梦想到现实的跨越》。

✎ How（要求）：

1）逻辑结构的三点，请用关键词的形式呈现；关键词小标题字数应该保持一致。

2）语言风格亲切、接地气。

根据你的要求，AI生成内容如图11-3所示。

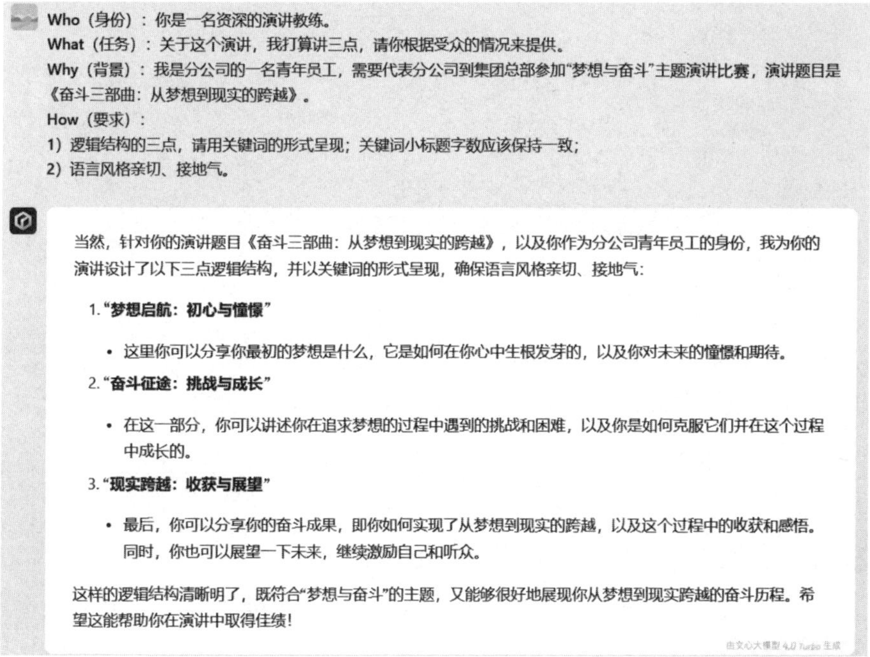

> Who（身份）：你是一名资深的演讲教练。
> What（任务）：关于这个演讲，我打算讲三点，请你根据受众的情况来提供。
> Why（背景）：我是分公司的一名青年员工，需要代表分公司到集团总部参加"梦想与奋斗"主题演讲比赛，演讲题目是《奋斗三部曲：从梦想到现实的跨越》。
> How（要求）：
> 1）逻辑结构的三点，请用关键词的形式呈现；关键词小标题字数应该保持一致；
> 2）语言风格亲切、接地气。

当然，针对你的演讲题目《奋斗三部曲：从梦想到现实的跨越》，以及你作为分公司青年员工的身份，我为你的演讲设计了以下三点逻辑结构，并以关键词的形式呈现，确保语言风格亲切、接地气：

1. "梦想启航：初心与憧憬"
   - 这里你可以分享你最初的梦想是什么，它是如何在你心中生根发芽的，以及你对未来的憧憬和期待。

2. "奋斗征途：挑战与成长"
   - 在这一部分，你可以讲述你在追求梦想的过程中遇到的挑战和困难，以及你是如何克服它们并在这个过程中成长的。

3. "现实跨越：收获与展望"
   - 最后，你可以分享你的奋斗成果，即你如何实现了从梦想到现实的跨越，以及这个过程中的收获和感悟。同时，你也可以展望一下未来，继续激励自己和听众。

这样的逻辑结构清晰明了，既符合"梦想与奋斗"的主题，又能够很好地展现你从梦想到现实跨越的奋斗历程。希望这能帮助你在演讲中取得佳绩！

由文心大模型4.0 Turbo生成

图11-3 "三点式"逻辑结构

目前AI生成的结构是以时间为序的，如果你觉得不满意，可以点击"重新生成"，直到找到你满意的逻辑结构为止。

4. 编织故事

现在需要在逻辑框架下编织故事，需要你先写故事，然后"投喂"给AI，由AI根据故事模型来润色。

首先，让AI学习经典故事模型（如图11-4所示）：

图 11-4　AI 学习四种经典的讲故事模型

然后让 AI 根据经典故事模型润色故事：

🖋 Who（身份）：你是一名故事专家，我是企业青年员工，你是我的故事教练。

🖋 What（任务）：我需要你润色我写的故事。

🖋 Why（背景）：我是分公司的一名青年员工，需要代表分公司到集团总部参加"梦想与奋斗"主题演讲比赛，演讲题目是《奋斗三部曲：从梦想到现实的跨越》，我从梦想启航、奋斗征途、现实跨越三个方面各写了一个故事。

🖋 How（要求）：

1）请根据合适的故事模型 [STAR/ 对钩（√）/ 黄金手指 STORY/ 英雄之旅] 进行润色，并指出采用的是哪个模型。

2）语言风格为演讲惯用的口语化表达。

3）不改变故事的原意。

需要润色的故事如下：

1）梦想启航：初心与憧憬

我刚毕业踏入这家公司时，满怀激情，像个初生牛犊一样勇往直前。那时，我梦想着在这个行业里大展拳脚。记得有一次,为了一个重要的项目,我连续熬了三个通宵,确保每一个环节都完美无瑕。虽然过程艰辛,但当我看到项目成功落地,那种成就感让我更加坚定了追梦的决心。

2)奋斗征途:挑战与成长

在追梦的路上,我并非一帆风顺。有一次,我负责的一个重要客户突然提出了许多额外要求,让我措手不及。那段时间,我几乎每天都在与客户沟通、修改方案。虽然过程充满挑战,但正是这些跌宕起伏的经历,让我学会了如何在逆境中成长,如何更好地应对各种突发情况。

3)现实跨越:收获与展望

经历了无数次的起伏和挑战后,我逐渐在这个行业中站稳了脚跟。如今,我已经成为公司的中坚力量,带领团队完成了一个又一个重大项目。回望过去,那些起伏的经历都成为我宝贵的财富。未来,我将继续扬帆远航,在追梦的路上不断前行,创造更多的辉煌。

根据你的要求,AI生成内容如图11-5所示。

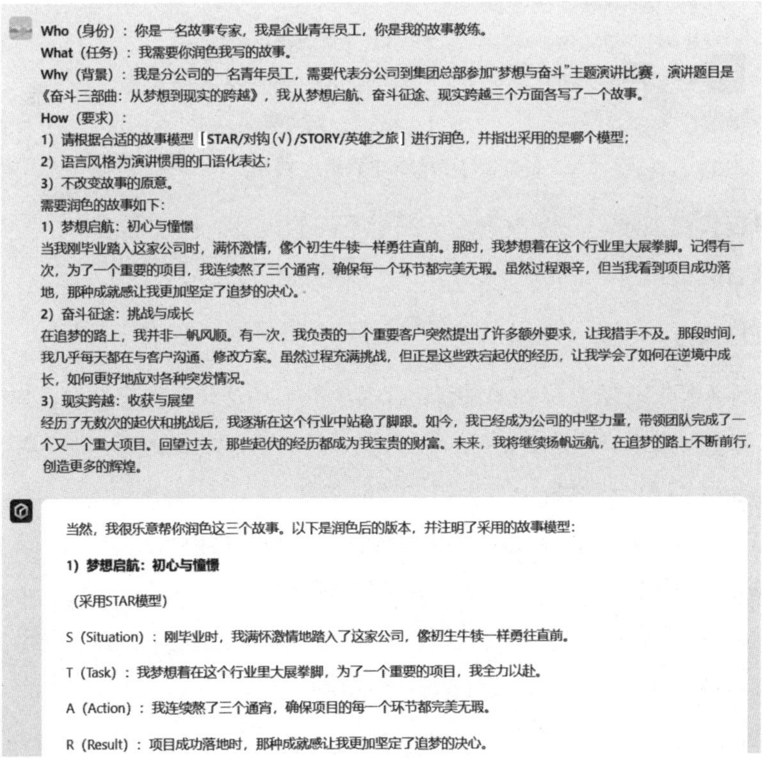

图11-5 编写故事

```
2) 奋斗征途：挑战与成长
（采用对钩（√）模型）
风和日丽：在追梦的路上，我曾以为会一帆风顺。
晴天霹雳：但有一次，一个重要客户突然提出了许多额外要求，让我措手不及。
洪荒之力：那段时间，我几乎每天都在与客户沟通、修改方案，努力应对这个挑战。
晴空万里：正是这些跌宕起伏的经历，让我学会了如何在逆境中成长，更好地应对各种突发情况。

3) 现实跨越：收获与展望
（采用英雄之旅模型）
1) 平凡的世界：刚毕业时，我只是公司里的一名普通员工。
2) 冒险的召唤：我怀揣着梦想，决定在这个行业里大展拳脚。
3) 拒绝召唤：追梦的路上并非一帆风顺，我也曾遭遇过挑战和困难。
4) 遇见导师：在与客户沟通和项目实践中，我逐渐学会了如何应对各种情况。
5) 启程（推开第1扇门）：我开始承担起更多责任，带领团队完成项目。
6) 考验、盟友、敌人：过程中，我们经历了许多起伏和挑战，但团队齐心协力，共同应对。
7) 接近深层洞穴：我逐渐在这个行业中站稳了脚跟。
8) 经历苦难折磨（推开第2扇门）：每一次的挑战和困难都让我更加坚强和成熟。
9) 奖赏和报酬：如今，我已经成为公司的中坚力量。
10) 返回之路：回望过去，那些起伏的经历都成为我宝贵的财富。
11) 重生：我在追梦的路上不断成长和蜕变。
12) 携"万能药"回归：我将继续扬帆远航，创造更多的辉煌，并把这些经验分享给更多的人。
希望润色后的故事能更好地帮助你传达"梦想与奋斗"的主题，并在演讲中取得佳绩！
```

图 11-5　编写故事（续）

这里仅仅是演示，三个故事用了三个不同的模型，在实际演讲中可根据实际情况选择合适的模型。

5. 提炼金句

如果你希望听众听完你的演讲就记住其中的一句话，让它像发射子弹一样射进他们的大脑里，那这一定是个金句，这可是 AI 的拿手好戏。此刻，呼唤 AI，亮剑！

🗡 Who（**身份**）：你是一名金句文案创作者。

🗡 What（**任务**）：我需要你帮我写富有文采和哲理的演讲金句。

🗡 Why（**背景**）：请根据上传的演讲稿提炼金句。

🗡 How（**要求**）：请你用镜像法、押韵法、对比法、排比法、类比法五种写金句的方法各写 1 个金句，不超过 15 个字。

示例：

1）镜像法：AB/BA 结构互换，形成哲理。

例：当你凝视深渊，深渊也在凝视你。

2）押韵法：制造节奏感，朗朗上口。

例：前半生不吃苦，后半生就吃土。

3）对比法：创造落差感，加强感知。

例：懦夫在挑战面前退缩，勇者却在其中获得成长。

4）排比法：让句子充满韵律，如诗歌、散文常用此法。

例：勇气是夜里的灯塔，决心是航行的帆，信念是抵达彼岸的船。

5）类比法：找到一个共同属性，用以连接两个不同的事物。

例：我爱你，就像老鼠爱大米。

根据你的要求，AI生成内容如图11-6所示。

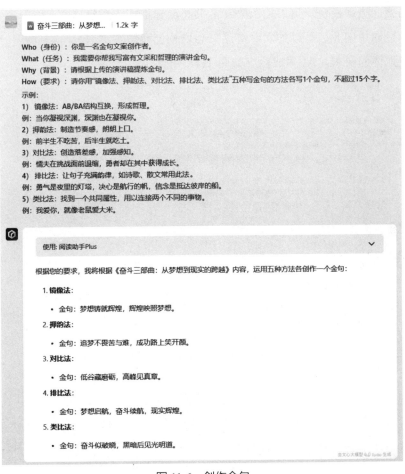

图11-6　创作金句

6. 设计结尾

如何精妙地设计一个令人难忘的结尾呢？在舞台演讲中，建议使用排比句，很有气势，触动人心，呼吁听众做出行动。此刻，呼唤 AI，亮剑！

🖊 Who（身份）：你需要扮演一位经验丰富的演讲家。

🖊 What（任务）：我需要你用"号召法"帮我设计一个演讲的结尾。

🖊 Why（背景）：我需要号召更多的人敢于追寻梦想。

🖊 How（要求）：采用"如果法"的结构写演讲的结尾。"如果法"的结构为"如果……可以……"。请分段输出，不超过 100 字。

示例：

如果你是职场人，可以加入财富读书会提升职业竞争力；

如果你热爱投资，可以加入财富读书会助你把握市场机遇；

如果你想创业，可以加入财富读书会增长创业智慧。

根据你的要求，AI 生成内容如图 11-7 所示。

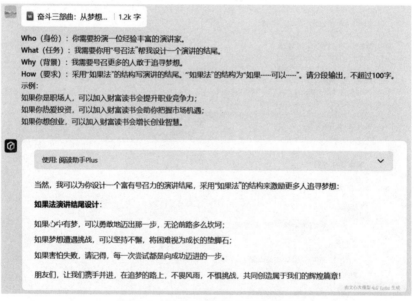

图 11-7　根据"号召法"设计结尾

经过这六步的精心准备，你的演讲初稿已经成形。接下来，你可以根据自己的语言风格对稿件进行个性化调整，使其更贴合你的表达习惯。但切记，为了达到最佳效果，务必脱稿演讲，并通过刻意练习来提升自己的表达流畅度和感染力。这样，你定能在演讲比赛中脱颖而出，勇夺桂冠！

11.2 演讲比赛——AI 提示词模板

演讲比赛——AI 提示词模板见表 11-1。

表 11-1 演讲比赛——AI 提示词模板

步 骤	提 示 词
确定题目	✏ Who（身份）：你是资深演讲培训师，我是××××××（你的身份），你是我的演讲顾问。 ✏ What（任务）：我现在正准备进行一场主题为××××××（演讲主题）的演讲，但还没有一个合适的题目，需要你帮我设计。 ✏ Why（背景）：我是××××××（你的参赛身份）以及比赛背景介绍。 ✏ How（要求）： 1）请根据"桃子三有"法则，从有趣、有料、有用三个方面给××××××（演讲主题）这个演讲主题分别起 3 个标题，总计 9 个标题，不需要写理由。 2）标题要简短易记，语言亲民，避免使用过于高大上的词汇，要让听众一听就觉得亲切且接地气
设计开场	✏ Who（身份）：你需要扮演一位经验丰富的培训师。 ✏ What（任务）：我需要你帮我设计一个吸引听众的开场。 ✏ Why（背景）：我是××××××（你的参赛身份），做××××××（演讲主题）主题演讲，演讲题目是××××××。 ✏ How（要求）：我期待得到五个不同风格的演讲开场，每种类型的开场不超过 200 字。这五种风格分别为： ● 钩子：抛钩子，钩住听众注意力，例如提问法、悬念法、想象法。 ● 锥子：刺锥子，直戳痛点，引起听众共鸣。 ● 刀子：下刀子，大胆自黑，拉近与听众的情感距离。 ● 锯（具）子：用道具，实物强化演讲主题。 ● 盘子：端盘子，亮出价值，激发听众的期待
搭建逻辑	✏ Who（身份）：你是一名资深的演讲教练。 ✏ What（任务）：关于××××××（演讲题目）这个演讲题目，我打算讲三点，请你根据受众的情况来提供。 ✏ Why（背景）：我是××××××（你的参赛身份）以及比赛背景介绍。 ✏ How（要求）： 1）逻辑结构的三点，请用关键词的形式呈现；关键词小标题字数应该保持一致。 2）语言风格亲切、接地气

续表

步骤	提示词
编织故事	✏ Who（身份）：你是一名故事专家，我是××××××（你的参赛身份），你是我的故事教练。 ✏ What（任务）：我需要你润色我写的故事。 ✏ Why（背景）：我是××××××（你的参赛身份），做××××××（演讲主题）主题演讲，演讲题目是，我按照××××××（逻辑结构的三个小标题）三个方面各写了一个故事。 ✏ How（要求）： 1）请根据合适的故事模型 [STAR/ 对钩（√）/ 黄金五指 STORY/ 英雄之旅] 进行润色，并指出采用的是哪个模型。 2）语言风格为演讲惯用的口语化表达。 3）不改变故事的原意。 需要润色的故事如下……
提炼金句	✏ Who（身份）：你是一名金句文案创作者。 ✏ What（任务）：我需要你帮我写富有文采和哲理的演讲金句。 ✏ Why（背景）：请根据上传的演讲稿提炼金句。 ✏ How（要求）：请你用镜像法、押韵法、对比法、排比法、类比法五种写金句的方法各写 1 个金句，不超过 15 个字
设计结尾	✏ Who（身份）：你需要扮演一位经验丰富的演讲家。 ✏ What（任务）：我需要你用"号召法"帮我设计一个演讲的结尾。 ✏ Why（背景）：我需要号召更多的人敢于追寻梦想。 ✏ How（要求）：采用"如果法"的结构写演讲的结尾。"如果法"的结构为"如果……可以……"。请分段输出，不超过 100 字

第 12 章
销冠必备黄金 3 问

为什么你东西卖不出去？是你卖不好，还是所有人都卖不好？为什么别人拍了短视频，你也拍了；别人开直播，你也开了；别人挂小黄车你也挂了；甚至你连同行的文案都抄了，还是没有流量和销量，这到底是为什么？难道就没有一个突破口吗？就不能打破现状去超越同行吗？

其实很简单，一个好的销售，只要回答客户 3 个 "为什么"：

1）为什么要买？解决客户痛点以及产品价值的问题。

2）为什么从你这里买？解决对你信任危机的问题。

3）为什么现在买？解决购买的时效性和性价比的问题。

因此，提升你的销售演讲能力至关重要，学会巧妙地回答这 3 个 "为什么"，将极大地提高你线下销售额和直播间的成交率。

12.1 为什么要买？FABE 模型，精准阐述产品优势

假设你即将在公司品牌发布会上推出一款 AI 智能鼠标，那么，你该如何进行销售？怎样才能打动你的客户，让产品完美贴合客户的痛点，并展现其非凡价值呢？有一个非常棒的 FABE 模型可以帮到你。但是，怎么按照模型编写话术呢？此刻，呼唤 AI，亮剑！

🖊 Who（身份）：你是高级销售演讲专家，非常擅长线下产品发布会销售。

🖊 What（任务）：需要你按照 FABE 模型写一套销售演讲话术，并分项呈现。

FABE 解释如下：

F：Features，产品的特质、特性等最基本功能。

A：Advantages，产品的优势和独特之处。

B：Benefits，商品的优势带给顾客的好处。

E：Evidence，证据，包括技术报告、顾客来信、报刊文章、照片、示范等，通过现场演示、相关证明文件、品牌效应来印证刚才的一系列介绍。

🖊 Why（背景）：我将在公司品牌发布会上销售一款 AI 智能鼠标，这款鼠

标可以帮助职场人解决常见文案写作、图片设计、PPT 设计、论文编写等问题。

How（要求）：

1）措辞要有亲和力，要贴近真实工作场景，从工作细节切入，不要讲太宏大的内容。

2）直接给出具体话术，不需要解释。

3）不超过 500 字。

根据你的要求，AI 生成内容如图 12-1 所示。

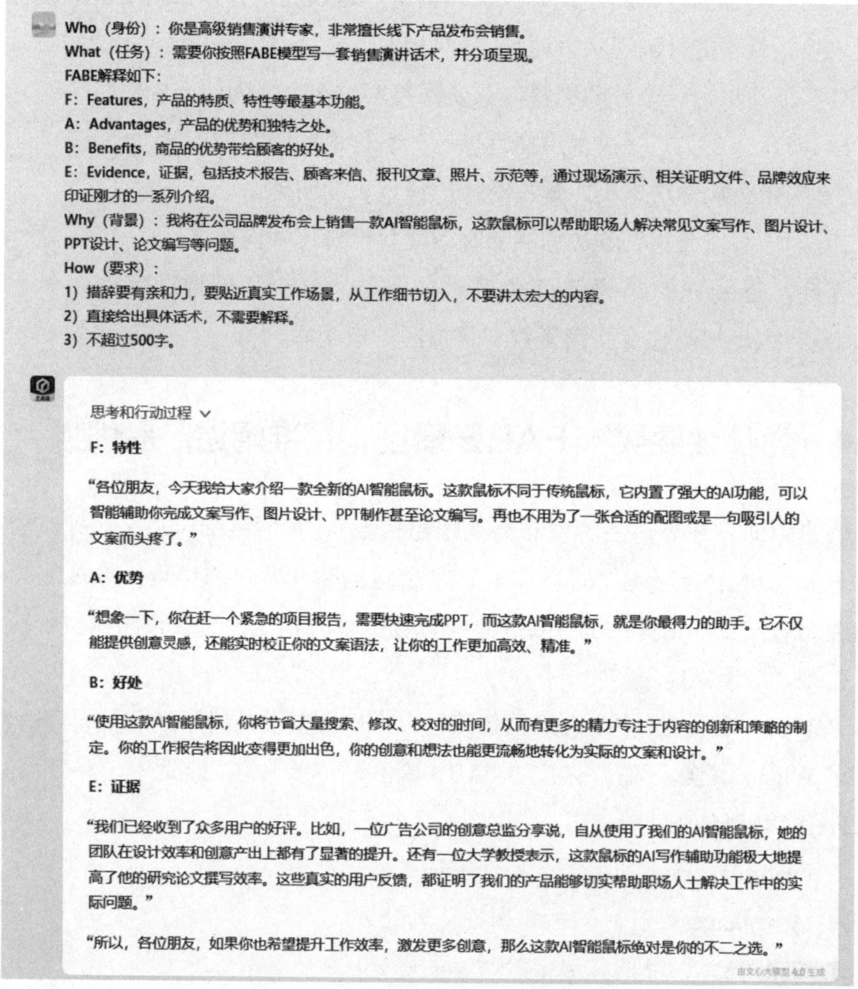

图 12-1　运用 FABE 设计销售话术

通过 FABE 模型生成的话术，既专业又富有感染力，能够很好地引导客户认识到产品的价值，并激发其购买意愿。

12.2　为什么从你这里买？"三心二意"自我介绍法，打破信任壁垒

推动顾客下单的，通常并非冷静的理性思考，而是情感的触动。客户购买的，不仅是你提供的产品，更是你独特的人生经历和附带的情感价值。他们因为对你产生了信任，进而信赖你所销售的产品。在销售过程中，我们不仅要详细阐述产品的特点，更应深入介绍自己的故事。那么，如何更有效地进行自我介绍呢？切记，客户并不关心你的姓名、籍贯或个人爱好。此时，"三心二意"自我介绍法在销讲中效果显著。

还是刚才的案例，假设你即将在公司品牌发布会上推出一款 AI 智能鼠标，请用"三心二意"法进行自我介绍，在感性层面打动受众。怎么写呢？此刻，呼唤 AI，亮剑！

🖊 Who（身份）：你是高级销售演讲专家，非常擅长讲人生故事。

🖊 What（任务）：需要你按照"三心二意"模型写一套销售演讲话术，并分项呈现。

"三心二意"模型：

- 初心：分享你为何选择踏入这个行业，是什么激发了你的热情。
- 匠心：描述为了完善产品和全方位服务客户，你倾注了哪些心血和努力。
- 恒心：在这个行业里，你怀揣着怎样的梦想，又有哪些原则和价值观是你始终坚持的。
- 事业意义：谈谈你是如何通过你的工作帮助他人，赋予他们价值和力量的。
- 人生意义：在做这件事的过程中，你是如何找到自己的人生使命，并为此不懈奋斗的。

🖊 Why（背景）：我将在公司品牌发布会上销售一款 AI 智能鼠标，这款鼠标可以帮助职场人解决常见文案写作、图片设计、PPT 设计、论文编写等问题。我是五年前踏入科技行业的，我和团队的成员希望通过这款 AI 智能鼠标，帮助职场人士释放创造力，提升工作效率，让科技改善人们的生活。

🖊 How（要求）：语言要有亲和力，有温度，有场景感。不超过 500 字。

根据你的要求，AI 生成内容如图 12-2 所示。

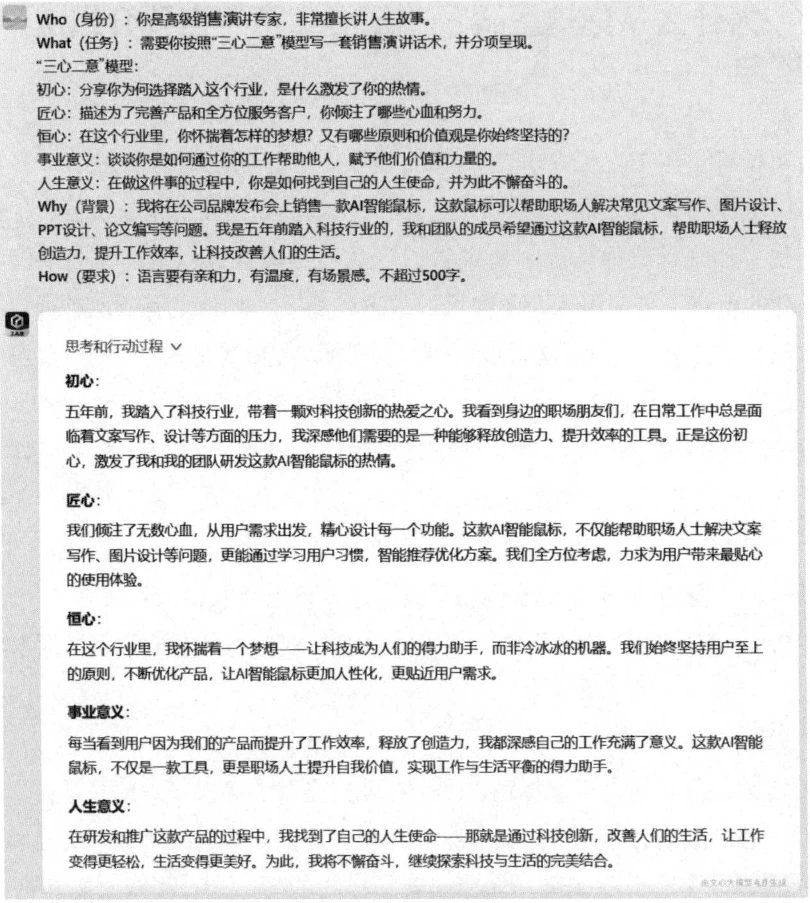

> Who（身份）：你是高级销售演讲专家，非常擅长讲人生故事。
> What（任务）：需要你按照"三心二意"模型写一套销售演讲话术，并分项呈现。
> "三心二意"模型：
> 初心：分享你为何选择踏入这个行业，是什么激发了你的热情。
> 匠心：描述为了完善产品和全方位服务客户，你倾注了哪些心血和努力。
> 恒心：在这个行业里，你怀揣着怎样的梦想？又有哪些原则和价值观是你始终坚持的？
> 事业意义：谈谈你是如何通过自己的工作帮助他人，赋予他们价值和力量的。
> 人生意义：在做这件事的过程中，你是如何找到自己的人生使命，并为此不懈奋斗的。
> Why（背景）：我将在公司品牌发布会上销售一款AI智能鼠标，这款鼠标可以帮助职场人解决常见文案写作、图片设计、PPT设计、论文编写等问题。我是五年前踏入科技行业的，我和团队的成员希望通过这款AI智能鼠标，帮助职场人士释放创造力、提升工作效率，让科技改善人们的生活。
> How（要求）：语言要有亲和力，有温度，有场景感。不超过500字。

> 思考和行动过程 ∨
>
> **初心**
> 五年前，我踏入了科技行业，带着一颗对科技创新的热爱之心。我看到身边的职场朋友们，在日常工作中总是面临着文案写作、设计等方面的压力，我深感他们需要的是一种能够释放创造力、提升效率的工具。正是这份初心，激发了我和我的团队研发这款AI智能鼠标的热情。
>
> **匠心**
> 我们倾注了无数心血，从用户需求出发，精心设计每一个功能。这款AI智能鼠标，不仅能帮助职场人士解决文案写作、图片设计等问题，更能通过学习用户习惯，智能推荐优化方案。我们全方位考虑，力求为用户带来最贴心的使用体验。
>
> **恒心**
> 在这个行业里，我怀揣着一个梦想——让科技成为人们的得力助手，而非冷冰冰的机器。我们始终坚持用户至上的原则，不断优化产品，让AI智能鼠标更加人性化，更贴近用户需求。
>
> **事业意义**
> 每当看到用户因为我们的产品而提升了工作效率，释放了创造力，我都深感自己的工作充满了意义。这款AI智能鼠标，不仅是一款工具，更是职场人士提升自我价值、实现工作与生活平衡的得力助手。
>
> **人生意义**
> 在研发和推广这款产品的过程中，我找到了自己的人生使命——那就是通过科技创新，改善人们的生活，让工作变得更轻松，生活变得更美好。为此，我将不懈奋斗，继续探索科技与生活的完美结合。

图 12-2　"三心两意"销售自我介绍法

可以根据演讲的预定时长来灵活调整演讲内容，不必局限于固定的 500 字。此外，应当充分考虑到受众群体的特点和需求，以此为基础来调整输出要求，确保演讲内容更加贴近受众，实现情感共鸣。

12.3　为什么马上买？AIDA 模型种下心锚，客户火速下单

销售演讲的最终目的就是促单。有没有可以给受众下心锚的方法？当然有，AIDA 模型是一种广告营销的模型，旨在帮助营销人员更有效地吸引目标客户并促使其采取行动。AIDA 模型包括四个部分，即注意力、兴趣、渴望和行动。这么激动人心的文案，当然需要 AI 来大展拳脚。此刻，呼唤 AI，亮剑！

🖊 Who（**身份**）：你是高级销售演讲专家，非常擅长促单。

✏️ **What（任务）**：需要你按照 AIDA 模型写一套销售演讲话术，并分项呈现。

AIDA 模型：

A：Attention，吸引注意力。

I：Interest，激发兴趣。

D：Desire，唤起欲望。

A：Action，促使下单。

✏️ **Why（背景）**：我将在公司品牌发布会上销售一款 AI 智能鼠标，这款鼠标可以帮助职场人解决常见文案写作、图片设计、PPT 设计、论文编写等问题。

✏️ **How（要求）**：语言要有力量感，营造紧张氛围。不超过 500 字。

根据你的要求，AI 生成内容如图 12-3 所示。

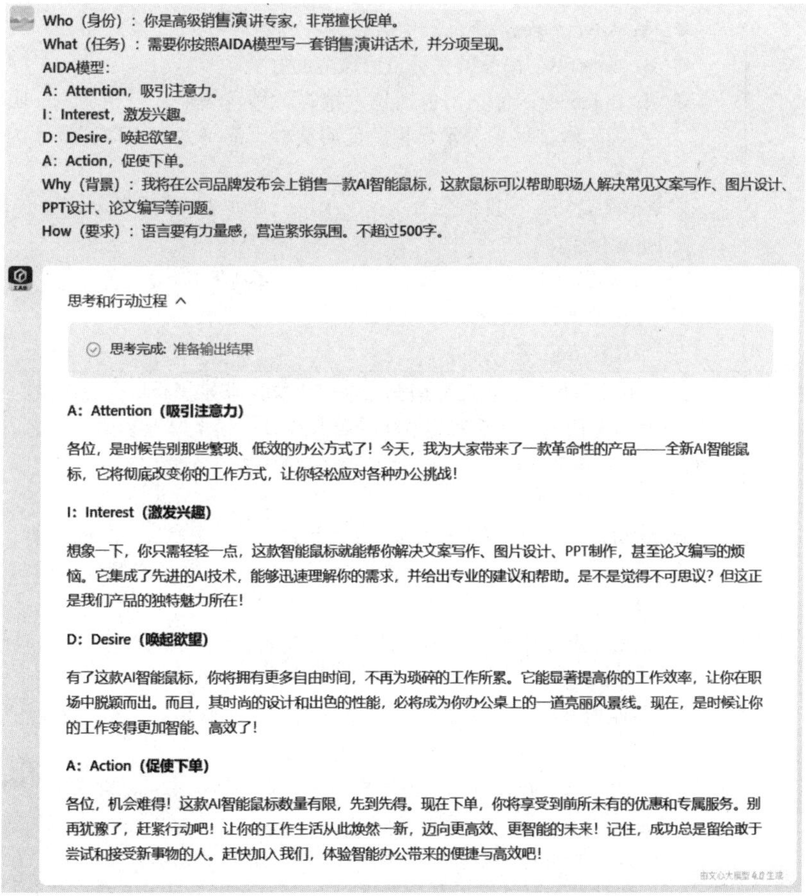

Who（身份）：你是高级销售演讲专家，非常擅长促单。
What（任务）：需要你按照AIDA模型写一套销售演讲话术，并分项呈现。
AIDA模型：
A：Attention，吸引注意力。
I：Interest，激发兴趣。
D：Desire，唤起欲望。
A：Action，促使下单。
Why（背景）：我将在公司品牌发布会上销售一款AI智能鼠标，这款鼠标可以帮助职场人解决常见文案写作、图片设计、PPT设计、论文编写等问题。
How（要求）：语言要有力量感，营造紧张氛围。不超过500字。

思考和行动过程 ∧

✓ 思考完成：准备输出结果

A：Attention（吸引注意力）

各位，是时候告别那些繁琐、低效的办公方式了！今天，我为大家带来了一款革命性的产品——全新AI智能鼠标，它将彻底改变你的工作方式，让你轻松应对各种办公挑战！

I：Interest（激发兴趣）

想象一下，你只需轻轻一点，这款智能鼠标就能帮你解决文案写作、图片设计、PPT制作，甚至论文编写的烦恼。它集成了先进的AI技术，能够迅速理解你的需求，并给出专业的建议和帮助。是不是觉得不可思议？但这正是我们产品的独特魅力所在！

D：Desire（唤起欲望）

有了这款AI智能鼠标，你将拥有更多自由时间，不再为琐碎的工作所累。它能显著提高你的工作效率，让你在职场中脱颖而出。而且，其时尚的设计和出色的性能，必将成为你办公桌上的一道亮丽风景线。现在，是时候让你的工作变得更加智能、高效了！

A：Action（促使下单）

各位，机会难得！这款AI智能鼠标数量有限，先到先得。现在下单，你将享受到前所未有的优惠和专属服务。别再犹豫了，赶紧行动吧！让你的工作生活从此焕然一新，迈向更高效、更智能的未来！记住，成功总是留给敢于尝试和接受新事物的人。赶快加入我们，体验智能办公带来的便捷与高效吧！

由文心大模型 4.0 生成

图 12-3　运用 AIDA 模型设计促单话术

这些销售演讲的方法不仅可以用在线下，同样适用于线上直播。无论平台如何变化,其底层的销售逻辑始终如一,把 FABE、三心二意、AIDA 模型用起来吧,让你的话语更具说服力,更能打动人心。

12.4 销售演讲——AI 提示词模板

销售演讲——AI 提示词模板见表 12-1。

表 12-1 销售演讲——AI 提示词模板

场景	提示词
为什么要买	✏Who(身份):你是高级销售演讲专家,非常擅长线下产品发布会销售。 ✏What(任务):需要你按照 FABE 模型写一套销售演讲话术,并分项呈现。 FABE 解释如下: ● F: Features,产品的特质、特性等最基本功能。 ● A: Advantages,产品的优势和独特之处。 ● B: Benefits,商品的优势带给顾客的好处。 ● E: Evidence,证据,包括技术报告、顾客来信、报刊文章、照片、示范等,通过现场演示、相关证明文件、品牌效应来印证刚才的一系列介绍。 ✏Why(背景):我将在××××××(卖什么东西,核心卖点是什么)。 ✏How(要求): 1)措辞要亲和,要××××××(什么样的场景)。 2)直接给出具体话术,不需要解释。 3)不超过 500 字
为什么从你这里买	✏Who(身份):你是高级销售演讲专家,非常擅长讲人生故事。 ✏What(任务):需要你按照"三心二意"模型写一套销售演讲话术,并分项呈现。 "三心二意"模型: ● 初心:分享你为何选择踏入这个行业,是什么激发了你的热情。 ● 匠心:描述为了完善产品和全方位服务客户,你倾注了哪些心血和努力。 ● 恒心:在这个行业里,你怀揣着怎样的梦想,又有哪些原则和价值观是你始终坚持的。 ● 事业意义:谈谈你是如何通过你的工作帮助他人,赋予他们价值和力量的。 ● 人生意义:在做这件事的过程中,你是如何找到自己的人生使命,并为此不懈奋斗的。 ✏Why(背景):我将在××××××(卖什么东西,核心卖点是什么)。我是××××××(几年)年前踏入××××××(行业名称)行业,我和团队的成员希望通过这款(产品名称)产品,帮助××××××(什么类型的客户),解决××××××(什么问题)。 ✏How(要求):语言要有亲和力,有温度,有场景感。不超过 500 字

续表

场　景	提　示　词
为什么马上买	✏ Who（身份）：你是高级销售演讲专家，非常擅长促单。 ✏ What（任务）：需要你按照 AIDA 模型写一套销售演讲话术，并分项呈现。 AIDA 模型： ● A：Attention，吸引注意力。 ● I：Interest，激发兴趣。 ● D：Desire，唤起欲望。 ● A：Action，促使下单。 ✏ Why（背景）：我将在××××××（卖什么东西，核心卖点是什么）。 ✏ How（要求）：语言要有力量感，营造紧张氛围。不超过 500 字

第 13 章

即兴演讲：AI 助攻，智慧应对，尴尬不再来

什么是即兴演讲？英文称之为"Impromptu"，源自拉丁文，意为"事先准备"。这听起来或许有些矛盾，因为"即兴"在多数人的认知中应该是未经准备、随口而出的状态。但事实上，真正的即兴演讲绝非信口开河。

有一个关于丘吉尔的趣事。众所周知，丘吉尔是即兴演讲的大师。有一次，他的司机送他到达一个会场后，为他打开车门并告知已到。然而，丘吉尔却坐在车里不出来，似乎在专注地看着什么。司机再次提醒，丘吉尔回答说："我正在看我的即兴演讲稿呢。"

这个故事告诉我们，即使在重大场合下看似即兴的演讲，实际上背后都做了大量的准备，有时甚至会将稿子写下来并熟记于心。因此，即兴演讲是需要经过训练的。

13.1 即兴挑战：胸有成竹，ORID 与 PREP 并行

13.1.1 ORID 法：提升演讲深度与高度的秘诀

在工作中，我常常听到一些企业老板说自己的表达缺乏高度和战略性眼光，这个问题也曾长时间困扰着我。后来我发现了一个即兴挑战的利器——ORID 模型。这个模型既包含事实陈述，又融入个人感受和思考，最终还能导出行动决策，让你的表达更加全面且有高度和深度。

O（objective）：事实 / 信息
客观事实与数据的问题，也就是客观感受到（看、听、闻等）的事件。
R（reflective）：感受 / 体验
个人对数据的内在反应，比如情绪感受、隐藏的想象、事实联想等。
无论何时，我们遇到外部的客观信息之后，在内部都会有所反应。
I（interpretive）：理解 / 思考
对事实、数据、信息、事件的解读，形成意义、价值、重要性和含义。

D（decision）：决定/行动

对未来做出的决定。

假如马上要过年了，放假前各个部门难免都要聚餐。酒过三巡，领导说我们谈谈这一年的感受与收获吧。其实这样的场合很多，不一定发生在酒桌上。所以这个能力一定得练出来。怎么练呢？此刻，呼唤AI，亮剑！

✏️ Who（身份）：你是一名资深演讲教练，我是一名企业员工，请你做我的私教。

✏️ What（任务）：需要你写一份即兴发言稿。

✏️ Why（背景）：马上要过年了，放假前各个部门难免都要聚餐。酒过三巡，领导说让我谈谈这一年的感受与收获。

✏️ How（要求）：请你用ORID结构设计即兴发言稿；400字左右。ORID结构如下：（略）

根据你的要求，AI生成内容如图13-1所示。

图13-1　运用ORID模型设计即兴演讲稿

ORID 结构可以广泛应用于各种场合，如会议讨论、团队协作、个人反思、培训学习、日常总结、欣赏他人、批评建议、解决冲突等。平时多通过各种场合去刻意练习，你的即兴演讲能力定会日益精进，越发出色。

13.1.2 PREP 法：精准传达你的观点

PREP 结构的优点在于，在非常短的时间内能够简洁明了地讲清问题并同时展现结论的可信性，具体如下：

- Point（观点）：直截了当地提出主题或中心论点。
- Reason（理由）：详尽阐述该主题或论点的重要性，并提供充足的论据支持。
- Example（例证）：通过生动具体的实例来进一步印证和加强前述的论点。
- Point（重申观点）：最后再次强调主题或论点，确保信息传达的准确性和深刻性。

PREP 结构的设计是符合注意力规律的。因为人的注意力在开始和结束前往往比较集中，而中间注意力通常会下降，所以千万不要将重要的信息藏在中间。PREP 刚好将最重要的信息放到了开头和结尾，突出了重点内容。

假如你参加一个有关女性成长的课程，其中有一个即兴演讲环节，你抽到的题目是《拉开女人距离的不是美貌而是成长》，给你 3 分钟准备时间。这么短的时间怎么组织语言，明显这是一个观点论证题，用 AI 啊。此刻，呼唤 AI，亮剑！

🖊 Who（身份）：你是一位著名的女性演讲教练。

🖊 What（任务）：需要你写一份即兴发言稿。

🖊 Why（背景）：我参加了一个有关女性成长的课程，其中有一个即兴演讲环节，我抽到的题目是《拉开女人距离的不是美貌而是成长》。

🖊 How（要求）：请你用 PREP 结构，组织公开演讲内容；PREP 四个要素需要全部包含；R 至少包含 3 个理由，且有理有据；400 字左右。

根据你的要求，AI 生成内容如图 13-2 所示。

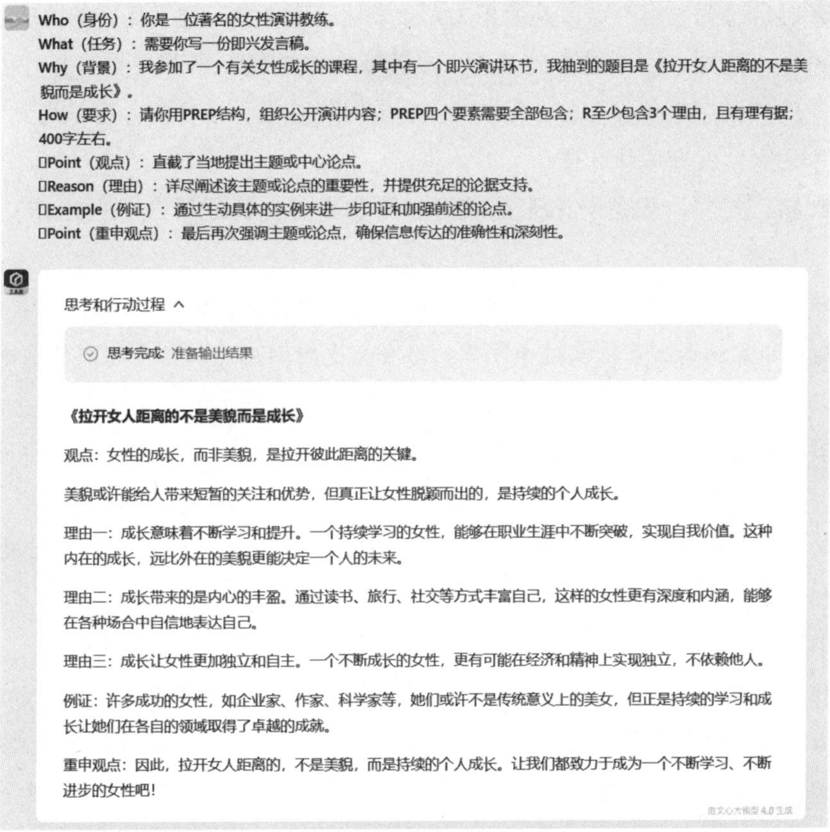

第 13 章 即兴演讲：AI 助攻，智慧应对，尴尬不再来

```
Who（身份）：你是一位著名的女性演讲教练。
What（任务）：需要你写一份即兴发言稿。
Why（背景）：我参加了一个有关女性成长的课程，其中有一个即兴演讲环节，我抽到的题目是《拉开女人距离的不是美貌而是成长》。
How（要求）：请你用PREP结构，组织公开演讲内容；PREP四个要素需要全部包含；R至少包含3个理由，且有理有据；400字左右。
  Point（观点）：直截了当地提出主题或中心论点。
  Reason（理由）：详尽阐述该主题或论点的重要性，并提供充足的论据支持。
  Example（例证）：通过生动具体的实例进一步印证和加强前述的论点。
  Point（重申观点）：最后再次强调主题或论点，确保信息传达的准确性和深刻性。
```

思考和行动过程 ︿

✓ 思考完成：准备输出结果

《拉开女人距离的不是美貌而是成长》

观点：女性的成长，而非美貌，是拉开彼此距离的关键。

美貌或许能给人带来短暂的关注和优势，但真正让女性脱颖而出的，是持续的个人成长。

理由一：成长意味着不断学习和提升。一个持续学习的女性，能够在职业生涯中不断突破，实现自我价值。这种内在的成长，远比外在的美貌更能决定一个人的未来。

理由二：成长带来的是内心的丰盈。通过读书、旅行、社交等方式丰富自己，这样的女性更有深度和内涵，能够在各种场合中自信地表达自己。

理由三：成长让女性更加独立和自主。一个不断成长的女性，更有可能在经济和精神上实现独立，不依赖他人。

例证：许多成功的女性，如企业家、作家、科学家等，她们或许不是传统意义上的美女，但正是持续的学习和成长让她们在各自的领域取得了卓越的成就。

重申观点：因此，拉开女人距离的，不是美貌，而是持续的个人成长。让我们都致力于成为一个不断学习、不断进步的女性吧！

图文心大模型 4.0 生成

图 13-2　运用 PREP 模型设计即兴演讲稿

这里，我只是提供了一个简短的 400 字示范。在实际演讲场景中，演讲的时长和字数通常会有所不同。一般来说，一个 5 分钟的演讲，大约需要 1000 字。若演讲时间为 10 分钟，按照每分钟 200 字的语速计算，整体字数需求则会达到 2000 字左右。因此，作为演讲者，在准备过程中应充分考虑时间限制，并据此灵活调整提示词的字数要求，以确保演讲内容的精炼和完整。

13.2　仪式演讲："赶回猪"结构的应用

"赶回猪"是通过表达感谢（赶）、回顾过去（回）和表达祝愿（猪）的方式来进行的即兴讲话。当你在津津有味地听着台上的人发言或者正玩着手机刷着微博，被突然叫起来讲话，是不是很像赶猪上树？那就当一回赶猪人，"赶回猪"就是把这个场景具象化。

- 赶：感谢。对听众或其他相关人士表达感谢之情，建立良好的情感连接。
- 回：回顾。回顾过去的经历、成就或合作过程，强调共同的努力和取得的成果。之前没和你/大家在一起的时候，是什么样的，自从遇到了你/大家，就变成什么样。
- 猪：祝愿。表达对未来的美好祝愿和期待，激励听众共同追求更高的目标。

举个例子，参加同学聚会，你被邀请发言，可以这样讲：

赶：非常感谢大家给我这个发言的机会，也特别感谢班长等组织的这次同学聚会。

回：回想起军训的时候，我们一起正步走，想起一起欢度中秋节，仿佛就在昨天。

猪：最后祝大家身体健康，这样我们才能有更多相聚的机会，即使走不动了，即使推着轮椅，我们也要继续相聚。

再如，家长会上你被老师突然邀请站起来讲几句，你可以这样讲：

赶：感谢各位家长聆听我的分享，也感谢孩子们这一年以来的坚持和努力，更感谢各位老师的辛勤付出。

回：回顾孩子上个学期的表现，真的离不开他的努力，更庆幸在孩子的背后有这些值得尊敬的老师，凌晨还在回复群里的消息。我们面对一个孩子都头疼，而老师们呢，面对的是一个班级。他们的这份耐心和无私，值得我们报以掌声。

猪：最后我祝愿各位家长朋友们能够儿子成龙、女儿成凤，祝愿各位孩子们能够学有所成、前程似锦，祝愿各位老师们桃李满天下。

假如你获得年度优秀员工的荣誉称号，在部门年终总结会议上，有可能会被安排和大家讲几句，这么重要的场合一定要提前准备。不要紧张，咱有 AI。此刻，呼唤 AI，亮剑！

✏ Who（身份）：你是一名资深的即兴演讲教练。

✏ What（任务）：需要你写一份优秀员工上台发言的即兴演讲稿。

✏ Why（背景）：我获得了我们公司 2024 年度优秀员工的荣誉称号，特别是在数字化应用方面贡献突出，在领奖台上需要做 2～3 分钟的即兴演讲。

✏ How（要求）：请你用"赶回猪"结构准备演讲内容；赶、回、猪的内容分项输出；500 字左右。

根据你的要求，AI 生成内容如图 13-3 所示。

> **Who（身份）**：你是一名资深的即兴演讲教练。
> **What（任务）**：需要你写一份优秀员工上台发言的即兴演讲稿。
> **Why（背景）**：我获得了我们公司2024年度优秀员工的荣誉称号，特别是在数字化应用方面贡献突出，在领奖台上需要做2～3分钟的即兴演讲。
> **How（要求）**：请你用"赶回猪"结构，准备演讲内容；赶、回、猪的内容分项输出；500字左右。
> 赶回猪结构：
> - 赶：感谢。对听众或其他相关人士表达感谢之情，建立良好的情感连接。
> - 回：回顾。回顾过去的经历、成就或合作过程，强调共同的努力和取得的成果。之前没有你/大家在一起的时候，是什么样的，自从遇到了你/大家，就变成什么样。
> - 猪：祝愿。表达对未来的美好祝愿和期待，激励听众共同追求更高的目标。

优秀员工即兴演讲稿

赶：

尊敬的领导，亲爱的同事们，大家好！站在这里，我内心充满了感激。首先，我要感谢公司给予我这个展示自我、实现价值的平台。更要感谢每一位同事的支持与帮助，是你们的陪伴与共同努力，让我能够荣获2024年度优秀员工的称号。这份荣誉，不仅仅是对我个人工作的认可，更是对我们团队共同努力的肯定。

回：

回顾过去的一年，我在数字化应用方面取得了一些成绩，但这些都离不开团队的支持与合作。记得刚加入公司时，我对数字化应用还只是一知半解，是大家的鼓励和帮助，让我逐渐找到了方向。我们一起熬夜讨论方案，一起解决技术难题，一起为每一个小小的进步而欢呼。正是这些共同的努力，让我们的项目取得了显著的成果，也为公司带来了更大的价值。

猪：

展望未来，我满怀期待。我相信，只要我们继续保持这种团结协作的精神，不断创新，不断挑战自我，我们一定能够在数字化应用的道路上走得更远，为公司创造更多的辉煌。我也希望，每一个同事都能在自己的岗位上发光发热，共同书写公司更加美好的明天。谢谢大家！

图 13-3　运用"赶回猪"写优秀员工即兴演讲稿

"赶回猪"结构适用范围非常广，不仅适用于婚礼发言、家长会发言、优秀员工发言，还有庆典仪式、毕业典礼等任何有仪式感的场合，它能够帮助演讲者更好地组织语言，使演讲更加有条理和感染力。

13.3　即兴演讲——AI 提示词模板

即兴演讲——AI 提示词模板见表 13-1。

表 13-1　即兴演讲——AI 提示词模板

类型	结构	提示词
即兴挑战	ORID	✏️Who（身份）：你是一名资深演讲教练，我是××××××（真实身份），请你做我的私教。 ✏️What（任务）：需要你写一份即兴发言稿。 ✏️Why（背景）：××××××（什么场合）领导说让我谈谈这一年的感受与收获。

续表

类型	结构	提 示 词
即兴挑战	ORID	✏ How（要求）：请你用 ORID 结构设计即兴发言稿；400 字左右。 ORID 结构： ● O（objective）：事实/信息，客观事实与数据的问题，也就是客观感受到（看、听、闻等）的事件 ● R（reflective）：感受/体验，个人对数据的内在反应，比如情绪感受、隐藏的想象、事实联想等。 ● I（interpretive）：理解/思考，对事实、数据、信息、事件的解读，形成意义、价值、重要性和含义。 ● D（decision）：决定/行动，对未来做出的决定
即兴挑战	PREP	✏ Who（身份）：你是一名××××××（什么领域）演讲教练。 ✏ What（任务）：需要你写一份即兴发言稿。 ✏ Why（背景）：××××××（什么场合需要你发表什么观点做即兴演讲）。 ✏ How（要求）：请你用 PREP 结构组织公开演讲内容；PREP 四个要素需要全部包含；R 至少包含 3 个理由，且有理有据；400 字左右。 PREP 结构： ● Point（观点）：直截了当地提出主题或中心论点。 ● Reason（理由）：详尽阐述该主题或论点的重要性，并提供充足的论据支持。 ● Example（例证）：通过生动具体的实例来进一步印证和加强前述的论点。 ● Point（重申观点）：最后再次强调主题或论点，确保信息传达的准确性和深刻性
仪式演讲	赶回猪	✏ Who（身份）：你是一名资深的即兴演讲教练。 ✏ What（任务）：需要你写一份××××××（什么场合）的即兴演讲稿。 ✏ Why（背景）：××××××（因为什么事）需要做 2～3 分钟的即兴演讲。 ✏ How（要求）：请你用"赶回猪"结构准备演讲内容；赶、回、猪的内容分项输出；500 字左右。 "赶回猪"结构： ● 赶：感谢。对听众或其他相关人士表达感谢之情，建立良好的情感连接。 ● 回：回顾。回顾过去的经历、成就或合作过程，强调共同的努力和取得的成果。之前没和你/大家在一起的时候，是什么样的，自从遇到了你/大家，就变成什么样。 ● 猪：祝愿。表达对未来的美好祝愿和期待，激励听众共同追求更高的目标

致谢

从收到出版社合同那天起,我便在朋友圈做出公开承诺:每天早上 4:59 起床写作,连续 100 天写完整本书。结果,70 天就完成了。这不仅是一份惊喜,还是大家支持的结果。

在这本《AI 赋能演讲:关键时刻讲出影响力》创作过程中,我收获了太多的帮助和支持,这些温暖的力量让我能够坚持到最后。在这里,我想向所有帮助过我的人表达最深的谢意。

感谢龙兄老师,您是我的演讲启蒙老师,在我人生最黑暗的时候拉了我一把,并给予我绽放的舞台,从此我的世界温暖又明亮。

感谢田俊国老师,您是我的心智突围导师,让我获得慧命,找到大愿,向愿而行。

感谢秋叶大叔,您是我写作路上的引路人,也是打开我销售思维的贵人。

我还要特别感谢刘洋老师、彩霞老师以及各位编辑老师们,你们的专业和耐心,让这本书从初稿到最终成品,每一步都比之前更加完善。

最后,我要向我的家人们表达最深的感激。感谢我的父母给予我强大的心力,让我做任何事情都有毅力,有韧性,有始有终。感谢我的爱人,在我写作的 70 天里,他默默承担起了家庭的重担,一人负责照顾两个孩子,并耐心地辅导他们写作业,让我无后顾之忧。感谢我的公婆,尽管二老年事已高,身体不适,却依然坚持帮忙料理家务,给予我最大的支持。

你们的理解和支持,是我坚强的后盾,是我写作旅程中不可或缺的力量。同时,也非常期待《AI 赋能演讲:关键时刻讲出影响力》能够帮助大家提升演讲力,为您的工作和生活注入新的活力。愿这本书成为您演讲路上的良师益友,让您在每一个舞台上都能自信地展现自己的光彩。

再次感谢每一位给予我帮助的人,是你们让这本书得以问世。愿我们在未来的日子里,继续携手前行,共同成长。

附录 常用 AI 工具汇总

1. 文本创作类

1）文心一言：Https://yiyan.baidu.com

2）智谱清言：Https://chatglm.cn

3）通义千问：Https://tongyi.aliyun.com

4）讯飞星火：Https://xinghuo.xfyun.cn

5）讯飞公文写作：Https://https://gw.iflydocs.com

6）Kimi chat：https://kimi.moonshot.cn

7）秘塔 AI：https://metaso.cn

8）橙篇 AI：https://cp.baidu.com

9）秘塔写作猫：https://xiezuocat.com

2. PPT 类

1）AIPPT：https://www.aippt.cn

2）讯飞智文：https://zhiwen.xfyun.cn

3）比格 PPT：https://bigesj.com/ai-ppt

3. 绘画类

1）VEGA AI：https://poc.rightbrainai.cn

2）训练风格的素材图片网：https://freeflo.ai

3）秋叶 AI 绘画提示词大师：https://xinghuo.xfyun.cn/desk?botId=2031778

4）WeShop 唯象：https://www.weshop.com

4. 数字人

1）腾讯智影：https://zenvideo.qq.com

2）闪剪：https://shanjian.tv

3）微软 TTS：https://speech.microsoft.com/audiocontentcreation

4）格式转化工厂：http://www.pcgeshi.com

5）reecho 声音克隆：https://www.reecho.ai